中国政法大学案例研习系列教材

税法案例研习

SHUIFA ANLI YANXI

翟继光　张晓冬◎编著

中国政法大学出版社

2020·北京

图书在版编目（CIP）数据

税法案例研习/翟继光, 张晓冬编著. —北京：中国政法大学出版社, 2020.10
ISBN 978-7-5620-6729-0

Ⅰ.①税… Ⅱ. ①翟… ②张… Ⅲ. ①税法－案例－中国－高等学校－教材 Ⅳ. ①D922.220.5

中国版本图书馆CIP数据核字(2020)第092030号

出　版　者	中国政法大学出版社
地　　　址	北京市海淀区西土城路 25 号
邮　　　箱	fadapress@163.com
网　　　址	http://www.cuplpress.com (网络实名：中国政法大学出版社)
电　　　话	010-58908435(第一编辑部) 58908334(邮购部)
承　　　印	保定市中画美凯印刷有限公司
开　　　本	720mm×960mm　1/16
印　　　张	12
字　　　数	233 千字
版　　　次	2020 年 10 月第 1 版
印　　　次	2020 年 10 月第 1 次印刷
印　　　数	1～5000 册
定　　　价	39.00 元

作者简介

翟继光　北京大学哲学学士、法学博士，中国政法大学民商经济法学院副教授、硕士研究生导师；兼任中国法学会财税法学研究会常务副秘书长；发表学术论文两百余篇，出版学术专著十余部，承担或参与国家级课题二十余项；曾参与十余部法律的起草和修订工作，曾受邀赴中南海做报告。

张晓冬　武汉大学法学博士，TEP（信托与财产规划执业者）、仲裁员，前海百纳（深圳）征信服务有限公司创立人，国际信托与财产规划执业者公会（STEP）会员，国际律师协会（IBA）会员，国际税收筹划学会（ITPA）会员，国际调查员协会（CII）会员，中国财产规划与管理研究会会长，中国民营企业财税研究会常务理事，国家高端智库武汉大学国际法研究所兼职研究员；发表学术论文二十余篇，出版学术专著十余部。

∴❖ 编写说明

　　中国政法大学是一所以法学为特色和优势的大学，培养应用型、复合型、创新型和国际化的法律职业人才是我校长期以来的人才培养目标。高度重视学生法律实务技能培养，提高学生运用法学与其他学科知识方法解决实际法律问题的能力，是我校长期以来人才培养的优良传统。

　　开展案例教学是实现应用型法律职业人才培养目标的重要措施之一。中国政法大学具有案例教学的优良传统，建校之初就非常重视案例教学，开设了一系列的案例课程，多次组织编写案例教材。2005 年，法学专业本科培养方案开始设置系统、独立的案例课程，明确要求学生必须选修一定数量的案例课程。2008 年，法学人才培养模式改革实验班开始招生，在必修课程中开设了 15 门案例课程。2012 年，实验班案例课程设置进一步优化，在必修课程中设置 11 门案例课程的同时，还开设了一定数量的案例课程供学生选修。经过长期的教学实践，案例课程已经成为我校课程体系的重要组成部分，成为推动教学方法改革的重要抓手，深受学生欢迎。

　　2012 年，国家实施"卓越法律人才教育培养计划"，我校同时获批应用型复合型、涉外型和西部基层型全部三个卓越法律人才教育培养基地。为了做好卓越法律人才教育培养基地建设工作，全面深化法学专业综合改革，培养卓越法律人才，学校决定启动"中国政法大学案例研习系列教材"的编写工作。本套案例研习教材的建设理念是：在宏观思路上，强调理论性与实践性相结合，在重视基础理论的同时，根据法律职业人才培养需要，突出实践性的要求，一方面案例内容来自于实践，另一方面理论与实践相结合，培养学生解决实际问题的能力。在架构设计上，强调体系性与专题性相结合，既要基本涵盖对应课程的全部教学内容，符合体系要求，又要突出个别重点专题。在教材体例上，强调规范性与灵活性相结合，在符合基本体例规范要求的同时，可以根据不同课程实际情况有所变通。

　　本套案例研习教材的作者们长期在教学一线工作，法学知识渊博，教学经验丰富，因此，本套教材格外强调教学适用性，能够充分满足课程教学需要，能够充分发挥教师和学生两个主体的积极性，满足应用型法律职业人才培养的需要。

中国政法大学
2013 年 8 月

❖❖ 前　言

　　税法是理论与实践密切结合的部门法，税法的教学必须与税法实践密切结合，税收执法与税收司法实践是税法实践中最重要的组成部分，也是税法教学需要重点关注的。为帮助广大高等院校以及科研机构的税法案例、税法实务课程建设，我们精选近些年的典型税法案例编写了《税法案例研习》一书。

　　本书所选案例均为最近几年发生，部分案例所涉及的事实部分发生时间较早，但相关法院判决是最近几年作出的。本书选择案例的标准主要有两个：一是与税法的理论和制度密切结合，是税法课堂教学中所涉及的知识点；二是存在一定的争议性和迷惑性，即案情比较复杂，税务机关与一审法院、二审法院或再审法院的观点存在差异，或者社会各界反响比较大，对法院判决争议较大。依据上述两个标准，本书所选案例主要为存在较大争议的案例，并非简单讲解税法知识的说明性案例，或者说，本书所选案例并非简单举例，也不是简单地"以案说法"，而是运用税法理论与制度知识，以不同视角去分析复杂的有争议案例。因此，本书所选案例往往并没有确定的或者唯一的答案，法院的终审判决也非绝对正确的答案。教师和学生在学习中具有较大自由发挥空间。

　　关于本书的内容和体例有几点需要说明：第一，本书为案例教材，并非案例分析，因此，本书使用的案例尽量保持原貌，除因隐私保护而隐去当事人名称外，其余信息均为真实信息，争议焦点和案例点评仅为提示、引导课堂教学之用，尽量避免对案例进行全面分析，以给教师和学生留出更多讨论空间；第二，营业税目前虽然已经被增值税取代，但涉及营业税的案例在最近几年仍然会出现，而且个别案例很有代表性，特别是最高人民法院审理并作出判决的唯一一个税法案例就涉及营业税，因此，本书收录的案例中如涉及营业税，在相关法律制度方面仍会列出营业税的相关规定，以方便读者分析案例；第三，本书所选经典案例来自既往裁判文书，其中难免有已经失效的法律、已经调整的机构或区划设置，如《车辆购置税征收管理办法》，书中不同案例引用了 2014 年版本（国家税务总局令第 33 号）、2018 年版本（国家税务总局令第 44 号），目前该管理办法已为《车辆购置税法》废止，但为与文书保持一致，不对其做改动、说明。读者在浏览相关案例时，还请注意相关事实发生的时间以及文书作出的时间。原则上，本书在相关法律制度方面使用的是在案件发生时有效的法律法规，目的是便于读者分析案件，对于已经失效、作废的法律文件，本书在引用时会作出说明。

翟继光

2020 年 3 月 23 日

部分法律文件全简称对照表

本书名称（简称）	规范性法律文件全称
《合同法》	《中华人民共和国合同法》
《税收征收管理法》	《中华人民共和国税收征收管理法》
《民事诉讼法》	《中华人民共和国民事诉讼法》
《国家赔偿法》	《中华人民共和国国家赔偿法》
《税收征收管理法实施细则》	《中华人民共和国税收征收管理法实施细则》
《行政复议法》	《中华人民共和国行政复议法》
《行政复议法实施条例》	《中华人民共和国行政复议法实施条例》
《行政诉讼法》	《中华人民共和国行政诉讼法》
《增值税暂行条例》	《中华人民共和国增值税暂行条例》
《发票管理办法》	《中华人民共和国发票管理办法》
《营业税暂行条例》	《中华人民共和国营业税暂行条例》
《营业税暂行条例实施细则》	《中华人民共和国营业税暂行条例实施细则》
《城市维护建设税暂行条例》	《中华人民共和国城市维护建设税暂行条例》
《个人所得税法》	《中华人民共和国个人所得税法》
《个人所得税法实施条例》	《中华人民共和国个人所得税法实施条例》
《企业所得税法》	《中华人民共和国企业所得税法》
《企业所得税法实施条例》	《中华人民共和国企业所得税法实施条例》

续表

本书名称（简称）	规范性法律文件全称
《契税暂行条例》	《中华人民共和国契税暂行条例》
《土地增值税暂行条例》	《中华人民共和国土地增值税暂行条例》
《房产税暂行条例》	《中华人民共和国房产税暂行条例》
《物权法》	《中华人民共和国物权法》
《车辆购置税暂行条例》	《中华人民共和国车辆购置税暂行条例》
《拍卖法》	《中华人民共和国拍卖法》
《车辆购置税法》	《中华人民共和国车辆购置税法》
《担保法》	《中华人民共和国担保法》
《刑法》	《中华人民共和国刑法》
《刑事诉讼法》	《中华人民共和国刑事诉讼法》
《行政处罚法》	《中华人民共和国行政处罚法》
《宪法》	《中华人民共和国宪法》

∴❖ 目 录

第一章

税法基础理论经典案例

第一节　纳税义务的代为履行

相关法律制度

一、合同相关法律制度

根据《合同法》第 8 条的规定，依法成立的合同，对当事人具有法律约束力。当事人应当按照约定履行自己的义务，不得擅自变更或者解除合同。

根据《合同法》第 15 条的规定，要约邀请是希望他人向自己发出要约的意思表示。寄送的价目表、拍卖公告、招标公告、招股说明书、商业广告等为要约邀请。商业广告的内容符合要约规定的，视为要约。

根据《合同法》第 30 条的规定，承诺的内容应当与要约的内容一致。受要约人对要约的内容作出实质性变更的，为新要约。有关合同标的、数量、质量、价款或者报酬、履行期限、履行地点和方式、违约责任和解决争议方法等的变更，是对要约内容的实质性变更。

根据《合同法》第 39 条的规定，采用格式条款订立合同的，提供格式条款的一方应当遵循公平原则确定当事人之间的权利和义务，并采取合理的方式提请对方注意免除或者限制其责任的条款，按照对方的要求，对该条款予以说明。格式条款是当事人为了重复使用而预先拟定，并在订立合同时未与对方协商的条款。

根据《合同法》第 40 条的规定，格式条款具有《合同法》第 52 条和第 53 条规定情形的，或者提供格式条款一方免除其责任、加重对方责任、排除对方主要权利的，该条款无效。

根据《合同法》第 41 条的规定，对格式条款的理解发生争议的，应当按照通常理解予以解释。对格式条款有两种以上解释的，应当作出不利于提供格式条款一方的解释。格式条款和非格式条款不一致的，应当采用非格式条款。

根据《合同法》第52条的规定，有下列情形之一的，合同无效：①一方以欺诈、胁迫的手段订立合同，损害国家利益；②恶意串通，损害国家、集体或者第三人利益；③以合法形式掩盖非法目的；④损害社会公共利益；⑤违反法律、行政法规的强制性规定。

根据《合同法》第53条的规定，合同中的下列免责条款无效：①造成对方人身伤害的；②因故意或者重大过失造成对方财产损失的。

根据《合同法》第60条的规定，当事人应当按照约定全面履行自己的义务。当事人应当遵循诚实信用原则，根据合同的性质、目的和交易习惯履行通知、协助、保密等义务。

根据《合同法》第107条的规定，当事人一方不履行合同义务或者履行合同义务不符合约定的，应当承担继续履行、采取补救措施或者赔偿损失等违约责任。

根据《最高人民法院关于适用〈中华人民共和国合同法〉若干问题的解释（二）》（法释〔2009〕5号）第10条的规定，提供格式条款的一方当事人违反《合同法》第39条第1款的规定，并具有《合同法》第40条规定的情形之一的，人民法院应当认定该格式条款无效。

二、网络司法拍卖相关法律制度

根据《最高人民法院关于人民法院网络司法拍卖若干问题的规定》（法释〔2016〕18号）第12条的规定，网络司法拍卖应当先期公告，拍卖公告除通过法定途径发布外，还应同时在网络司法拍卖平台发布。拍卖动产的，应当在拍卖15日前公告；拍卖不动产或者其他财产权的，应当在拍卖30日前公告。拍卖公告应当包括拍卖财产、价格、保证金、竞买人条件、拍卖财产已知瑕疵、相关权利义务、法律责任、拍卖时间、网络平台和拍卖法院等信息。

根据《最高人民法院关于人民法院网络司法拍卖若干问题的规定》第13条的规定，实施网络司法拍卖的，人民法院应当在拍卖公告发布当日通过网络司法拍卖平台公示下列信息：①拍卖公告；②执行所依据的法律文书，但法律规定不得公开的除外；③评估报告副本，或者未经评估的定价依据；④拍卖时间、起拍价以及竞价规则；⑤拍卖财产权属、占有使用、附随义务等现状的文字说明、视频或者照片等；⑥优先购买权主体以及权利性质；⑦通知或者无法通知当事人、已知优先购买权人的情况；⑧拍卖保证金、拍卖款项支付方式和账户；⑨拍卖财产产权转移可能产生的税费及承担方式；⑩执行法院名称，联系、监督方式等；⑪其他应当公示的信息。

根据《最高人民法院关于人民法院网络司法拍卖若干问题的规定》第30条

的规定，因网络司法拍卖本身形成的税费，应当依照相关法律、行政法规的规定，由相应主体承担；没有规定或者规定不明的，人民法院可以根据法律原则和案件实际情况确定税费承担的相关主体、数额。

根据《国家税务总局关于人民法院强制执行被执行人财产有关税收问题的复函》（国税函〔2005〕869号）规定，人民法院的强制执行活动属司法活动，不具有经营性质，不属于应税行为，税务部门不能向人民法院的强制执行活动征税。无论拍卖、变卖财产的行为是纳税人的自主行为，还是人民法院实施的强制执行活动，对拍卖、变卖财产的全部收入，纳税人均应依法申报缴纳税款。税收具有优先权：《税收征收管理法》第45条规定，税务机关征收税款，税收优先于无担保债权，法律另有规定的除外；纳税人欠缴的税款发生在纳税人以其财产设定抵押、质押或者纳税人的财产被留置之前的，税收应当先于抵押权、质权、留置权执行。鉴于人民法院实际控制纳税人因强制执行活动而被拍卖、变卖财产的收入，根据《税收征收管理法》第5条的规定，人民法院应当协助税务机关依法优先从该收入中征收税款。

三、民事诉讼相关法律制度

根据《民事诉讼法》第119条的规定，起诉必须符合下列条件：①原告是与本案有直接利害关系的公民、法人和其他组织；②有明确的被告；③有具体的诉讼请求和事实、理由；④属于人民法院受理民事诉讼的范围和受诉人民法院管辖。

根据《民事诉讼法》第253条的规定，被执行人未按判决、裁定和其他法律文书指定的期间履行给付金钱义务的，应当加倍支付迟延履行期间的债务利息。被执行人未按判决、裁定和其他法律文书指定的期间履行其他义务的，应当支付迟延履行金。

根据《最高人民法院关于适用〈中华人民共和国民事诉讼法〉的解释》（法释〔2015〕5号）第330条的规定，人民法院依照第二审程序审理案件，认为依法不应由人民法院受理的，可以由第二审人民法院直接裁定撤销原裁判，驳回起诉。

相关经典案例

【案例名称】　　　　　**纳税义务代为履行案**

案例来源：河北省沧州市中级人民法院（2018）冀09民终4865号民事裁定书。

【基本事实与各方观点】

上诉人蔡某某因与被上诉人吴桥甲房地产开发有限责任公司（以下简称吴桥

甲公司）商品房销售合同纠纷一案，不服河北省吴桥县人民法院（2018）冀
0928 民初 514 号民事判决，向沧州市中级人民法院提起上诉。该院于 2018 年 8
月 27 日立案后，依法组成合议庭进行了审理。

蔡某某上诉请求：第一，撤销一审判决，依法改判；第二，一审和二审诉讼
费由被上诉人承担。其事实和理由如下：

关于拍卖公告第 6 条效力问题：上诉人认为依法无效。《合同法》第 39 条第
1 款规定："采用格式条款订立合同的，提供格式条款的一方应当遵循公平原则
确定当事人之间的权利和义务，并采取合理的方式提请对方注意免除或者限制其
责任的条款，按照对方的要求，对该条款予以说明。"《最高人民法院关于适用
〈中华人民共和国合同法〉若干问题的解释（二）》第 10 条规定，提供格式条
款的一方当事人违反《合同法》第 39 条第 1 款的规定，并具有《合同法》第 40
条规定的情形之一的，即具有《合同法》第 52 条和第 53 条规定情形的，或者提
供格式条款一方免除其责任、加重对方责任、排除对方主要权利的，该条款无
效。一审判决认为拍卖公告第 6 条合法有效，理由为不违反税款可以由他人承担
的规定。如果公告第 6 条是双方协商一致确定的，一审判决认为合法有效，上诉
人没有反对意见；但一审判决，第一，没有考虑该条款属于单方拟制的格式条
款；第二，没有考虑该条款是否符合公平原则；第三，没有考虑存在"一方免除
其责任、加重对方责任、排除对方主要权利"的情形；第四，没有考虑是否尽到
了提示义务。拍卖公告第 6 条没有说明起拍价是否包含税款？还欠缴哪些税费？
是全额欠缴还是部分欠缴？根据诚实信用原则，被上诉人依据《最高人民法院关
于人民法院网络司法拍卖若干问题的规定》第 6 条第 1 款第 2 项、第 12 条的规
定，应主动向法院申报说明，尽到合理提示义务。被上诉人怠于履行法定的提示
义务，并且主张免除被上诉人的法定纳税义务、加重上诉人的纳税义务，依法
无效。

关于拍卖公告第 6 条是否明确具体问题：上诉人认为该条理解存在分歧，应
该依据《合同法》第 41 条作出对上诉人有利的解释。拍卖公告第 6 条原文为
"标的物转让登记手续由买受人自行办理，所涉及的一切税、费及其可能存在的
物业费、水、电等欠费均由买受人承担（或其他约定方式承担）"。对此被上诉
人主张标的物转让登记所涉及的一切税费由买受人承担；上诉人主张既可能由买
受人承担，也可能按照其他约定方式承担，但由谁与谁约定、何时约定，这取决
于拍卖成交确定税费总额后，根据成交价款高低公平商定税款的承担。基于公平
原则和一人竞拍有效的规则，且起拍价可以为市场价的 70%，如果成交价显著低
于市场价，可以酌情由买受人承担部分税款；如果成交价达不到显著低于市场价
的程度，则应由出卖方承担。拍卖公告第 6 条如此理解，才符合公平公正的原

则。上诉人与被上诉人双方的分歧在于"（或其他约定方式）"这一关键词句是否可有可无，删除括号内容后是否不影响该条的含义。一审法院直接采用了被上诉人的观点，认为是指"如有另行约定则按另行约定，如无另行约定，则按照本条前述约定，而非如无另行约定就按照法定承担税费"。被上诉人的这种理解只是其中一种。上诉人的理解既于法有据，也公平合理。按照国家标准 GB/T50291-2015《房地产估价规范》5.4 房地产拍卖、变卖估价相关规定，评估价是市场价值或市场价；根据《最高人民法院关于人民法院网络司法拍卖若干问题的规定》第 10 条，拍卖起拍价参照评估价或市价确定。也就是说，起拍价是已经包含了卖方应缴税款的，因为开发商在销售房屋时，销售价格都是含税价格。因此，上诉人有理由相信税款承担基于公平原则和实际拍卖情况另行约定。如果括号内的内容不存在或者没有实际意义，拍卖公告加入该部分内容就是恶意误导。最高人民法院审判委员会通过并要求各级法院遵照执行的《最高人民法院民事诉讼文书样式：制作规范与法律依据》（律师与当事人卷）4.9.3.1 列举了圆括号的用法共有五种情形：①标示注释内容或补充说明；②标示订正或补加；③标示序次语；④标示引语的出处；⑤标示汉语拼音注音。被上诉人在庭审中认为公告第 6 条括号标示注释内容或补充说明，上诉人认为是订正或补加。这说明上诉人与被上诉人一致认为：不论何种用法，括号内的内容不是可有可无的。如果认为删除后不影响意思表达，则构成了对上诉人的误导。一审判决认为"拍卖公告第 6 条"明确具体，理由为淘宝网房产司法拍卖平台上，拍卖公告中对"拍卖房产涉及税费的承担方式"的表述有两种情况：一种是约定一切税费由买受人承担，一种是"税费按照法律、行政法规由各方各自承担"，从而认为本案明显属于第一种情况。值得注意的是，本案拍卖公告第 6 条明显与上述两种情况不同，公告第 6 条还包含了"（或其他约定方式承担）"。作为格式条款并且作为税费承担的约定根据，对第 6 条含义的理解不能采用与哪一种说法更接近的标准来判断，是第一种就按第一种，是第二种就按第一种。"明显属于"是对多种可能作出的一种倾向性判断。一审法院一方面认为"双方对该条款内容理解产生分歧"，另一方面拒绝采用《合同法》第 41 条关于格式条款分歧的处理规则，认为如果采用合同法相关规定来处理，"一则会使债权人获得款项减少，导致债权人利益受损。二则会导致国家税款的严重流失"。一审法院对上诉人提出的法律依据，直接引用了被上诉人的情绪化观点，认为这"于情于理于法也是绝对行不通的"，"总之被告的辩称事由是错误的"。上诉人不理解，税款按照法律、行政法规来承担怎么就会损害债权人的利益呢？为什么由上诉人缴纳不会导致国家税款流失，而由被上诉人缴纳就会导致国家税款流失？一审法院一方面称"双方对该条款（即拍卖公告第 6 条）内容理解产生分歧，导致原告未依照法律规定缴纳相应税费，被告亦未依照该条款的约定承担一切税费的缴纳义务"，同时又认定"拍卖公告关于税款承担是约定由买受人承担而非按照法定承担"，显然自相矛盾。判决书所称"如果适用双重标准处理更会导致国家税款严重流失，总之被告的辩称事由是错误的"更是不知事实依据和法律依据是什么？是否应该适用《合同法》第41条应该取决于双方是否存在不同理解，而不是采取哪种理解会带来什么后果。由法定纳税主体依法承担完全合法，否则最高人民法院不会出台相关司法解释明确税费由法定的相应主体承担。根据国家标准 GB/T50291-2015《房地产估价规范》5.4房地产拍卖、变卖估价相关规定，评估价是市场价值或市场价。按照市场价拍卖后扣除相应税费并不损害任何人的利益，完全合情合理。在上诉人与被上诉人对格式条款理解产生分歧时，应该依据《合同法》第41条，作出对上诉人有利的解释，即税费通过约定方式承担，如果协商不成的，根据《最高人民法院关于人民法院网络司法拍卖若干问题的规定》第30条由双方分担。

一审判决认为上诉人拒绝支付涉案款项行为构成实质违约，是因为"拍卖公告第6条"合法有效又明确无歧义，这句话没有事实根据。判决书已经确认双方对该条款内容理解产生分歧，在这里称拍卖公告第6条合法有效又明确无歧义，是自相矛盾的。

被上诉人的合法权益没有受到实际损害。一审判决认为一审原告基于对"拍卖公告第6条"的信任，认为被告应当依约定缴纳全部税款，导致一审原告的涉税经营业务受到影响，但被上诉人没有缴纳税款，没有产生税款损失。本案上诉人的主张基于其单方声明，其提供的税务机关下达的税款征收通知既没有数额，也没有明确指向上诉人所购房产。在一审中，被上诉人称其所诉请的税款数额是经税务局核实的，但一审法院经向税务机关核实，连税率都不准确，一审判决最终所支持的税款数额仍然是根据成交额估算的，因为税款计算具有专业性，并非法律问题，法院无权计算税款。被上诉人并没有缴纳该税款，其也没有征税职权，判令上诉人向其缴税并没有事实依据和法律依据。按照一审判决的逻辑，上诉人基于对"拍卖公告第6条"的信任，认为被上诉人应当依约定缴纳全部税款，其不缴纳，不仅影响了上诉人的合法权益，还侵害了国家的税收征管秩序。因此被上诉人挑起讼争，属于滥用诉权。

一审法院判决上诉人将税款付给被上诉人，忽视了被上诉人履约能力恶化、已经丧失商业信誉的现状。被上诉人因为债务纠纷已经被法院查封扣押拍卖财产，进入被上诉人任何账户的钱款都有可能被强制划拨执行。一审判令上诉人将税款交给被上诉人，这是一审法院滥用职权。房地产开发企业哪有收税的权力？按照常理，被上诉人如果只是对税款承担条款有分歧，应该在缴清全部税款后，持纳税凭证向被上诉人追缴，由法院依法裁决。综上所述，拍卖公告第6条依法无效；即使法院认定有效，也应依据《合同法》第41条，即"对格式条款的理解发生争议的，应当按照通常理解予以解释。对格式条款有两种以上解释的，应当作出不利于提供格式条款一方的解释。格式条款和非格式条款不一致的，应当采用非格式条款"之规定，作出有利于上诉人的解释。由双方协商解决，如果协商不成的，应该按照《最高人民法院关于人民法院网络司法拍卖若干问题的规定》第30条，判令依照相关法律、行政法规的规定，由相应主体承担。

吴桥甲公司答辩称：

关于被上诉人是否具有原告资格起诉的问题，因为根据拍卖法的规定应该由上诉人缴纳全部税费，而上诉人在未缴纳全部税费的情况下予以办理房产登记手续足以暴露其拒绝履行拍卖公告第6条规定的义务的目的。因为根据相关行政法规的规定该税款的纳税主体是被上诉人，所以上诉人的行为直接损害了被上诉人的利益。因此，被上诉人有权根据民事诉讼法的相关规定提起诉讼。上诉人所提到的被上诉人在未缴纳税款的情况下无权提起诉讼，同样也是没有法律依据的，因为被上诉人在一审作为原告起诉的诉讼请求是在上诉人履行拍卖规定第6条义务的时候被上诉人同时交付相应发票给上诉人，是一种同时履行的诉讼请求。上诉人也提到如果上诉人给付被上诉人钱以后，被上诉人因为经济状况恶化不能开发票怎么办，实质上是上诉人没有仔细理解被上诉人一审的诉请。上诉人一审诉请是同时履行，没有先后。只要上诉人履行义务，被上诉人同时就把发票给上诉人，不存在上诉人先给付的问题。

关于上诉人提到律师费的问题，因为上诉人一审时没有就该问题进行主张，并且律师费属于间接损失，不属于保护的范围。

关于拍卖公告第6条的效力问题，因为拍卖公告第6条规定明确不违反法律行政法规的规定，系合法有效的约定。

关于拍卖公告第6条是否明确具体的问题，被上诉人认为第6条约定明确具体，符合日常语法规范和语言行为。不存在上诉人的理解，其是一种错误的理解。比如上诉人在上诉状所提到的括号后面有其他约定方式，按照通常的理解如果有其他约定方式就可以按照其他约定方式。如果没有其他约定方式就按照第6条已经约定的方式处理。这是通常意义上的一般性的理解，没有歧义。现在就是没有其他约定方式，所以就应当按照第6条约定的办理。

关于上诉状所提到的一切税指的是哪些税的问题，从第6条的行文明确可以看出指的是标的物涉及的一切税。所以该条的标准是以标的物为标准的。在标的物之上的一切税应当由竞买人承担。

对于上诉人提到的格式条款的问题，本案所涉及的竞拍公告不能完全按照格式条款来了解，其有专门的法律制度和规制，另，第 6 条规定并未限制或者剥夺上诉人的利益，其恰恰是一种上诉人购买的条件，是决定该拍卖物成交价格的一个因素，是上诉人为什么能够低价取得拍卖物的一个原因。所以不适用格式条款所限定的相关条件。

关于上诉人所提到的被上诉人无权征税的问题，被上诉人认为上诉人对于本案理解得过于浅显，本案由两个法律关系决定，一个是国家税收征收管理关系，一个是民事合约关系，对于该房产来说，它受到国家税收征收管理关系的约束，但是这丝毫不妨碍在税款的实际交纳上有民事协议来约束。简单地说，就是虽然纳税主体是 A，但 A 可以通过协议使 B 来交纳税款，从国家税收征收关系上 A 是纳税主体，A 交纳了税款，实际交纳税款的主体却是 B，这不违反法律的规定。一审时我们将最高人民法院的相关判例已经交给法庭。所以本案是被上诉人按照民事关系起诉了上诉人，不是被上诉人征税。

吴桥甲房地产开发有限责任公司向一审法院起诉请求：请求判决被告立即向原告支付款项 72 963.36 元，同时由原告为被告出具相应税务发票，并由被告承担诉讼费用。

一审法院认定事实如下：

1. 涉案房产拍卖的情况。石家庄市新华区人民法院依据已经发生法律效力的（2015）新民二初字第 470 号民事调解书，于 2017 年 12 月 11 日 10 时至 2017 年 12 月 12 日 10 时在阿里巴巴司法拍卖网络平台拍卖本案原告吴桥甲公司名下位于吴桥县产，拍卖公告第 6 条规定，"标的物转让登记手续由买受人自行办理，所涉及的一切税、费及其可能存在的物业费、水、电等欠费均由买受人承担（或其他约定方式）"。2017 年 12 月 12 日本案被告蔡某某以 528 720 元的最高价竞得，石家庄市新华区人民法院作出（2015）新执字第 913-29 号执行裁定书和成交确认书予以确认。

2. 涉案税款的情况。原告作为法定纳税义务人针对涉案房产依法应缴税款共计 57 101.76 元，具体包括以下七项：①增值税：按照成交价格执行税率 5%，金额为 26 436 元，应由国家税务机关收取；②城市维护建设税：按照实际缴纳增值税执行税率 5%，金额为 1321.80 元，应由地方税务机关收取；③教育费附加：按照实际缴纳增值税执行税率 3%，金额为 793.08 元，应由地方税务机关收取；④地方教育附加：按照实际缴纳增值税执行税率 2%，金额为 528.72 元，应由地方税务机关收取；⑤印花税：按照销售合同金额执行税率 0.05%，金额为 264.36 元，应由地方税务机关收取；⑥土地增值税：按照不含税销售收入执行预征税率 2%，金额为 10 574.40 元，应由地方税务机关收取；⑦企业所得税：按照销售合同金额执行 3.25%（即税率 25%×应税所得率 13%），金额为

17 183.40 元，应由地方税务机关收取。

3. 双方发生争议的情况。原告认为被告应当依照"拍卖公告第 6 条"约定承担上述税款，被告认为"拍卖公告第 6 条"约定不明应由原告依法承担上述税款，结果导致上述税款双方均未向税务机关缴纳。2018 年 3 月 30 日吴桥县地方税务局向原告送达"吴桥地税通（2018）4010 号税务事项通知书"，限原告自接到通知之日起 15 日内到吴桥县地方税务局征收分局申报缴纳税款。双方争议至今未决，涉案相应税款未缴纳到位，税务机关已经限制原告办理相关涉税业务。

一审法院认为，原告为他人提供担保而负债，因未履行法院生效法律文书，致其所开发的部分商品房被法院依法在淘宝网进行司法拍卖，本案被告按照拍卖公告参加拍卖并竞价成功成为涉案房产买受人，取得商品房的所有权。正是基于人民法院的司法拍卖行为，使原告与被告之间产生特殊意义上的商品房销售合同法律关系，双方的权利义务应依拍卖公告条款确定。

1. "拍卖公告第 6 条"合法有效。双方对该条款内容理解产生分歧，导致原告未依照法律规定缴纳相应税费，被告亦未依照该条款的约定承担一切税费的缴纳义务。虽然"拍卖公告第 6 条"不符合《最高人民法院关于人民法院网络司法拍卖若干问题的规定》第 30 条关于司法拍卖税费承担的规定，但该约定系双方真实意思表示，属当事人意思自治范畴，亦不会造成国家税款流失，并不违反《合同法》关于合同效力的规定，在不违反法律、行政法规强制性规定的情况下，"拍卖公告第 6 条"的约定为合法有效条款。虽然我国税收管理方面的法律法规对于各种税款的征收均明确规定了纳税义务人，但是并未禁止纳税义务人与合同相对人约定由合同相对人或第三人缴纳税款，税法对于税种、税率、税额的规定是强制性的，而对于实际由谁缴纳税款并没有作出强制性或禁止性规定，纳税主体将这部分税金与他人约定，由他人承担，可理解为他人以纳税主体的名义支付税金，纳税主体仍是原来的纳税义务人，并未违反国家强制性法律、法规的规定，故被告抗辩"原告将其应缴的税费约定由被告承担，违反国家强制性规定"的依据不足，不予采纳。被告作为买受人应当依约定缴纳拍卖房产所涉及的全部税费，不能脱离双方约定借口其并非法定纳税主体而仅仅缴纳自己依法应承担的部分税费。

2. "拍卖公告第 6 条"内容明确。目前，在淘宝网房产司法拍卖平台上，拍卖公告中对"拍卖房产涉及税费的承担方式"的表述有两种情况：一种是约定"一切税、费均由买受人承担"，有的进一步列举若干税费名目，目前大多数法院拍卖公告采用这种"一揽子"的做法，虽然此种方式不符合最高人民法院司法解释关于司法拍卖涉及税费承担的规定，但因其操作简便快捷仍被广泛应用；另一种是约定"税费按照法律、行政法规由各方各自承担"，有的进一步约定涉及的全部税费由买受方垫付，目前江苏省法院系统因为江苏省高级人民法院出台相关文件已全部采用此种方式。该方式操作起来虽然较第一种方式要复杂，但该方式产生纠纷较少，故除江苏省法院系统以外也有部分法院采用。本案明显属于第一种情况，该情况下买受人竞拍成功后要自行承担被拍卖方法定应缴纳的税费，在不清楚被拍卖方法定应缴税费欠缴数额的情况下较第二种情况具有较大风险。按照正常语法和逻辑理解，"拍卖公告第 6 条"包含三项内容：一是"标的物转让登记手续由买受人自行办理"，双方对此均无争议；二是"所涉及的一切税、费及其可能存在的物业费、水、电等欠费均由买受人承担"应指涉及拍卖房产的一切税费，而非仅指办理转让登记的税费；三是"（或其他约定方式）"是指如有另行约定则按另行约定，如无另行约定，则按照本条前述约定，而非如无另行约定就按照法定承担税费。如果按照被告的理解，本案适用法定原则确定税款承担，按照《国家税务总局关于人民法院强制执行被执行人财产有关税收问题的复函》（国税函〔2005〕869 号）中税款优先的原则，在无其他约定的情况下，则应当由石家庄市新华区人民法院在房产拍卖款项中优先扣除应由开发商（即本案原告）法定缴纳的税款缴纳到税务机关，既然拍卖公告关于税款承担是约定由买受人承担并非按照法定承担，再转而按照法定承担方式牺牲债权人的利益而使买受人获得拍卖约定之外的利益，这样一则会导致申请拍卖房产的债权人获得款项减少，导致债权人利益受损，二则会直接导致石家庄市新华区人民法院司法拍卖行为产生不稳定。如果适用双重标准分别处理更会导致国家税款的严重流失，总之被告的辩称事由是错误的，于情于理于法也是绝对行不通的。

3. 被告拒绝支付涉案款项行为已构成实质违约。既然"拍卖公告第 6 条"合法有效又明确无歧义，那被告就应积极全面地履行涉案税款支付义务，而不应依照拍卖公告取得拍卖房产所有权却又抛开已经承诺的"拍卖公告第 6 条"约定，按照于己有利的法定承担方式去缴纳部分税款，双方对法定税款承担的约定应得到全面履行，被告仅履行部分税款缴纳义务就去不动产登记机关办理产权登记的行为，已经构成对"拍卖公告第 6 条"的实质违约。

4. 被告拒绝支付涉案款项行为已经对原告产生实际损害。原告基于对人民法院"拍卖公告第 6 条"的信任，认为被告应当依约定缴纳全部税款，但被告却未全面履行缴纳税款义务，导致税务机关依法向法定纳税主体（即原告）下达征税通知催收税款，并造成原告的其他涉税经营业务受到影响，这足以证实被告违约行为已经对原告的合法权益产生了损害，故原告完全具备诉讼主体资格。

综上所述，被告应当依照"拍卖公告第 6 条"的约定全面履行义务，鉴于被告并非法定纳税主体，其涉案房产拍卖相应税款依法应当通过原告账户予以缴纳，原告同时亦应提供税务机关开具的相应发票。据此，依照《合同法》第 8

条、第 15 条、第 30 条、第 41 条、第 52 条、第 60 条、第 107 条,《最高人民法院关于人民法院网络司法拍卖若干问题的规定》第 12 条、第 13 条、第 30 条,参照《国家税务总局关于人民法院强制执行被执行人财产有关税收问题的复函》(国税函〔2005〕869 号)之规定,判决:第一,被告蔡某某给付原告吴桥甲房地产开发有限责任公司房产司法拍卖涉税款项 57 101.76 元;第二,原告吴桥甲房地产开发有限责任公司同时向被告蔡某某提交税务机关出具的该涉税款项发票;第三,驳回原告的其他诉讼请求。上述履行内容于本判决生效之日起 10 日内履行完毕。如果未按本判决指定的期间履行给付金钱义务,应当依照《民事诉讼法》第 253 条之规定,加倍支付迟延履行期间的债务利息。如果未按本判决指定的期间履行其他义务的,应当支付迟延履行金。案件受理费 1624 元,减半收取计 812 元,原告承担 198 元,被告承担 614 元。

二审期间,当事人没有提交新证据。

沧州市中级人民法院经审理查明,被上诉人吴桥甲公司向人民法院请求判令上诉人蔡某某支付款项 72 963.36 元,提供了以下证据:第一,吴桥县地方税务局 2018 年 3 月 30 日给被上诉人吴桥甲公司发出的《税务事项通知书》一份,内容为:"你单位 2017 年 12 月经石家庄市新华区人民法院拍卖的甲龙城商品房应于 2018 年 1 月 18 日前申报缴纳税款,至今未申报缴纳,限你单位自接到本通知之日起 15 日内到吴桥县地方税务局征收分局申报缴纳税款。"第二,被上诉人吴桥甲公司认为上诉人蔡某某应缴纳的税款明细表一份,主要内容为:增值税 26 436 元,应由国家税务机关收取;城市维护建设税 1321.80 元;教育费附加 793.08 元;地方教育附加 528.72 元;印花税 264.36 元;土地增值税 26 436 元;企业所得税 17 183.40 元;共计 72 963.36 元。第三,石家庄市新华区人民法院拍卖公告一份,其中第 6 条规定:"标的物转让登记手续由买受人自行办理,所涉及的一切税、费及其可能存在的物业费、水、电等欠费均由买受人承担(或其他约定方式)"。

在一审审理过程中,原审法院向吴桥县地方税务局就税种和税率进行核实,吴桥县地方税务局于 2018 年 5 月 16 日给原审法院出具说明,主要内容为:按照相关法律法规,商品房销售过程中应由开发商承担的由地税局征收的税种有:城市维护建设税税率 5%;教育费附加税率 3%;地方教育附加税率 2%;印花税税率 0.05%;土地增值税预征税率 2%;企业所得税税率 25%,应税所得率为 13%。

二审法院认为,《民事诉讼法》第 119 条规定:"起诉必须符合下列条件:①原告是与本案有直接利害关系的公民、法人和其他组织;②有明确的被告;③有具体的诉讼请求和事实、理由;④属于人民法院受理民事诉讼的范围和受诉人民法院管辖。"本案被上诉人吴桥甲公司向人民法院请求判令上诉人蔡某某支付相应税款，但根据其提供的证据，只有吴桥县地方税务局向其发出的《税务事项通知书》，其并没有实际缴纳税款，并且《税务事项通知书》中也没有具体的税款数额；吴桥县地方税务局给原审法院出具的说明，也只明确了税种和税率，亦没有说明具体应缴税额；被上诉人吴桥甲公司主张上诉人应缴纳的增值税，系应由国家税务机关收取的税种，但被上诉人吴桥甲公司既没有实际缴纳，也没有吴桥县国税局的说明和缴税通知书。综合以上情况，被上诉人吴桥甲公司的起诉没有事实理由，不符合法定的民事案件立案条件，原审法院予以受理并作出实体判决不当，依法应予纠正。

2018 年 9 月 17 日，河北省沧州市中级人民法院依照《最高人民法院关于适用〈中华人民共和国民事诉讼法〉的解释》第 330 条的规定，裁定撤销河北省吴桥县人民法院（2018）冀 0928 民初 514 号民事判决；驳回被上诉人吴桥甲房地产开发有限责任公司的起诉。一审案件受理费 812 元退还被上诉人吴桥甲房地产开发有限责任公司，二审案件受理费 1228 元退还上诉人蔡某某。

【争议焦点】

1. 纳税人是否可以通过合同约定由第三人承担缴纳税款的责任？如第三人未履行该义务，相关法律责任由谁承担？

2. 本案甲公司是否具备了起诉条件？

【案例点评】

1. 税收法定原则要求纳税人等基本税收要素由法律明确规定，不允许当事人通过合同约定的方式予以改变。纳税义务作为公法上的债务允许当事人对代为履行缴纳税款的义务进行约定。这种约定并不损害国家和第三人的利益，不违反公序良俗，同时也是当事人意思自治的结果，属于合法行为。如第三人未按照合同约定履行纳税义务，第三人应当向纳税人承担违约责任，但根据税收法定原则，未依法足额缴纳税款所产生的法律责任仍应由纳税人承担。

2. 本案中甲公司与蔡某某约定了代为缴纳税款的义务，但蔡某某并未依约履行缴纳税款的义务。蔡某某的未履行行为实际上已经影响了甲公司的权益，因此，甲公司可以依法提起诉讼。二审法院的裁定值得斟酌。至于本案双方约定的义务是否清楚，法院有必要依法予以查清并作出合理的判决。

第二节　税务机关的法定职责

相关法律制度

一、国家赔偿相关法律制度

根据《国家赔偿法》第 23 条的规定，赔偿义务机关应当自收到申请之日起 2 个月内，作出是否赔偿的决定。赔偿义务机关作出赔偿决定，应当充分听取赔偿请求人的意见，并可以与赔偿请求人就赔偿方式、赔偿项目和赔偿数额依照《国家赔偿法》第四章的规定进行协商。赔偿义务机关决定赔偿的，应当制作赔偿决定书，并自作出决定之日起 10 日内送达赔偿请求人。赔偿义务机关决定不予赔偿的，应当自作出决定之日起 10 日内书面通知赔偿请求人，并说明不予赔偿的理由。

根据《国家赔偿法》第 24 条的规定，赔偿义务机关在规定期限内未作出是否赔偿的决定，赔偿请求人可以自期限届满之日起 30 日内向赔偿义务机关的上一级机关申请复议。赔偿请求人对赔偿的方式、项目、数额有异议的，或者赔偿义务机关作出不予赔偿决定的，赔偿请求人可以自赔偿义务机关作出赔偿或者不予赔偿决定之日起 30 日内，向赔偿义务机关的上一级机关申请复议。赔偿义务机关是人民法院的，赔偿请求人可以依照本条规定向其上一级人民法院赔偿委员会申请作出赔偿决定。

二、税收征收管理相关法律制度

根据《税收征收管理法》第 14 条的规定，《税收征收管理法》所称税务机关是指各级税务局、税务分局、税务所和按照国务院规定设立的并向社会公告的税务机构。

根据《税收征收管理法实施细则》第 9 条的规定，《税收征收管理法》第 14 条所称按照国务院规定设立的并向社会公告的税务机构，是指省以下税务局的稽查局。稽查局专司偷税、逃避追缴欠税、骗税、抗税案件的查处。国家税务总局应当明确划分税务局和稽查局的职责，避免职责交叉。

根据《税务稽查工作规程》（国税发〔2009〕157 号）第 2 条的规定，税务稽查的基本任务，是依法查处税收违法行为，保障税收收入，维护税收秩序，促进依法纳税。税务稽查由税务局稽查局依法实施。稽查局主要职责，是依法对纳税人、扣缴义务人和其他涉税当事人履行纳税义务、扣缴义务情况及涉税事项进行检查处理，以及围绕检查处理开展的其他相关工作。稽查局具体职责由国家税务总局依照《税收征收管理法》《税收征收管理法实施细则》有关规定确定。

根据《税务稽查工作规程》第 16 条的规定，选案部门应当建立案源信息档案，对所获取的案源信息实行分类管理。案源信息主要包括：①财务指标、税收征管资料、稽查资料、情报交换和协查线索；②上级税务机关交办的税收违法案件；③上级税务机关安排的税收专项检查；④税务局相关部门移交的税收违法信息；⑤检举的涉税违法信息；⑥其他部门和单位转来的涉税违法信息；⑦社会公共信息；⑧其他相关信息。

根据《税务稽查工作规程》第 18 条的规定，税收违法案件举报中心应当对检举信息进行分析筛选，区分不同情形，经稽查局局长批准后分别处理：①线索清楚，涉嫌偷税、逃避追缴欠税、骗税、虚开发票、制售假发票或者其他严重税收违法行为的，由选案部门列入案源信息；②检举内容不详，无明确线索或者内容重复的，暂存待办；③属于税务局其他部门工作职责范围的，转交相关部门处理；④不属于自己受理范围的检举，将检举材料转送有处理权的单位。

三、行政复议相关法律制度

根据《行政复议法》第 2 条的规定，公民、法人或者其他组织认为具体行政行为侵犯其合法权益，向行政机关提出行政复议申请，行政机关受理行政复议申请、作出行政复议决定，适用《行政复议法》。

根据《行政复议法》第 17 条的规定，行政复议机关收到行政复议申请后，应当在 5 日内进行审查，对不符合《行政复议法》规定的行政复议申请，决定不予受理，并书面告知申请人；对符合《行政复议法》规定，但是不属于本机关受理的行政复议申请，应当告知申请人向有关行政复议机关提出。除上述规定外，行政复议申请自行政复议机关负责法制工作的机构收到之日起即为受理。

根据《行政复议法》第 29 条的规定，申请人在申请行政复议时可以一并提出行政赔偿请求，行政复议机关对符合《国家赔偿法》的有关规定应当给予赔偿的，在决定撤销、变更具体行政行为或者确认具体行政行为违法时，应当同时决定被申请人依法给予赔偿。申请人在申请行政复议时没有提出行政赔偿请求的，行政复议机关在依法决定撤销或者变更罚款、撤销违法集资、没收财物、征收财物、摊派费用以及对财产的查封、扣押、冻结等具体行政行为时，应当同时责令被申请人返还财产，解除对财产的查封、扣押、冻结措施，或者赔偿相应的价款。

根据《税务行政复议规则》（国家税务总局令第 44 号）第 45 条的规定，行政复议机关收到行政复议申请以后，应当在 5 日内审查，决定是否受理。对不符合《税务行政复议规则》规定的行政复议申请，决定不予受理，并书面告知申请人。对不属于本机关受理的行政复议申请，应当告知申请人向有关行政复议机关提出。行政复议机关收到行政复议申请以后未按照上述规定期限审查并作出不予受理决定的，视为受理。

四、行政诉讼相关法律制度

根据《行政诉讼法》第 69 条的规定，行政行为证据确凿，适用法律、法规正确，符合法定程序的，或者原告申请被告履行法定职责或者给付义务理由不成立的，人民法院判决驳回原告的诉讼请求。

根据《行政诉讼法》第 89 条的规定，人民法院审理上诉案件，按照下列情形，分别处理：①原判决、裁定认定事实清楚，适用法律、法规正确的，判决或者裁定驳回上诉，维持原判决、裁定；②原判决、裁定认定事实错误或者适用法律、法规错误的，依法改判、撤销或者变更；③原判决认定基本事实不清、证据不足的，发回原审人民法院重审，或者查清事实后改判；④原判决遗漏当事人或者违法缺席判决等严重违反法定程序的，裁定撤销原判决，发回原审人民法院重审。原审人民法院对发回重审的案件作出判决后，当事人提起上诉的，第二审人民法院不得再次发回重审。人民法院审理上诉案件，需要改变原审判决的，应当同时对被诉行政行为作出判决。

相关经典案例

【案例名称】　　　　　申请税务机关依法履行职责案

案例来源：北京市高级人民法院（2017）京行终 1985 号行政判决书。

【基本事实与各方观点】

上诉人罗某某因诉国家税务总局（以下简称国税总局）作出的税复不受字 [2014] 2 号不予受理行政复议申请决定书（以下简称被诉复议决定）一案，不服北京市第一中级人民法院（2016）京 01 行初 877 号行政判决，向北京市高级人民法院提起上诉。

2014 年 10 月 12 日，国税总局针对罗某某的行政复议申请作出被诉复议决定，认为：重庆市国家税务局（以下简称重庆国税局）作出的《信访事项不予受理告知书》（渝国税信访告字 [2014] 1 号，以下简称 1 号告知书）系该局根据《信访条例》相关规定作出，如罗某某不服该告知书，应该按照《信访条例》相关规定申请救济。因此，罗某某要求撤销该告知书的行政复议申请不属于行政复议范围。根据《国家赔偿法》第 23 条、第 24 条的规定，即使重庆国税局于 2014 年 9 月 3 日收到《确认违法行为行政赔偿申请书》，其也应于 2014 年 11 月 3 日之前作出是否赔偿决定。如罗某某认为该局未履行行政赔偿义务，应于 2014 年 11 月 3 日起 30 日内申请行政复议。因此，截至罗某某提交行政复议申请之日，其尚无以重庆国税局未履行行政赔偿义务为由，申请行政复议救济的权利。

重庆市国家税务局第一稽查局和第二稽查局（以下分别简称重庆国税第一稽查局、重庆国税第二稽查局）分别根据罗某某的请求和检举作出《关于对重庆医药供销总公司北碚大新公司检举事项的复函》与《关于对重庆市江北县、渝北区中药材公司新特药经营部检举事项的复函》，告知其按照《重庆市国家税务局普通发票真伪鉴定管理办法（试行）》的要求，需提供发票联原件方可鉴定发票真假与流向，且并未查到其检举企业的相关信息，客观上已经针对其请求和检举进行了处理。根据《税收征收管理法》第 14 条、《税收征收管理法实施细则》第 9 条规定，稽查局在其法定权限内具备独立的法律地位，如罗某某认为重庆国税第一稽查局、重庆国税第二稽查局作出的复函系未履行法定职责，应按照法律规定向重庆国税局申请救济。综上，根据《行政复议法》第 17 条、《税务行政复议规则》第 45 条第 1 款的规定，对罗某某的行政复议申请决定不予受理。罗某某不服，遂起诉至北京市第一中级人民法院（以下简称一审法院），请求法院依法撤销被诉复议决定，判令国税总局重新作出复议决定。

一审法院经审理查明：2014 年 9 月 3 日，罗某某向重庆国税局提交了确认违法行为行政赔偿申请书，在申请书中载明的请求为：第一，请求履行税务发票及审计档案管理等的法定职责，依法确认重庆国税局等在罗某某提请其查处重庆市高级人民法院（2005）渝高法刑申字第 36 号通知书涉案废弃假发票及审计档案管理过程中违法不予履行其法定职责的事实，依法追究涉案责任行为人等法律责任。第二，请求依法作出重庆国税局向其履行上述违法行政不作为行为行政赔偿（赔偿标的提请鉴定评估）义务的具体行政行为。第三，请求作出上述可诉具体行政行为的法律文书，依法送达罗某某。2014 年 9 月 22 日，重庆国税局作出 1 号告知书，告知罗某某，其提出的信访事项属于检举、控告、申诉类，根据《重庆市信访条例》第 38 条"对检举、控告、申诉类信访事项，有权处理的国家机关应按有关法律、法规规定的程序处理"的规定，对其提出的违法行为行政赔偿信访事项，不属于行政机关投诉类信访事项，该局不予受理。罗某某不服，于 2014 年 9 月 30 日向国税总局提出行政复议申请，复议请求为：第一，请求依法履行税务发票及审计档案管理等行政复议的法定职责，依法查明重庆国税局以 1 号告知书违法不履行《国家税务局关于印发〈税务稽查工作规程〉的通知》（国税发〔2009〕157 号）及《税务稽查工作规程》第 16 条第 5 项、第 18 条第 1 项等规定税务发票及审计档案管理等法定职责的事实，依法撤销重庆国税局上述 1 号告知书违法行为，责令重庆国税局在 1 个月内履行其税务发票及审计档案管理等法定职责，并依法追究涉案责任行为人的法律责任。第二，请求依法作出重庆国税局向其履行上述违法行政不作为的行政赔偿（赔偿标的提请鉴定评估）义务的具体行政行为。第三，请求作出上述可诉具体行政行为的法律文书，依法送达罗某某。同年 10 月 8 日，国税总局收到罗某某的上述复议申请，经审查于同年 10 月 12 日作出被诉复议决定，并于同年 10 月 14 日邮寄给罗某某。

另查明，针对罗某某举报的发票问题，重庆国税第一稽查局于 2014 年 3 月 17 日作出《关于对重庆医药供销总公司北碚大新公司检举事项的复函》，告知罗某某按照《重庆市国家税务局普通发票真伪鉴定管理办法（试行）》的规定，需提供向东阳卫生院开具的国税普通发票原件，由开票企业所在区国税局征管部门进行真伪鉴定及发票流向查询。该局经查询，未查到其检举企业的信息。该局向重庆市北碚区东阳医院调取被举报企业开具的发票存根联及相关资料，医院予以书面答复，原东阳卫生院的会计档案资料现无法找到。重庆国税第二稽查局于 2014 年 3 月 19 日作出《关于对重庆市江北县、渝北区中药材公司新特药经营部检举事项的复函》，告知罗某某按照《重庆市国家税务局普通发票真伪鉴定管理办法（试行）》的规定，需提供向东阳卫生院开具的国税普通发票原件，由开票企业所在区国税局征管部门进行真伪鉴定及发票流向查询。该局经查询，未查到其检举企业的信息。

在一审法院庭审中，罗某某明确表示对国税总局作出被诉复议决定的程序不持异议。

一审法院判决认为，针对罗某某举报的假发票一事，重庆国税局并无直接进行稽查的职责。罗某某主张重庆国税局未履行职责，向国税总局提出的行政复议申请，不属于行政复议范围。罗某某认为重庆国税局对其举报的假发票一事未履行职责，向该局提出申请，请求确认该局不予履行法定职责的事实，并给予罗某某行政赔偿。针对罗某某的行政赔偿申请，重庆国税局作出了 1 号告知书，告知罗某某其赔偿请求不属于信访事项。如罗某某认为重庆国税局在法定期限内未针对其赔偿请求依法作出决定，应当依据法律规定提起诉讼。其针对重庆国税局的上述行为向国税总局提出的行政复议申请，亦不属于行政复议范围。国税总局于 2014 年 10 月 8 日收到罗某某的行政复议申请，于同年 10 月 12 日作出被诉复议决定，并于同年 10 月 14 日邮寄给罗某某，程序符合上述法律规定。综上所述，国税总局不予受理罗某某的行政复议申请并无不当。依照《行政诉讼法》第 69 条之规定，判决驳回罗某某的诉讼请求。

罗某某不服一审判决，以一审法院判决认定事实不清、适用法律错误等为由向北京市高级人民法院提出上诉。请求二审法院撤销一审判决，改判撤销被诉复议决定，判令国税总局重新作出复议决定。

国税总局未向法院提交二审书面答辩意见。

二审法院查明的事实与一审法院查明的事实一致。

上述事实有行政复议申请书及信封封面、《关于对重庆医药供销总公司北碚大新公司检举事项的复函》、确认违法行为行政赔偿申请书、邮件全程跟踪查询记录 7 份等证据材料在案佐证。

二审法院认为，当事人提出行政复议申请，应当属于行政复议的范围。《行政复议法》第 2 条规定，公民、法人或者其他组织认为具体行政行为侵犯其合法权益，向行政机关提出行政复议申请，行政机关受理行政复议申请、作出行政复议决定，适用该法。第 29 条规定，申请人在申请行政复议时可以一并提出行政赔偿请求。《税收征收管理法实施细则》第 9 条规定，《税收征收管理法》第 14 条所称按照国务院规定设立的并向社会公告的税务机构，是指省以下税务局的稽查局。稽查局专司偷税、逃避追缴欠税、骗税、抗税案件的查处。《税务稽查工作规程》第 2 条第 2 款规定，税务稽查由税务局稽查局依法实施。第 18 条第 1 项规定，税收违法案件举报中心应当对线索清楚、涉嫌偷税、逃避追缴欠税、骗税、虚开发票、制售假发票或者其他严重税收违法行为的检举信息，进行分析筛选，区分不同情形，经稽查局局长批准后分别处理。本案中，关于罗某某要求责令重庆国税局履行查处其举报的假发票法定职责的复议请求，根据上述法律法规，重庆国税局并无直接进行稽查的职责。罗某某主张重庆国税局未履行职责，向国税总局提出的行政复议申请，不属于行政复议范围。关于罗某某要求作出重庆国税局向其履行行政不作为的行政赔偿（赔偿标的提请鉴定评估）义务的具体行政行为的复议请求，因要求责令重庆国税局履行查处罗某某举报的假发票法定职责的复议请求不属于行政复议范围，故罗某某关于行政赔偿的复议请求不符合一并提出的条件。据此，国税总局作出被诉复议决定的结论并无不当。国税总局于 2014 年 10 月 8 日收到罗某某的行政复议申请，于同年 10 月 12 日作出被诉复议决定，并于同年 10 月 14 日邮寄给罗某某，程序亦符合法律规定。

综上，一审法院判决驳回罗某某的诉讼请求并无不当，应予维持。罗某某的上诉请求和理由缺乏事实和法律依据，不予支持。

2017 年 7 月 5 日，北京市高级人民法院依照《行政诉讼法》第 89 条第 1 款第 1 项的规定，判决驳回上诉，维持一审判决。二审案件受理费人民币 50 元，由上诉人罗某某负担（已交纳）。

【争议焦点】

1. 请求税务机关依法履行职责是否属于行政复议受案范围？

2. 对税务机关未依法履行职责的行为是否能够申请国家赔偿？

【案例点评】

1. 请求税务机关依法履行职责属于行政复议的受案范围，行政复议机关应当受理并予以审查。不能因为被请求的税务机关不具有相关职责即认为复议申请人的申请不属于行政复议受案范围。因为被申请的税务机关是否具有相关职责本身就是需要通过行政复议依法予以审查的事项。本案法院的判决值得商榷。

2. 当事人如因税务机关未依法履行职责的行为遭受损失，也可以依法申请国家赔偿。依法举报税收违法行为既是每个公民与组织的义务，也是其权利。本案中罗某某向税务机关举报发票违法行为，税务机关应当依法查处。即使受理举报的税务机关无权查处，也应告知当事人向有权查处的税务机关举报或者直接将相关举报信息转交相关税务机关进行查处，而不能以自身不具有相关查处权而推诿。要求当事人必须提供发票原件才予以查处也是不合理的规定，发票原件与复印件记载的信息完全相同，发票的真伪并非靠其自身的纸张予以证明，而是靠其上记载的相关信息，因此，在当事人提供了发票复印件的情况下，税务机关理应积极查处发票违法行为。

第二章

增值税法经典案例

第一节　已证实虚开通知单的可复议性

相关法律制度

一、增值税相关法律制度

根据《增值税暂行条例》第 9 条的规定，纳税人购进货物、劳务、服务、无形资产、不动产，取得的增值税扣税凭证不符合法律、行政法规或者国务院税务主管部门有关规定的，其进项税额不得从销项税额中抵扣。

根据《国家税务总局关于纳税人虚开增值税专用发票征补税款问题的公告》（国家税务总局公告 2012 年第 33 号）的规定，纳税人虚开增值税专用发票，未就其虚开金额申报并缴纳增值税的，应按照其虚开金额补缴增值税；已就其虚开金额申报并缴纳增值税的，不再按照其虚开金额补缴增值税。税务机关对纳税人虚开增值税专用发票的行为，应按《税收征收管理办法》及《发票管理办法》的有关规定给予处罚。纳税人取得虚开的增值税专用发票，不得作为增值税合法有效的扣税凭证抵扣其进项税额。

根据《税收违法案件发票协查管理办法（试行）》（税总发〔2013〕66 号）第 9 条的规定，已确定虚开发票案件的协查，委托方应当按照受托方一户一函的形式出具《已证实虚开通知单》及相关证据资料，并在所附发票清单上逐页加盖公章，随同《税收违法案件协查函》寄送受托方。通过协查信息管理系统发起已确定虚开发票案件协查函的，委托方应当在发送委托协查信息后 5 个工作日内寄送《已证实虚开通知单》以及相关证据资料。

二、行政复议相关法律制度

根据《行政复议法》第 6 条的规定，有下列情形之一的，公民、法人或者其他组织可以依照《行政复议法》申请行政复议：①对行政机关作出的警告、罚款、没收违法所得、没收非法财物、责令停产停业、暂扣或者吊销许可证、暂扣或者吊销执照、行政拘留等行政处罚决定不服的；②对行政机关作出的限制人身自由或者查封、扣押、冻结财产等行政强制措施决定不服的；③对行政机关作出的有关许可证、执照、资质证、资格证等证书变更、中止、撤销的决定不服的；④对行政机关作出的关于确认土地、矿藏、水流、森林、山岭、草原、荒地、滩涂、海域等自然资源的所有权或者使用权的决定不服的；⑤认为行政机关侵犯合法的经营自主权的；⑥认为行政机关变更或者废止农业承包合同，侵犯其合法权益的；⑦认为行政机关违法集资、征收财物、摊派费用或者违法要求履行其他义务的；⑧认为符合法定条件，申请行政机关颁发许可证、执照、资质证、资格证等证书，或者申请行政机关审批、登记有关事项，行政机关没有依法办理的；⑨申请行政机关履行保护人身权利、财产权利、受教育权利的法定职责，行政机关没有依法履行的；⑩申请行政机关依法发放抚恤金、社会保险金或者最低生活保障费，行政机关没有依法发放的；⑪认为行政机关的其他具体行政行为侵犯其合法权益的。

根据《行政复议法》第17条的规定，行政复议机关收到行政复议申请后，应当在5日内进行审查，对不符合《行政复议法》规定的行政复议申请，决定不予受理，并书面告知申请人；对符合《行政复议法》规定，但是不属于本机关受理的行政复议申请，应当告知申请人向有关行政复议机关提出。除上述规定外，行政复议申请自行政复议机关负责法制工作的机构收到之日起即为受理。

根据《税务行政复议规则》第14条的规定，行政复议机关受理申请人对税务机关下列具体行政行为不服提出的行政复议申请：

（1）征税行为，包括确认纳税主体、征税对象、征税范围、减税、免税、退税、抵扣税款、适用税率、计税依据、纳税环节、纳税期限、纳税地点和税款征收方式等具体行政行为，征收税款、加收滞纳金，扣缴义务人、受税务机关委托的单位和个人作出的代扣代缴、代收代缴、代征行为等。

（2）行政许可、行政审批行为。

（3）发票管理行为，包括发售、收缴、代开发票等。

（4）税收保全措施、强制执行措施。

（5）行政处罚行为：①罚款；②没收财物和违法所得；③停止出口退税权。

（6）不依法履行下列职责的行为：①颁发税务登记；②开具、出具完税凭证、外出经营活动税收管理证明；③行政赔偿；④行政奖励；⑤其他不依法履行职责的行为。

（7）资格认定行为。

（8）不依法确认纳税担保行为。

（9）政府信息公开工作中的具体行政行为。

（10）纳税信用等级评定行为。

（11）通知出入境管理机关阻止出境行为。

（12）其他具体行政行为。

根据《税务行政复议规则》第45条的规定，行政复议机关收到行政复议申请以后，应当在5日内审查，决定是否受理。对不符合本规则规定的行政复议申请，决定不予受理，并书面告知申请人。对不属于本机关受理的行政复议申请，应当告知申请人向有关行政复议机关提出。行政复议机关收到行政复议申请以后未按照上述规定期限审查并作出不予受理决定的，视为受理。

三、行政诉讼相关法律制度

根据《行政诉讼法》第26条的规定，公民、法人或者其他组织直接向人民法院提起诉讼的，作出行政行为的行政机关是被告。经复议的案件，复议机关决定维持原行政行为的，作出原行政行为的行政机关和复议机关是共同被告；复议机关改变原行政行为的，复议机关是被告。复议机关在法定期限内未作出复议决定，公民、法人或者其他组织起诉原行政行为的，作出原行政行为的行政机关是被告；起诉复议机关不作为的，复议机关是被告。两个以上行政机关作出同一行政行为的，共同作出行政行为的行政机关是共同被告。行政机关委托的组织所作的行政行为，委托的行政机关是被告。行政机关被撤销或者职权变更的，继续行使其职权的行政机关是被告。

根据《行政诉讼法》第69条的规定，行政行为证据确凿，适用法律、法规正确，符合法定程序的，或者原告申请被告履行法定职责或者给付义务理由不成立的，人民法院判决驳回原告的诉讼请求。

相关经典案例

【案例名称】   **已证实虚开通知单的可复议性案**

案例来源：江苏省淮安市淮安区人民法院（2018）苏0803行初30号行政判决书。

【基本事实与各方观点】

原告上海甲贸易有限公司（以下简称上海甲公司）与被告淮安市淮安区国家税务局行政复议决定一案，江苏省淮安市淮安区人民法院受理后，依法向被告送达了起诉状副本及应诉通知书。本案在诉讼过程中，根据国家税务总局的统一部署，原淮安市淮安区国家税务局和原淮安市淮安地方税务局合并成立国家税务总局淮安市淮安区税务局。原淮安市淮安区国家税务局的职权由国家税务总局淮安市淮安区税务局继续行使。根据《行政诉讼法》第26条第6款的规定，法院通知国家税务总局淮安市淮安区税务局（以下简称淮安区税务局）作为本案被告参加诉讼。法院依法组成合议庭，于 2018 年 12 月 25 日公开开庭审理了本案。本案现已审理终结。

上海甲公司诉称，原告对淮安区国家税务局稽查局开具《已证实虚开通知单》行政行为不服，向被告申请行政复议，被告以属于内部行政行为为由决定不予受理，对此原告不服，具体陈述如下：

1. 未引用具体法律条款，应当视为没有法律依据。《不予受理行政复议申请决定书》援引《行政复议法》第 6 条，但第 6 条有 11 项规定，不知适用的是具体哪一项规定。

2. 没有对原告的复议请求进行审查。原告申请复议针对的对象是淮安区国家税务局稽查局认定上下游企业之间"增值税虚开"行政行为，并陈述了具体事实和理由。但是不予受理决定书看不到对上述内容的评价或认定。客观上，淮安区国家税务局稽查局已经认定淮安乙能源有限公司与上海甲公司之间存在虚开增值税发票行为，故而向上海市国家税务局第四稽查局发出《已证实虚开通知单》，并要求据此处理。不予受理行政复议决定没有针对原告的复议申请进行审查，回避了淮安区国家税务局稽查局是否认定原告与淮安乙能源有限公司是否存在增值税虚开的经营行为。

3. 不予受理决定中，缺少对事实的认定。

4. 退一步讲，不予受理行政复议申请决定援引了国家税务总局《税收违法案件发票协查管理办法（试行）》第 9 条的规定，恰恰反驳了被告自己的主张，证明了原告的主张。国家税务总局《税收违法案件发票协查管理办法（试行）》所讲的协查分为两类：第一类，即税务机关对外地企业的行为，掌握了疑点或线索，本税务机关的要求是：其他地区税务机关有针对性的协助取证。第二类，即税务机关对外地企业的行为已经有了定性，本税务机关的重点要求是行政处罚结果。

5. 再退一步讲，在对外关系上，委托方与受托方是一体的，权利来源于委托方，责任归属于委托方。

6. 淮安区国家税务局稽查局行政行为程序违法、实体错误、法律依据不明。第一，行政行为程序违法，应予纠正。①应该调查核实，客观上没有调查核实。"径行认定"淮安乙能源有限公司向原告开具的发票为"虚开"，程序违法。②"径行认定虚开"，没有告知原告享有知情、陈述、申辩权利，剥夺了原告的合法权益。③违反国家税务总局关于健全税收执法调查取证、告知、听证、集体讨论、决定、文书送达等制度规定。第二，实体错误。行政行为的法律依据不明确，将正常的经营业务错误认定为虚开，明显违法，应该予以纠正。①原告与上下游企业均是正常的业务活动，如实申报了增值税等相关税费。②行政行为的法律依据不明确。③淮安乙能源有限公司的纳税申报符合税法规定。

综上所述，对原告的行政复议请求没有审查，对原告提出的事实与理由没有审查，不予受理决定书援引的法律条款不明、视为没有法律依据。故提起诉讼，请求人民法院：第一，撤销被告作出的淮安国税复不受［2018］2号《不予受理行政复议申请决定书》；对原淮安区国家税务局稽查局《已证实虚开通知单》行政行为予以审查。第二，本案诉讼费用由被告承担。

原告上海甲公司向法院提供了以下证据（其中第四项、第五项证据为当庭提交）：

1. 原告营业执照副本复印件1份：证明原告的诉讼主体资格，同时证明原告与原淮安区税务局稽查局认定存在虚开行为的淮安乙能源有限公司存在交易关系。

2. 淮安国税复不受［2018］2号《不予受理行政复议申请决定书》复印件1份：证明原告不服被告所作出的行政复议决定，故而向人民法院提起诉讼。

3. 《已证实虚开通知单》复印件1份：证明原告与案外人淮安乙能源有限公司交易所涉及的发票13份，被淮安区税务局稽查局认定为虚开，并且将案件移送到原告的主管税务机关，原告同时了解到被告已将此案件向公安机关移送。

4. 部分购销合同，资金往来，开具的发票：证明原告与淮安乙能源有限公司之间的交易是客观真实的，不存在虚假贸易的行为。

5. 淮安乙能源有限公司已经向主管税务机关申报的消费税，详见消费税申报表：证明淮安乙能源有限公司登记为生产性企业，如果被认定为生产性企业，其申报了消费税之后，其销售行为只需要正常缴纳增值税即可，如果认定淮安乙能源有限公司为贸易型公司，那么贸易公司之间的交易当然也不会涉及消费税，只会涉及增值税，该证据结合证据4能够充分证明原告与上游企业淮安乙能源有限公司是受法律保护的合法行为。

被告淮安区税务局辩称：答辩人作出的淮安国税复不受［2018］2号《不予受理行政复议申请决定书》，认定事实清楚、程序合法、法律适用得当、结论正确，依法应予维持。

1. 2018年6月15日，上海甲公司不服原淮安市淮安区国家税务局稽查局向原上海市国家税务局第四稽查局发出的《已证实虚开通知单》，申请行政复议。2018年6月18日答辩人收到申请书。同年6月21日答辩人向上海甲公司发出了事项告知书以及地址确认书。同年6月29日答辩人收到上海甲公司变更被申请人的申请书，同日答辩人作出了《不予受理行政复议申请决定书》。

2. 原淮安市淮安区国家税务局稽查局在系统内部发出的《已证实虚开通知

单》，是国家税务局系统的内部行为，既不是行政处理行为，也不是行政处罚行为，不具有可诉性。在《已证实虚开通知单》的内容里，反映出经过检查确认的淮安乙能源有限公司虚开增值税发票的事实。根据《税收违法案件发票协查管理办法（试行）》第15条第1项的规定，原上海市国家税务局第四稽查局需要立案检查，该局检查的结果才是对上海甲公司作出处理或处罚的依据。如果上海甲公司对原上海市国家税务局第四稽查局的处理或处罚决定不服，可以提起行政复议或行政诉讼。所以《已证实虚开通知单》不可诉。

3. 原淮安市淮安区国家税务局稽查局向原上海市国家税务局第四稽查局发出的《已证实虚开通知单》，有法律依据。《税收违法案件发票协查管理办法（试行）》第9条第1款规定，已确定虚开案件的协查，委托方应当按照受托方一户一函的形式出具《已证实虚开通知单》及相关证据资料，并在所附发票清单上逐页加盖公章，随同《税收违法案件协查函》寄送受托方。

综上所述，《已证实虚开通知单》不具有可诉性，上海甲公司申请行政复议必然不被受理，答辩人作出的淮安国税复不受〔2018〕2号《不予受理行政复议申请决定书》事实清楚，法律依据充分。请求人民法院依法驳回上海甲公司的诉讼请求。

被告淮安区税务局在法定期限内向法院提供的证据和法律依据有：

第一组证据：①淮安区税务局〔2018〕1号《关于国家税务总局淮安市淮安区税务局挂牌成立的公告》；②淮安市淮安区人民政府淮政发〔2018〕171号文件《区政府关于明确涉税政府规范性文件实施主体的通知》；③社会信用代码证书。

以上三份证据证明被告行政主体资格适格并有相应的职权。

第二组证据：①稽查相关资料：税务稽查任务通知书2017-0019、税务稽查立案审批表、税务处理决定书（淮安国税稽处〔2018〕1号）及送达回证、涉嫌犯罪案件移送书及送达回证、税务稽查执行报告；②淮安市淮安区国家税务局（稽查局）税收违法案件协查函632080300180001及附件《已证实虚开通知单》；③上海市国家税务局第四稽查局沪国税四税稽协复〔2018〕061号《税收违法案件协查回复函》及附件协查报告。

以上三份证据证明被告作出复议决定符合法定程序，事实清楚。

第三组证据：①行政复议申请书以及营业执照副本复印件、授权委托书——证明收到原告的行政复议申请；②淮安国税复告〔2018〕2号行政复议告知书及回执，变更被申请人材料——证明被告在行政复议程序中依法告知原告变更被申请人，被告依法进行了变更；③淮安国税复不受〔2018〕2号《不予受理行政复议申请决定书》及送达手续——证明被告依法作出行政复议决定书并予以送达。

以上三份证据证明：第一，被告作出行政复议决定书并依法送达，符合法定程序。第二，认定事实清楚。《已证实虚开通知单》是税务机关通过税务协查系统发给上海市国家税务局稽查局的内部函件，仅供税务机关内部使用，并不送达行政相对人，对行政相对人的权利义务不产生直接影响，属于内部行为，不具有可复议性及可诉性，且上海市国家税务局稽查局并未以该通知单为依据，直接作出处理处罚决定，而是经立案检查后，根据自己检查取证的结果作出处理决定。

第四组证据：①《行政复议法》第 6 条、第 17 条；②《国家税务总局关于修改〈税务行政复议规则〉的决定》第 14 条、第 45 条；③《国家税务总局关于印发〈税收违法案件发票协查管理办法（试行）〉的通知》第 7 条、第 9 条。

以上三份法律法规结合本案的事实依法作出了复议决定，程序合法、事实清楚、适用法律正确。

经庭审质证，法院对以下证据作如下确认：

被告对原告举证的证据 1 真实性无异议，但认为其证明目的与本案没有关联性，本案涉及的是不予受理行政复议是否合法；对证据 2 三性无异议；对证据 3 真实性无异议，但认为原告取得的证据来源不合法，《已证实虚开通知单》是税务系统的内部行为，被告发出该通知单的接受对象是原上海市国家税务局第四稽查局，本案原告不是这个行为的相对方，所以原告不应当拥有这一份通知单，请求法庭对原告拥有该通知书的真实来源予以调查；对证据 4、5 的真实性不发表意见，因为与本案没有关联性。

原告对被告举证的第一组证据的 1—3 证据的真实性无异议；对被告举证的第二组证据的真实性无异议，但认为这恰恰说明了因原淮安区税务局稽查局认定案外人淮安乙能源有限公司与原告的交易存在虚开行为，该行政行为所指称的对象是原告与淮安乙能源有限公司，虽然没有直接认定原告存在虚开行为，但是根据现行的增值税法律法规以及增值税环环抵扣的特征，一旦上游企业被认定存在虚开行为，下游企业获取的增值税交易发票哪怕是正当取得的，也会面临增值税进项税额转出，乃至行政税收处罚，所以下游企业受到的影响非常大，其正常的经营行为因上游企业的涉嫌违法行为受到牵连，而上游企业违法行为的认定在本案中是由原淮安区税务局稽查局作出的，所以原告是具备诉讼主体资格的。对被告举证的第三组证据的真实性无异议，但是对证明目的有异议：第一，对重大的行政复议事项，或者对当事人权利有重大影响的复议事项，按照现行的税收政策，行政复议应当听证。第二，是否属于内部行政行为判断的依据在于法院。第三，本案原告的起诉包括行政复议针对的对象是原国家税务局稽查局认定原告与案外人之间的交易存在虚开行为。第四，按照现行的《税收征收管理法》以及国务院关于对企业检查规定除法定的事由以外，纳税人不会得到税务机关的立案稽查，被告所提到的行政处罚只是立案稽查影响的一种行为，现在立案稽查给原告带来的影响很大，具体为：一是原告的声誉；二是原告的商业机会；三是原告为处理此事额外付出的成本费用。原告对被告举证的第四组证据，认为法律属于公开信息，这和行政复议本身的事实认定没有关系，也和法律是否适用正确没有关系，事实的认定依赖于证据，法律的适用依赖于对证据的认定。

法院认为，原告提供的证据1—3具有真实性且与本案有关联，予以确认；对原告提供的证据4—5，与本案无关联性，不予采信。对被告淮安区税务局提供的四组证据，法院认为具有真实性且来源合法，并与本案相关联，予以确认。

根据上列证据及当事人在庭审中的陈述，认定以下案件事实：

原淮安市淮安区税务局稽查局于2018年3月7日向原上海市国家税务局第四稽查局发出淮安区国税（稽）协［2018］001号《税收违法案件协查函》和《已证实虚开通知单》（协查编号为632080300180001）、277份发票明细等材料。其中《税收违法案件协查函》主要是就淮安乙能源有限公司涉嫌虚开增值税专用发票实施犯罪行为请求开展协查取证工作。《已证实虚开通知单》内容为："经查证，现将已证实虚开的发票277份、涉案发票金额241 828 623.28元告知你局，请按有关规定处理，并将有关情况及税务处理结果反馈我局。"另附发票清单。

原上海市国家税务局第四稽查局在税务内部系统收到上述材料后，即立案开展税务检查。2018年4月9日，上海市国家税务局第四稽查局向被告发出沪国税四税稽协复［2018］061号《关于淮安乙能源有限公司一案案件的协查回复函》并附《税务稽查案件协查报告》。其主要内容为：第一，基本情况：主要说明原告公司的基本情况。第二，调查取证情况及发现的问题。经核，原告公司2015年6—12月收受淮安乙能源有限公司开具并已证实虚开的增值税专用发票共13份，金额：9 437 104.11元，税额：1 604 307.69元，具体有：①原告公司收受淮安乙能源有限公司开具的"江苏增值税专用发票"13份；②原告公司原业务经理的陈述；③货物交付、资金支付情况；④发票抵扣情况。第三，协查结论：上海甲贸易有限公司确系有真实的货物交易及资金流向，但企业无法提供资金流与货物流一致的物流凭证。截至本次检查之日未见上海甲贸易有限公司将上述已定性虚开的13份增值税专用发票相关税金转出，从而违反了《增值税暂行条例》第9条、《国家税务总局关于纳税人虚开增值税专用发票征补税问题的公告》之规定。第四，处理、处罚情况：追缴相应税款滞纳金；未发现公司有偷税情形，故未加处罚款。

原告在原上海市国家税务局第四稽查局检查期间，获知协查编号为632080300180001的《已证实虚开通知单》，遂于2018年5月21日向被告申请行

政复议,请求撤销上述《已证实虚开通知单》。被告淮安区税务局经审查,于
2018 年 6 月 20 日向原告发出变更被申请人的《行政复议告知书》,并于 2018 年
6 月 28 日作出淮安国税复不受〔2018〕2 号《不予受理行政复议申请决定书》,
内容为:被申请人向上海市国家税务局第四稽查局发出的《已证实虚开通知
单》,系被申请人依据《税收违法案件发票协查管理办法(试行)》(税总发
〔2013〕66 号)第 9 条之规定向上海市国家税务局第四稽查局发出的系统内部协
查信息。该协查信息不属于《行政复议法》第 6 条、《税务行政复议规则》(国
家税务总局令第 39 号)第 14 条规定的复议受案范围。根据《行政复议法》第
17 条、《税务行政复议规则》第 45 条第 1 款之规定,本机关决定不予受理。原
告对此不服,向法院提起行政诉讼。

法院认为,《最高人民法院关于适用〈中华人民共和国行政诉讼法〉的解
释》第 1 条第 2 款规定:"下列行为不属于人民法院行政诉讼受案范围:……
⑤行政机关作出的不产生外部法律效力的行为……"《行政复议法》第 6 条和
《税务行政复议规则》第 14 条对行政复议的受案范围作了明确规定。

本案的争议焦点为:原淮安市淮安区税务局稽查局作出的《已证实虚开通知
单》有无产生外部法律效力。

法院认为,《已证实虚开通知单》没有产生外部法律效力。

1. 《已证实虚开通知单》属于内部行政行为。国家税务总局《税收违法案
件发票协查管理办法(试行)》第 7 条规定:"委托方(查办税收违法案件的税
务局稽查局)根据案件查办情况,确定协查对象,需要发起委托协查的,向受托
方(有管辖权的税务局稽查局)发出《税收违法案件协查函》"。第 9 条规定:
"已确定虚开发票案件的协查,委托方应当按照受托方一户一函的形式出具《已
证实虚开通知单》及相关证据资料,并在所附发票清单上逐页加盖公章,随同
《税收违法案件协查函》寄送受托方"。根据上述规定,《已证实虚开通知单》是
根据国家税务总局印发的《税收违法案件发票协查管理办法(试行)》及国家
税务总局的相关通知精神,在税务系统内部通过国家税务总局的协查系统往来的
内部函件。本案原告提供的《已证实虚开通知单》,是被告通过协查系统发给原
上海市国家税务局第四稽查局的内部协查函件,仅供税务机关内部使用,并不直
接送达行政相对人,对行政相对人的权利义务不产生直接影响,属于内部行政行
为,原则上不具有可复议性或可诉性。

2. 本案《已证实虚开通知单》内部行政行为并未"外部化",且未产生对外
法律效力。国家税务总局《税收违法案件发票协查管理办法(试行)》第 15 条
规定:"有下列情形之一的,受托方应当按照《税务稽查工作规程》有关规定立
案检查:①委托方已开具《已证实虚开通知单》的……"根据上述规定,受票

地企业是否构成违法及是否给予行政处罚，由受委托的税务机关依法进行查处。原上海市国家税务局第四稽查局接到被告发出的《税收违法案件协查函》《已证实虚开通知单》等文书材料后，根据上述规定进行立案检查，于2018年4月9日向本案被告发出《关于淮安乙能源有限公司一案案件的协查回复函》及《税务稽查案件协查报告》，认为：上海甲贸易有限公司确系有真实的货物交易及资金流向，但企业无法提供资金流与货物流一致的物流凭证。截至本次检查之日未见上海甲贸易有限公司将上述已定性虚开的13份增值税专用发票相关税金转出，从而违反了《增值税暂行条例》第9条、《国家税务总局关于纳税人虚开增值税专用发票征补税问题的公告》之规定。遂对本案原告作出追缴相应税款及滞纳金的决定。可见原上海市国家税务局第四稽查局仅将原淮安市淮安区税务局稽查局作出的《已证实虚开通知单》作为线索，对原告单位开展立案检查，经税务稽查后认为原告票面信息不符，故作出追缴相应税款及滞纳金的决定，并未直接凭据《已证实虚开通知单》向本案原告作出处理处罚决定。故涉案《已证实虚开通知单》并未产生外部法律效力，对原告单位的权利义务未产生实际影响。

综上所述，原淮安市淮安区税务局稽查局向原上海市国家税务局第四稽查局发出的《已证实虚开通知单》系税务机关内部文书，属于内部行政行为，且未发生对外的法律效力，不具有可复议性或可诉性。故被告淮安区税务局向原告作出的淮安国税复不受〔2018〕2号《不予受理行政复议申请决定书》，不予受理原告的行政复议，符合相关法律法规的规定，并无不当。

2019年1月16日，法院根据《行政诉讼法》第69条之规定，判决驳回原告上海甲贸易有限公司的诉讼请求。本案案件受理费人民币50元，由原告上海甲贸易有限公司负担。

【争议焦点】
1. 行政机关作出的未发生对外法律效力的内部行政行为是否具有可复议性？
2. 如何判断具体行政行为是否产生了外部法律效力？

【案例点评】
1. 行政机关作出的内部行政行为一般仅在内部产生法律效力，对外不具有法律效力，因此，内部行政行为通常不具有可复议性。根据《行政复议法》的立法宗旨，凡是影响当事人权利义务的具体行政行为原则上均在复议范围内。而不具有对外法律效力的内部行政行为在通常情况下不会影响当事人的权利义务，因此，将行政机关作出的未发生对外法律效力的内部行政行为排除在行政复议范围外符合《行政复议法》的立法宗旨。但在具体案件中，应具体分析内部行政行为的法律效力及其是否影响当事人的权利义务。原则上，当事人就内部行政行为申请行政复议本身就表明该行为已经在事实上影响了当事人的权利义务，行政复议机关应在法律允许的范围内尽量受理。

2. 法律效力是法律上承认的、具有法律意义的效果及其力度。内部行政行为因其并不直接对外部主体作出，也不向外部主体送达，通常情况下不产生对外法律效力。但在特殊情况下，内部行政行为对外部主体的权利义务产生了影响，应认定其已经对外产生了事实上的法律效力。以本案为例，《已证实虚开通知单》虽然是内部行政行为，但其直接决定了是否启动对纳税人的稽查。无论纳税人是否有问题，启动对纳税人的税务稽查本身就会对其生产经营活动产生影响。《已证实虚开通知单》实际上是对双方当事人增值税发票开具行为的定性，其影响的并非开票方的利益，也同样影响受票方的利益。税务机关在未向受票方进行调查核实，未给予受票人任何申辩权的情形下，将双方的行为定性为虚开发票，实际上已经影响到受票方的权利义务。因此，应允许受票方对《已证实虚开通知单》的合法性进行质疑并有权申请相应救济。

第二节　实质课税原则征税案

相关法律制度

一、营业税与增值税相关法律制度

根据《营业税暂行条例》（已经失效）第 1 条的规定，在中国境内提供该条例规定的劳务、转让无形资产或者销售不动产的单位和个人，为营业税的纳税人，应当依照该条例缴纳营业税。

根据《营业税暂行条例》第 4 条的规定，纳税人提供应税劳务、转让无形资产或者销售不动产，按照营业额和规定的税率计算应纳税额。应纳税额计算公式：应纳税额＝营业额×税率。营业额以人民币计算。纳税人以人民币以外的货币结算营业额的，应当折合成人民币计算。

根据《营业税暂行条例》第 5 条的规定，纳税人的营业额为纳税人提供应税劳务、转让无形资产或者销售不动产收取的全部价款和价外费用。但是，下列情形除外：①纳税人将承揽的运输业务分给其他单位或者个人的，以其取得的全部价款和价外费用扣除其支付给其他单位或者个人的运输费用后的余额为营业额；②纳税人从事旅游业务的，以其取得的全部价款和价外费用扣除替旅游者支付给其他单位或者个人的住宿费、餐费、交通费、旅游景点门票和支付给其他接团旅游企业的旅游费后的余额为营业额；③纳税人将建筑工程分包给其他单位的，以其取得的全部价款和价外费用扣除其支付给其他单位的分包款后的余额为营业额；④外汇、有价证券、期货等金融商品买卖业务，以卖出价减去买入价后的余额为营业额；⑤国务院财政、税务主管部门规定的其他情形。

根据《营业税暂行条例》第 10 条的规定，纳税人营业额未达到国务院财政、税务主管部门规定的营业税起征点的，免征营业税；达到起征点的，依照该条例规定全额计算缴纳营业税。

根据《营业税暂行条例实施细则》（已经失效）第 2 条的规定，《营业税暂行条例》第 1 条所称条例规定的劳务是指属于交通运输业、建筑业、金融保险业、邮电通信业、文化体育业、娱乐业、服务业税目征收范围的劳务（以下称应税劳务）。加工和修理、修配，不属于条例规定的劳务（以下称非应税劳务）。

根据《营业税暂行条例实施细则》第 23 条的规定，《营业税暂行条例》第 10 条所称营业税起征点，是指纳税人营业额合计达到起征点。营业税起征点的适用范围限于个人。营业税起征点的幅度规定如下：①按期纳税的，为月营业额 5000—20 000 元；②按次纳税的，为每次（日）营业额 300—500 元。省、自治区、直辖市财政厅（局）、税务局应当在规定的幅度内，根据实际情况确定本地区适用的起征点，并报财政部、国家税务总局备案。

根据《营业税改征增值税试点实施办法》（财税〔2013〕106 号，自 2016 年 5 月 1 日起失效）第 9 条的规定，提供应税服务，是指有偿提供应税服务，但不包括非营业活动中提供的应税服务。有偿，是指取得货币、货物或者其他经济利益。非营业活动，是指：①非企业性单位按照法律和行政法规的规定，为履行国家行政管理和公共服务职能收取政府性基金或者行政事业性收费的活动；②单位或者个体工商户聘用的员工为本单位或者雇主提供应税服务；③单位或者个体工商户为员工提供应税服务；④财政部和国家税务总局规定的其他情形。

根据《营业税改征增值税试点实施办法》第 15 条的规定，一般纳税人提供应税服务适用一般计税方法计税。一般纳税人提供财政部和国家税务总局规定的特定应税服务，可以选择适用简易计税方法计税，但一经选择，36 个月内不得变更。

二、城建税与教育费附加相关法律制度

根据《城市维护建设税暂行条例》第 2 条的规定，凡缴纳消费税、增值税、营业税的单位和个人，都是城市维护建设税的纳税义务人（以下简称纳税人），都应当依照该条例的规定缴纳城市维护建设税。

根据《征收教育费附加的暂行规定》第 2 条的规定，凡缴纳消费税、增值税、营业税的单位和个人，除按照《国务院关于筹措农村学校办学经费的通知》（国发〔1984〕174 号文）的规定，缴纳农村教育事业费附加的单位外，都应当依照该规定缴纳教育费附加。

三、个人所得税相关法律制度

根据《个人所得税法》（2011 年修正）第 1 条的规定，在中国境内有住所，或者无住所而在境内居住满 1 年的个人，从中国境内和境外取得的所得，依照该法规定缴纳个人所得税。在中国境内无住所又不居住或者无住所而在境内居住不满 1 年的个人，从中国境内取得的所得，依照该法规定缴纳个人所得税。

根据《个人所得税法》（2011 年修正）第 2 条的规定，下列各项个人所得，应纳个人所得税：①工资、薪金所得；②个体工商户的生产、经营所得；③对企事业单位的承包经营、承租经营所得；④劳务报酬所得；⑤稿酬所得；⑥特许权使用费所得；⑦利息、股息、红利所得；⑧财产租赁所得；⑨财产转让所得；⑩偶然所得；⑪经国务院财政部门确定征税的其他所得。

根据《个人所得税法实施条例》（2018 年修正）第 6 条的规定，《个人所得税法》规定的各项个人所得的范围：

（1）工资、薪金所得，是指个人因任职或者受雇取得的工资、薪金、奖金、年终加薪、劳动分红、津贴、补贴以及与任职或者受雇有关的其他所得。

（2）劳务报酬所得，是指个人从事劳务取得的所得，包括从事设计、装潢、安装、制图、化验、测试、医疗、法律、会计、咨询、讲学、翻译、审稿、书画、雕刻、影视、录音、录像、演出、表演、广告、展览、技术服务、介绍服务、经纪服务、代办服务以及其他劳务取得的所得。

（3）稿酬所得，是指个人因其作品以图书、报刊等形式出版、发表而取得的所得。

（4）特许权使用费所得，是指个人提供专利权、商标权、著作权、非专利技术以及其他特许权的使用权取得的所得；提供著作权的使用权取得的所得，不包括稿酬所得。

（5）经营所得，是指：①个体工商户从事生产、经营活动取得的所得，个人独资企业投资人、合伙企业的个人合伙人来源于境内注册的个人独资企业、合伙企业生产、经营的所得；②个人依法从事办学、医疗、咨询以及其他有偿服务活动取得的所得；③个人对企业、事业单位承包经营、承租经营以及转包、转租取得的所得；④个人从事其他生产、经营活动取得的所得。

（6）利息、股息、红利所得，是指个人拥有债权、股权等而取得的利息、股息、红利所得。

（7）财产租赁所得，是指个人出租不动产、机器设备、车船以及其他财产取得的所得。

（8）财产转让所得，是指个人转让有价证券、股权、合伙企业中的财产份额、不动产、机器设备、车船以及其他财产取得的所得。

（9）偶然所得，是指个人得奖、中奖、中彩以及其他偶然性质的所得。

个人取得的所得，难以界定应纳税所得项目的，由国务院税务主管部门确定。

根据《个人所得税法实施条例》第 14 条的规定，《个人所得税法》第 6 条第 1 款第 2 项、第 4 项、第 6 项所称每次，分别按照下列方法确定：①劳务报酬所得、稿酬所得、特许权使用费所得，属于一次性收入的，以取得该项收入为一次；属于同一项目连续性收入的，以 1 个月内取得的收入为一次。②财产租赁所得，以 1 个月内取得的收入为一次。③利息、股息、红利所得，以支付利息、股息、红利时取得的收入为一次。④偶然所得，以每次取得该项收入为一次。

四、税收征收管理相关法律制度

根据《税收征收管理法》第 3 条的规定，税收的开征、停征以及减税、免税、退税、补税，依照法律的规定执行；法律授权国务院规定的，依照国务院制定的行政法规的规定执行。任何机关、单位和个人不得违反法律、行政法规的规定，擅自作出税收开征、停征以及减税、免税、退税、补税和其他同税收法律、行政法规相抵触的决定。

根据《税收征收管理法》第 32 条的规定，纳税人未按照规定期限缴纳税款的，扣缴义务人未按照规定期限解缴税款的，税务机关除责令限期缴纳外，从滞纳税款之日起，按日加收滞纳税款 5‰ 的滞纳金。

根据《税收征收管理法》第 52 条的规定，因税务机关的责任，致使纳税人、扣缴义务人未缴或者少缴税款的，税务机关在 3 年内可以要求纳税人、扣缴义务人补缴税款，但是不得加收滞纳金。因纳税人、扣缴义务人计算错误等失误，未缴或者少缴税款的，税务机关在 3 年内可以追征税款、滞纳金；有特殊情况的，追征期可以延长到 5 年。对偷税、抗税、骗税的，税务机关追征其未缴或者少缴的税款、滞纳金或者所骗取的税款，不受上述规定期限的限制。

根据《税收征收管理法》第 88 条的规定，纳税人、扣缴义务人、纳税担保人同税务机关在纳税上发生争议时，必须先依照税务机关的纳税决定缴纳或者解缴税款及滞纳金或者提供相应的担保，然后可以依法申请行政复议；对行政复议决定不服的，可以依法向人民法院起诉。当事人对税务机关的处罚决定、强制执行措施或者税收保全措施不服的，可以依法申请行政复议，也可以依法向人民法院起诉。当事人对税务机关的处罚决定逾期不申请行政复议也不向人民法院起诉、又不履行的，作出处罚决定的税务机关可以采取《税收征收管理法》第 40 条规定的强制执行措施，或者申请人民法院强制执行。

根据《税务稽查工作规程》第 2 条的规定，税务稽查的基本任务，是依法查处税收违法行为，保障税收收入，维护税收秩序，促进依法纳税。税务稽查由税务局稽查局依法实施。稽查局的主要职责是依法对纳税人、扣缴义务人和其他涉税当事人履行纳税义务、扣缴义务情况及涉税事项进行检查处理,以及围绕检查处理开展的其他相关工作。稽查局的具体职责由国家税务总局依照《税收征收管理法》《税收征收管理法实施细则》有关规定确定。

根据《重大税务案件审理办法》(国家税务总局令第 34 号)第 5 条的规定,省以下各级税务局设立重大税务案件审理委员会(以下简称审理委员会)。审理委员会由主任、副主任和成员单位组成,实行主任负责制。审理委员会主任由税务局局长担任,副主任由税务局其他领导担任。审理委员会成员单位包括政策法规、税政业务、纳税服务、征管科技、大企业税收管理、税务稽查、督察内审部门。各级税务局可以根据实际需要,增加其他与案件审理有关的部门作为成员单位。

根据《重大税务案件审理办法》第 11 条的规定,该办法所称的重大税务案件包括:①重大税务行政处罚案件,具体标准由各省、自治区、直辖市和计划单列市税务局根据本地情况自行制定,报国家税务总局备案;②根据重大税收违法案件督办管理暂行办法督办的案件;③应司法、监察机关要求出具认定意见的案件;④拟移送公安机关处理的案件;⑤审理委员会成员单位认为案情重大、复杂,需要审理的案件;⑥其他需要审理委员会审理的案件。

根据《重大税务案件审理办法》第 34 条的规定,稽查局应当按照重大税务案件审理意见书制作税务处理处罚决定等相关文书,加盖稽查局印章后送达执行。文书送达后 5 日内,由稽查局送审理委员会办公室备案。

五、其他相关法律制度

根据《税务行政复议规则》第 29 条的规定,税务机关依照法律、法规和规章规定,经上级税务机关批准作出具体行政行为的,批准机关为被申请人。申请人对经重大税务案件审理程序作出的决定不服的,审理委员会所在税务机关为被申请人。

根据《合同法》第 196 条的规定,借款合同是借款人向贷款人借款,到期返还借款并支付利息的合同。

根据《行政诉讼法》第 49 条的规定,提起诉讼应当符合下列条件:①原告是符合《行政诉讼法》第 25 条规定的公民、法人或者其他组织;②有明确的被告;③有具体的诉讼请求和事实根据;④属于人民法院受案范围和受诉人民法院管辖。

相关经典案例

【案例名称】　　　　　　　　**实质课税原则征税案**

案件来源：最高人民法院（2018）最高法行申 209 号行政裁定书。

【基本事实与各方观点】

再审申请人陈某某诉被申请人莆田市地方税务局稽查局（以下简称莆田市地税稽查局）、福建省地方税务局（以下简称福建省地税局）税务行政处理及行政复议一案，福建省莆田市中级人民法院作出（2015）莆行初字第 296 号行政判决：第一，驳回陈某某要求撤销莆田市地税局和莆田市地税稽查局作出的莆地税稽处〔2015〕7 号《税务处理决定书》的诉讼请求；第二，驳回陈某某要求撤销福建省地税局闽地税复决字〔2015〕4 号《税务行政复议决定书》的诉讼请求。陈某某不服提起上诉后，福建省高级人民法院作出（2017）闽行终 896 号行政判决：维持莆田市中级人民法院（2015）莆行初字第 296 号行政判决第二项；撤销同一行政判决第一项；驳回陈某某要求撤销莆田市地税稽查局作出的莆地税稽处〔2015〕7 号《税务处理决定书》的诉讼请求。陈某某仍不服，在法定期限内向最高人民法院申请再审。

2015 年 4 月 30 日，莆田市地税稽查局作出莆地税稽处〔2015〕7 号《税务处理决定书》（以下简称被诉税务处理决定），主要内容如下：

2013 年初，福建省甲古典工艺博览城建设有限公司（以下简称甲公司）因项目开发建设需要，与陈某某和案外人林某某（另案处理）达成协议，以甲公司部分房产作为抵押向陈某某和林某某合计借款 6000 万元，月息 5%，利息按月支付，期限 1 年。2013 年 3 月 20 日，陈某某、林某某与甲公司签订合同时，发现甲公司只能提供 85 坎店面，店面面积合计 1 万平方米，为此两人只同意借给甲公司 5500 万元，双方签订总价为 5500 万元的商品房买卖合同，并到仙游县房地产管理中心备案登记。同日，甲公司将多余的 500 万元汇还给林某某。2014 年 1 月 17 日，林某某因资金周转需要从甲公司抽回 300 万元。2014 年 3 月 19 日即 1 年放贷期满，林某某、陈某某和甲公司通过泉州仲裁委员会仲裁解除上述商品房买卖合同，甲公司各汇还给林某某、陈某某 2600 万元，共计 5200 万元。2013 年 3 月 20 日至 2014 年 3 月 19 日，陈某某累计取得利息收入 2140 万元（其中，2013 年度为 1350 万元，2014 年度为 790 万元）。陈某某 2013 年度和 2014 年度取得利息收入未申报缴纳营业税、个人所得税、城市维护建设税、教育费附加及地方教育附加。税务机关决定由陈某某补缴纳：营业税 107 万元；个人所得税 428 万元；城市维护建设税 5 万元；教育费附加 3 万元；地方教育费附加 2 万元；加收滞纳金 17 万元。以上共计人民币 563 万元。

一、二审法院经审理查明以下案件事实:

陈某某系案外人林某某丈夫之弟。2013 年 3 月 20 日,陈某某和林某某与甲公司签订一份《商品房买卖合同》,约定:第一,陈某某和案外人林某某共同向甲公司购买位于仙游县榜头镇泉山村中国古典工艺博览城 2 号楼 2—3 层 85 坎商铺,建筑面积 1 万平方米,每平方米 5500 元,合同总价款人民币 5500 万元。第二,分期付款。2013 年 3 月 31 日前支付全部购房款的 18.2% 计人民币 1000 万元,2013 年 6 月 30 日前支付全部购房款的 31.8% 计人民币 1750 万元,2013 年 12 月 31 日前支付全部购房款的 50% 计人民币 2750 万元。第三,违约责任。出卖人应在 2013 年 12 月 30 日前将符合合同约定的商品房交付给买受人,出卖人逾期交房不超过 30 日,出卖人按日向买受人支付已付款 0.5‰ 的违约金;超过 30 日,买受人有权解除合同,解除合同的,出卖人应当自买受人解除合同书面通知到达之日起 1 日内退还全部已付款,并按买受人已付款的 20% 向买受人支付违约金。继续履行合同的,出卖人按实际逾期的天数计算,每日向买受人支付已付款的 0.6‰。第四,产权登记。出卖人应当在商品房交付使用后 60 日内,向当地房屋权属登记部门办理房屋所有权初始登记,如因出卖人原因不能在商品房交付使用后 90 日内取得房屋权属证书,买受人退房的,应在 30 日内退还已付款并按已付款的 20% 赔偿买受人损失。第五,争议处理。协商不成依法向人民法院起诉等条款。该《商品房买卖合同》送至仙游县房地产管理中心备案。之后,甲公司分别向仙游县住建局、仙游县工艺产业园管委会、仙游县委、县政府申请预售融资方案调整的报告。仙游县委办〔2013〕5 号会议纪要和仙游县委办〔2013〕22 号会议备忘录同意了甲公司增加 20% 建筑面积作为融资用途,导致甲公司与陈某某和案外人林某某签订的《商品房买卖合同》无法按合同约定继续履行。2014 年 3 月 18 日,甲公司向泉州仲裁委员会申请仲裁,2014 年 3 月 19 日,泉州仲裁委员会作出〔2014〕泉仲字 567 号《调解书》,双方达成协议如下:第一,解除双方签订的《商品房买卖合同》;第二,甲公司应于 2014 年 3 月 21 日前返还被申请人林某某、陈某某已付的购房款人民币 1000 万元。

陈某某、林某某与甲公司资金来往情况:在 2013 年 3 月 20 日双方签订《商品房买卖合同》之前,陈某某和林某某转账支付给甲公司共计人民币 6000 万元,签订合同时甲公司返还给陈某某 500 万元。签订《商品房买卖合同》之后,陈某某和林某某陆续收到甲公司转入资金共计人民币 9328 万元,其中陈某某收回资金人民币 4740.5 万元(2013 年 5 月 20 日 275 万元、7 月 5 日 275 万元、9 月 5 日 250 万元、10 月 10 日 25 万元、11 月 5 日 250 万元、12 月 5 日 275 万元,2014 年 1 月 6 日 275 万元、2 月 11 日 100 万元、2 月 13 日 155.5 万元、3 月 5 日 260 万元、3 月 19 日 2600 万元),林某某收回资金人民币 4587.5 万元(2013 年 3 月

20 日 275 万元、4 月 20 日 275 万元、6 月 20 日 137.5 万元、8 月 5 日 250 万元、8 月 8 日 500 万元、10 月 8 日 250 万元，2014 年 1 月 17 日 300 万元、3 月 19 日 2600 万元），但林某某于 2013 年 10 月 10 日又支付给甲公司人民币 500 万元。陈某某和林某某收支对抵以签订《商品房买卖合同》时的本金人民币 5500 万元，多出人民币 3328 万元。在陈某某、林某某与甲公司资金往来中，银行网上电子回单、网银收款记账凭证的用途和附言栏目中大部分注明"购房款"。

2014 年 6 月，中共莆田市纪律检查委员会（以下简称莆田市纪委）和福建省莆田市人民检察院（以下简称莆田市检察院）接到举报，对陈某某、林某某与甲公司的资金往来进行调查。陈某某、林某某在莆田市纪委和莆田市检察院的谈话笔录中均承认"陈某某和案外人林某某共借款人民币 5500 万元给甲公司，月利率 5%，甲公司以商品房作抵押，双方签订《商品房买卖合同》，1 年内共收取利息人民币 3328 万元。解除《商品房买卖合同》时陈某某和林某某收回本金共计人民币 5200 万元。涉案借款给甲公司的本金也是向其他人以不同的利率转借的"。调查期间，莆田市纪委和莆田市检察院还分别向证人傅某、蔡某某、郑某某、王某某和乙公司调查取证，证人林某在《借款说明》中说明陈某某和案外人林某某借给甲公司 5500 万元。2014 年 6 月 4 日，甲公司向莆田市纪委出具《说明》，证明其与陈某某、林某某之间是以房产作抵押的融资借款关系。2014 年 6 月 25 日，莆田市纪委和莆田市检察院向甲公司负责人的哥哥张某某调查，张某某陈述上述关系是借款关系而不是购买商品房，证言内容和情节与陈某某、林某某在莆田市纪委和莆田市检察院的谈话笔录内容基本吻合。2014 年 10 月 15 日，莆田市纪委向莆田市地税局发出莆纪函［2014］11 号《关于认定相关涉税问题的函》，函告"我委在调查中发现林某于 2013 年 3 月至 2014 年 3 月，以月息 5% 向仙游县某公司放贷人民币 5500 万元，共获利人民币 3328 万元，现将相关线索材料移送你局，请就上述行为应否纳税予以认定，并及时反馈"。2014 年 12 月 10 日，莆田市纪委又向莆田市地税局发出莆纪函［2014］18 号《关于对林某某等人涉嫌偷漏税进行调查处理的函》，函告"我委在有关案件调查中发现仙游县丙财务有限公司林某某等人于 2013 年 3 月至 2014 年 3 月，以月息 5% 向仙游县甲古典工艺博览城建设有限公司放贷人民币 5500 万元，共获利人民币 3328 万元，涉嫌偷漏税。经委领导同意，现将该问题移送你局进一步调查处理，请将处理结果于 2015 年 1 月 15 日反馈我委一室"。

莆田市地税局根据莆田市纪委上述函件，于 2015 年 3 月 26 日立案调查。之后，莆田市地税稽查局向陈某某和林某某、甲公司、甲公司股东张某某发出《税务检查通知书》和《询问通知书》，并向相关银行等金融机构发出《检查存款账户许可证明》。2015 年 4 月 8 日，莆田市地税稽查局向陈某某进行调查询问，陈某某陈述"我有在甲公司购买房产2宗，一宗5500万元是我和林某某合购，另一宗800多万元是我个人购买的。解除商品房买卖合同时甲公司汇还给我和林某某各2600万元。另外之前已汇给我300万元。因为林某某丈夫是公务员担心买商铺没有申报违反规定，就把违约金说成利息。甲公司每月按购房款总额的5%支付违约金，我和林某某共收取违约金共计人民币3328万元。我本人大约收到2100多万元"。莆田市地税稽查局经对银行等金融机构核实陈某某、林某某与甲公司的资金来往情况后，作为重大税务案件报请莆田市地税局重大案件审理委员会集体研究。2015年4月22日，莆田市地税稽查局向陈某某发出《税务处理事项告知书》。2015年4月30日，莆田市地税稽查局作出被诉税务处理决定，决定由陈某某补缴：营业税107万元；个人所得税428万元；城市维护建设税5万元；教育费附加3万元；地方教育费附加2万元；加收滞纳金17万元。共计人民币563万元。

陈某某不服，依照《税收征收管理法》第88条第1款的规定，提供房产担保后，以莆田市地税稽查局为被申请人，向福建省地税局申请行政复议，福建省地税局要求陈某某变更以莆田市地税局为被申请人，于2015年10月23日作出闽地税复决字〔2015〕4号《税务行政复议决定书》，维持被诉税务处理决定。

陈某某不服提起行政诉讼，请求撤销上述税务处理决定和行政复议决定。

一审法院认为：根据国家税务总局发布的《税务稽查工作规程》第2条第2款有关"税务稽查由税务局稽查局依法实施。稽查局主要职责，是依法对纳税人、扣缴义务人和其他涉税当事人履行纳税义务、扣缴义务情况及涉税事项进行检查处理……"的规定，莆田市地税稽查局有权对陈某某涉税事项进行检查并作出处理决定。本案涉税数额较大，案情重大复杂，属于重大税务案件，根据国家税务总局发布的《重大税务案件审理办法》第5条、第11条第5项、第34条的规定，本案经莆田市地税局重大案件审理委员会审理后，由莆田市地税稽查局按照重大税务案件审理意见书制作税务处理决定书，加盖稽查局印章后送达执行，符合上述规定。根据《税务行政复议规则》第29条第2款的规定，本案是通过莆田市地税局重大案件审理程序作出的，莆田市地税局作为复议被申请人符合上述规定。为此，陈某某主张莆田市地税稽查局无权或越权作出处理决定，且以其名义作出处理决定后的复议机关、复议被申请人、复议程序均属错误的理由不能成立。

关于《〈商品房买卖合同〉的补充条款》（以下简称《补充条款》）的真实性问题。该《补充条款》的约定对陈某某十分有利，但陈某某在行政程序中没有提供，而是在复议程序即将结束时才提供复印件。为此，莆田市地税稽查局有理由怀疑该《补充条款》的真实性。庭后，莆田市地税稽查局申请鉴定，但因未取得原件无法鉴定，而仙游县房地产管理中心备案材料中也无法查找该《补充条款》。泉州仲裁委员会仲裁调解书内容也没有涉及该《补充条款》而一并解除。从《补充条款》《商品房买卖合同》对违约金的约定可以看出，《补充条款》约定甲公司每月应付陈某某已交纳购房款总额的5%作为违约金，即每月支付给陈某某、林某某人民币275万元，且违约起始时间从签订合同2个月后起算，而《商品房买卖合同》的违约起始时间在签订合同后9个月交付商品房时起算，若逾期交房不超过30日，出卖人按日向买受人支付已付款0.5‰的违约金，两份合同签约时间前后相差一天，《补充条款》加重对甲公司的违约责任，在未经请求人民法院或仲裁机构予以增加违约金的条件下，甲公司主动支付大幅高于《商品房买卖合同》约定额度违约金的行为，违反商品房买卖交易习惯。因此，对该《补充条款》的真实性不予认可。陈某某主张每月收取甲公司支付的人民币275万元是依据《补充条款》约定的5%违约金的理由不能成立。

泉州仲裁委员会的《调解书》虽具有一定法律效力，但没有确认当事人的违法事实，只是申请人甲公司的述称，且有关被申请人林某某、陈某某已付购房款人民币1000万元与实际支付的5500万元不符。按照《商品房买卖合同》约定，双方发生纠纷协商不成向人民法院起诉，其却不按合同约定而选择仲裁；如果按陈某某陈述是甲公司违约，一般情况下是陈某某作为仲裁申请人，但甲公司却主动作为仲裁申请人亦有违常理；解除《商品房买卖合同》的原因并非规划设计变更，按陈某某陈述是甲公司将出售给陈某某的商品房作为不可销售的融资房，而调整到1号楼导致无法按原合同履行。权衡商业利弊，甲公司是不会将已签订合同出售给陈某某的商品房调整为不可销售房，否则，按合同约定甲公司要承担巨大的违约成本。结合陈某某与甲公司资金来往情况，陈某某在签订《商品房买卖合同》时就已付清购房款，却在《商品房买卖合同》中约定今后分三期支付购房款，违反了商品房买卖交易习惯，是一种名为购房实为借贷的行为，符合非典型性抵押担保的借贷关系特征。资金来往凭证注明的"购房款"系陈某某单方行为。《商品房买卖合同》虽经房地产管理中心备案，具有一定的公信力，但莆田市纪委和莆田市检察院向陈某某、证人及甲公司的调查材料能够相互印证，且当事人也违反了商品房买卖交易习惯，也不能排除以房产为抵押担保的借贷关系。为此，陈某某主张与甲公司之间为商品房买卖关系的理由不能成立。

陈某某、林某某支付给甲公司人民币5500万元之后，就按月收取交易金额的5%，与利息的收取习惯相吻合。据此可以推定陈某某实际上是将其资金借予甲公司使用的一种借贷行为，陈某某与甲公司资金来往中多出的人民币2140万元为利息收入，属于营业税中规定的应税劳务行为中的"金融保险业"税目，依法应当缴纳营业税。贷款属于营业税税目中的金融保险业征收范围，根据《营业税暂行条例实施细则》（当时有效）第 2 条的规定，金融保险业属于营业税税目征收范围内的应税劳务，依照《营业税暂行条例》（当时有效）第 1 条的规定，提供劳务的自然人也是营业税的纳税人。因此，陈某某主张其为自然人不属于《营业税税目注释》所称的"金融保险业"而不应缴纳营业税的理由不能成立。陈某某作为缴纳营业税的个人，根据《城市维护建设税暂行条例》第 2 条、《征收教育费附加的暂行规定》第 2 条、《福建省地方教育附加征收管理暂行办法》第 2 条和第 3 条规定，依法应当缴纳城市维护建设税、教育费附加和地方教育附加。根据《个人所得税法》（2011 年修正）（当时有效）第 1 条、第 2 条第7 项的规定，陈某某取得的利息收入 2140 万元，依法应当缴纳个人所得税。根据《税收征收管理法》第 32 条的规定，陈某某主张其无需缴纳滞纳金的理由不能成立。

综上所述，莆田市地税稽查局对陈某某作出被诉税务处理决定事实清楚，程序并无不当，适用法律法规正确。福建省地税局经复议审查后予以维持适用法律正确。陈某某的诉讼请求及理由均不能成立。因此，一审法院判决：驳回陈某某要求撤销莆田市地税局和莆田市地税稽查局作出的莆地税稽处〔2015〕7 号《税务处理决定书》的诉讼请求；驳回陈某某要求撤销福建省地税局闽地税复决字〔2015〕4 号《税务行政复议决定书》的诉讼请求。

陈某某不服提起上诉后，二审法院认为：本案核心争议为陈某某自签订《商品房买卖合同》之日起（2013 年 3 月 20 日）至仲裁协议解除《商品房买卖合同》之日止（2014 年 3 月 19 日）除购房款本金之外额外收取的 2140 万元的法律性质。陈某某主张该款项系甲公司依据《补充条款》约定，向其支付的以"违约金"为名义的"履约保证金"，以督促甲公司尽快办理房产证。但经审理查明，陈某某直至申请行政复议时才主张与甲公司另签订《补充条款》，但始终未能提交《补充条款》原件，且该《补充条款》未与《商品房买卖合同》共同在仙游县房地产管理中心进行备案，〔2014〕泉仲字 567 号《调解书》亦未涉及对《补充条款》的解除。同时，在 2015 年 4 月 8 日莆田市地税稽查局对陈某某所做的《询问（调查）笔录》中，陈某某明确表示"没有另外签订书面合同或协议，只是口头约定"。此外，在 2013 年 3 月 20 日双方签订的《商品房买卖合同》对于产权登记时间及违约责任已经有明确约定的情况下，于 1 天之后又签订《补充条款》，对产权登记时间及违约责任进行重新约定，大幅增加甲公司的违约责任，明显不符合正常的交易惯例。因此，一审判决对《补充条款》的真实性不予认定并无不当。

结合莆田市纪委、莆田市检察院联合调查组对陈某某、林某某、张某某等调查笔录，甲公司出具的《关于林某某部分往来款说明》《情况说明》，案外人林某出具的《借款说明》，以及陈某某、林某某与甲公司资金往来明细等证据，一审判决认定陈某某与甲公司之间的交易行为名为购房实为借贷，符合非典型性抵押担保的借贷关系并无不当。被诉税务处理决定及涉案行政复议决定认定陈某某、林某某支付给甲公司 5500 万元资金为借款行为，陈某某收取本金之外的 2140 万元系利息收入，并无不当。

由于涉案 2140 万元系利息收入，依法属于《营业税暂行条例实施细则》第 2 条规定的营业税应税劳务中"金融保险业"的范围，同时《营业税暂行条例》第 1 条明确规定，个人可以成为营业税的纳税人，且金融保险业营业税税目的税率为 5%，故莆田市地税稽查局责令陈某某补缴营业税 107 万元正确。根据《城市维护建设税暂行条例》第 2 条、第 3 条、第 4 条第 3 款的规定，营业税纳税义务人应缴纳城市维护建设税，莆田市地税稽查局责令陈某某补缴城市维护建设税 5 万元正确。根据《征收教育费附加的暂行规定》第 2 条及第 3 条第 1 款的规定，营业税纳税义务人应缴纳教育费附加，莆田市地税稽查局责令陈某某补缴教育费附加 3 万元正确。根据《福建省地方教育附加征收管理暂行办法》第 2 条、第 3 条、第 5 条及《福建省人民政府关于调整地方教育附加征收标准等有关问题的通知》（闽政文［2011］230 号）的规定，营业税纳税人应缴纳教育附加，莆田市地税稽查局责令陈某某补缴地方教育附加 2 万元正确。根据《个人所得税法》（2011 年修正）第 1 条第 1 款、第 2 条第 7 项、第 3 条第 5 项之规定，莆田市地税稽查局责令陈某某补缴个人所得税 428 万元正确。由于陈某某未按期缴纳税款，故根据《税收征收管理法》第 32 条之规定，莆田市地税稽查局责令加收陈某某滞纳金 17 万元正确。

本案中，陈某某将莆田市地税局作为共同被告之一提起诉讼。但经查明，莆田市地税局并非被诉税务处理决定及涉案行政复议决定的行政主体。故陈某某对莆田市地税局的起诉不符合《行政诉讼法》第 49 条第 3 项之规定。一审法院受理陈某某对莆田市地税局的起诉并作出实体判决错误。同时，被诉税务处理决定首部有关"我局（即莆田市地税稽查局）于 2015 年 3 月 26 日至 2015 年 5 月 25 日对你（即陈某某）……进行了检查"中日期表述系笔误，因未对陈某某的实体权利造成不利影响，依法予以指正。因此，二审法院判决：维持莆田市中级人民法院（2015）莆行初字第 296 号行政判决第二项；撤销同一行政判决第一项；驳回陈某某要求撤销莆田市地税稽查局作出的莆地税稽处［2015］7 号《税务处理决定书》的诉讼请求。

陈某某向最高人民法院申请再审，请求撤销一、二审法院判决，撤销被诉税务处理决定和涉案行政复议决定。其主要理由为：第一，一、二审法院判决没有综合认定再审申请人和林某某共同购买涉案项目 2 号楼（每平方米 5500 元）及后续购买涉案项目 1 号楼（每平方米 12 000 元）相关联的事实，也没有综合认定涉案《调解书》《商品房买卖合同》《补充条款》等有关证据，其认定再审申请人与甲公司之间的商品房买卖合同关系构成民间借贷关系，认定事实不清；第二，莆田市地税稽查局无权作出涉案被诉税务处理决定；第三，即便认定本案属于民间借贷关系，也不能认定再审申请人涉案出借行为属于金融保险行业而征收相应税款。

被申请人莆田市地税稽查局陈述意见认为，被诉税务处理决定和涉案行政复议决定均有事实及法律依据，二审法院判决正确，请求驳回陈某某的再审申请。其主要理由为：第一，陈某某涉案行为符合非典型抵押担保的借贷关系，且即使存在后续购房行为，也不代表本案征税所依据的前行为也是购房行为；第二，〔2014〕泉仲字 567 号《调解书》的内容均为再审申请人自述内容，而非仲裁庭依法查明的案件事实，不能作为确定涉案主要事实的根据；第三，再审申请人至今未提交《补充条款》原件，且该《补充条款》也未进行备案，双方在《补充条款》中所约定的高额"履约保证金"依法不应采信；第四，被申请人是作出被诉税务处理决定的适格行政主体；第五，再审申请人因涉案民间借贷关系形成的利息收入，完全符合法定营业税、个人所得税等相应税目的纳税条件，对被申请人依法予以课税符合法律规定。

被申请人福建省地税局同意被申请人莆田市地税稽查局的陈述意见。

最高人民法院认为：本案的争议焦点主要有三个方面：第一，税务机关能否根据实质课税原则独立认定涉案民事法律关系；第二，对涉案民间借贷利息收入应否征收营业税、个人所得税等税款；第三，对民间借贷产生的较大金额利息收入征收税款如何体现税收公平原则。

1. 关于税务机关能否根据实质课税原则独立认定涉案民事法律关系的问题。

根据《税收征收管理法》以及相关规定，税务机关是主管税收工作的行政主体，承担管辖权范围内的各项税收、非税收入征管等法定职责。因此，税务机关一般并不履行认定民事法律关系性质的职能；且税务机关对民事法律关系的认定一般还应尊重生效法律文书相关认定效力的羁束。但是，税务机关依照法律、行政法规的规定征收税款系其法定职责，在征收税款过程中必然会涉及对相关应税行为性质的识别和判定，而这也是实质课税原则的基本要求。否定税务机关对名实不符的民事法律关系的认定权，不允许税务机关根据纳税人经营活动的实质内容依法征收税款，将不可避免地影响税收征收工作的正常开展，难以避免纳税义务人滥用私法自治以规避或减少依法纳税义务，从而造成国家法定税收收入流失，而有违税收公平原则。而且，税法与民法系平等相邻之法域，前者体现量能课税与公平原则，后者强调契约自由；对同一法律关系的认定，税法与民法的规定可能并不完全一致：依民法有效之契约，依税法可能并不承认；而依民法无效之契约，依税法亦可能并不否认。因此，税务机关依据税收征收法律等对民事法律关系的认定，仅在税务行政管理、税额确定和税款征缴程序等专门领域有既决力，而当事人仍可依据民事法律规范通过仲裁或民事诉讼等方式另行确认民事法律关系。因而，在坚持税务机关对实质民事交易关系认定负举证责任的前提下，允许税务机关基于确切、让人信服之理由自行认定民事法律关系，对民事交易秩序的稳定性和当事人权益并不构成重大威胁。当然，税务机关对实质民事交易关系的认定应当符合事实与税收征收法律规范，税务机关认为其他机关对相应民事法律关系的认定与其认定明显抵触的，宜先考虑通过法定渠道解决，而不宜径行作出相冲突的认定。

本案的特殊性在于，虽然泉州仲裁委员会相关仲裁文书确认甲公司与陈某某、林某某的协议系《商品房买卖合同》并调解予以解除，但该仲裁由甲公司于 2014 年 3 月 18 日申请，次日即 3 月 19 日即以调解书结案；且未独立认定任何案件事实。而税务机关已经就其系民间借贷关系的实质认定举证证明：陈某某、林某某在《商品房买卖合同》签订之前，已经转账支付甲公司人民币 6000 万元，而甲公司在签订合同当日，又返还陈某某 500 万元，即至签订《商品房买卖合同》之日，陈某某、林某某共向甲公司支付资金 5500 万元；合同双方签订《商品房买卖合同》后，陈某某分别于 2013 年 5 月、7 月、9 月、10 月、11 月、12 月和 2014 年 1 月、2 月、3 月，收到甲公司转入资金共 4740.5 万元；林某某分别于 2013 年 3 月、4 月、6 月、8 月、10 月和 2014 年 1 月、3 月，收到甲公司转入资金共 4587.5 万元，即陈某某、林某某合计收到甲公司转入资金 9328 万元，扣除林某某于 2013 年 10 月 10 日支付给甲公司的资金 500 万元，收支相抵后，较之《商品房买卖合同》约定的价金 5500 万元还多出 3328 万元。上述陈某某、林某某与甲公司的资金往来系客观真实发生，各方均不否认；陈某某、林某某虽主张上述款项系甲公司支付的"履约保证金"，但甲公司在税务机关调查中并不承认存在所谓"履约保证金"，且出售商品房的房地产公司逐月按特定比例给购房人支付所谓"履约保证金"也并不符合商品房买卖交易习惯，而更符合民间借贷交易习惯。同时，税务机关还提供陈某某、林某某在莆田市检察院等机关的谈话笔录，其均承认借款 5500 万元给甲公司，月利率 5%，甲公司以商品房作抵押，双方签订《商品房买卖合同》，1 年内共收取利息 3328 万元的事实；甲公司出具的《关于林某某部分往来款说明》《情况说明》，以及林某、张某某等证人证言，也均证明陈某某、林某某共借款 5500 万元给甲公司的事实。因此，涉案《商品房买卖合同》仅仅是双方为了保证出借资金的安全而签订的，具有一定的让与担保属性，但该交易行为也符合《合同法》第 196 条规定的借贷合同法律关系。因此，税务机关依据实质课税原则，根据当事人民事交易的实质内容自行、独立认定陈某某、林某某与甲公司之间实际形成民间借贷法律关系，将陈某某收取的、甲公司支付的除本金以外的 2140 万元认定为民间借贷利息收入，符合事实和法律，即依据纳税人民事交易活动的实质而非表面形式予以征税。

2. 关于对涉案民间借贷利息收入应否征收营业税、个人所得税等税款问题。

对于省级以下税务局稽查局的法定职权，最高人民法院在（2015）行提字第 13 号行政判决中已有明确阐述和认定，即根据《税收征收管理法》等相关规定的精神，在国家税务总局《关于进一步规范国家税务局系统机构设置明确职责分工的意见》等规定仍然有效的情况下，省级以下税务局稽查局依法具有行政主体资格，具有对税收违法行为、应缴未缴行为进行检查、调查、核定应纳税额职权。因此，本案莆田市地税稽查局作为莆田市地方税务局所属稽查局，具有独立的执法主体资格，陈某某主张莆田市地税稽查局不具有独立的执法主体资格，无权行使应纳税款核定权，无权作出被诉税务处理决定的理由不能成立。

对于被诉税务处理决定所认定和征收的营业税、城市维护建设税、教育费附加和个人所得税的合法性与适当性问题，分述如下：

关于公民个人将资金借与单位或者其他个人并取得利息收入是否属于应税劳务问题，《营业税暂行条例》（当时有效）第 1 条规定："在中华人民共和国境内提供本条例规定的劳务、转让无形资产或者销售不动产的单位和个人，为营业税的纳税人，应当依照本条例缴纳营业税。"《营业税暂行条例实施细则》（当时有效）第 2 条第 1 款规定："条例第 1 条所称条例规定的劳务是指属于交通运输业、建筑业、金融保险业、邮电通信业、文化体育业、娱乐业、服务业税目征收范围的劳务。"同时，根据《国家税务总局关于印发〈营业税税目注释（试行稿）〉的通知》（国税发〔1993〕149 号）和《国家税务总局关于印发〈营业税问题解答（之一）〉的通知》（国税发〔1995〕156 号）的规定，贷款属于"金融保险业"，是指将资金贷与他人使用的业务。因此，公民个人将资金借与单位或者其他个人并产生较大数额利息收入的，即属于上述规定的应税劳务。

关于个人与单位以及个人之间的借贷并收取利息的营业税起征点或者免税额度问题，《营业税暂行条例》第 10 条规定："纳税人营业额未达到国务院财政、税务主管部门规定的营业税起征点的，免征营业税；达到起征点的，依照本条例规定全额计算缴纳营业税。"《营业税暂行条例实施细则》第 23 条第 1 款、第 2 款规定："条例第 10 条所称营业税起征点，是指纳税人营业额合计达到起征点。营业税起征点的适用范围限于个人。"同时，根据相关规定，自 2014 年 10 月 1 日起，营业税免税政策提高至月营业额 3 万元。因此，民间借贷利息收入的起征点应当适用营业税起征点规定，即对月利息收入达到 3 万元（2019 年 1 月 1 日起小规模增值税起征免税额提高到 10 万元）的，应当征收营业税。此外，《营业税改征增值税试点实施办法》第 9 条规定："应税行为的具体范围，按照本办法所附的《销售服务、无形资产、不动产注释》执行。"第 15 条第 1 项规定：纳税人发生"金融服务"应税行为，应适用 6% 的税率。《销售服务、无形资产、不动产注释》规定："金融服务，是指经营金融保险的业务活动。包括贷款服务、直接收费金融服务、保险服务和金融商品转让……贷款，是指将资金贷与他人使用而取得利息收入的业务活动。各种占用、拆借资金取得的收入，包括金融商品持有期间（含到期）利息（保本收益、报酬、资金占用费、补偿金等）收入、信用卡透支利息收入、买入返售金融商品利息收入、融资融券收取的利息收入，以及融资性售后回租、押汇、罚息、票据贴现、转贷等业务取得的利息及利息性质的收入，按照贷款服务缴纳增值税。"《增值税暂行条例》第 12 条第 1 款规定："小规模纳税人增值税征收率为 3%。"因此，在营业税改为增值税后，单位或个人提供"贷款服务"取得利息收入且达到起征点的，也属于增值税应税劳务，应适用 6% 的税率征收增值税，对于小规模纳税人的增值税征收率为 3%。

关于涉案营业税及城市维护建设税、教育费附加的应纳税额问题，《营业税暂行条例》第 4 条第 1 款规定："纳税人提供应税劳务、转让无形资产或者销售不动产，按照营业额和规定的税率计算应纳税额。应纳税额计算公式：应纳税额＝营业额×税率。"第 5 条规定："纳税人的营业额为纳税人提供应税劳务、转让无形资产或者销售不动产收取的全部价款和价外费用。但是，下列情形除外：……④外汇、有价证券、期货等金融商品买卖业务，以卖出价减去买入价后的余额为营业额……"同时，根据《营业税税目税率表》的规定，金融保险业的营业税税率为 5%。因此，被诉税务处理决定分别以陈某某 2013 年度和 2014 年度因民间借贷产生的利息收入作为税基乘以税率 5% 确定应纳营业税额，符合法律规定。《城市维护建设税暂行条例》第 2 条规定："凡缴纳消费税、增值税、营业税的单位和个人，都是城市维护建设税的纳税义务人，都应当依照本条例的规定缴纳城市维护建设税。"第 3 条规定："城市维护建设税，以纳税人实际缴纳的消费税、增值税、营业税税额为计税依据，分别与消费税、增值税、营业税同时缴纳。"第 4 条规定："城市维护建设税税率如下：……纳税人所在地在县城、镇的，税率为 5%……"本案中，被诉税务处理决定分别以陈某某 2013 年度和 2014 年度应纳营业税额作为税基乘以税率 5%，确定应纳城市维护建设税税额，符合法律规定。《征收教育费附加的暂行规定》第 2 条规定："凡缴纳消费税、增值税、营业税的单位和个人，除按照《国务院关于筹措农村学校办学经费的通知》（国发〔1984〕174 号文）的规定，缴纳农村教育事业费附加的单位外，都应当依照本规定缴纳教育费附加。"第 3 条第 1 款规定："教育费附加，以各单位和个人实际缴纳的增值税、营业税、消费税的税额为计征依据，教育费附加率为3%，分别与增值税、营业税、消费税同时缴纳。"本案中，被诉税务处理决定分别以陈某某2013年度和2014年度应纳营业税额作为税基乘以3%税率，确定应征收教育费附加税额，符合法律规定。《福建省地方教育附加征收管理暂行办法》第2条第1款规定："在我省境内从事生产经营活动的地方企事业单位和个人，包括中央与地方合资企业、省内外合资企业和'三资'企业等，均应依照规定缴纳地方教育附加。"第3条规定："地方教育附加，以实际缴纳的增值税、营业税、消费税为计征依据。征收率为1%。"同时，《福建省人民政府关于调整地方教育附加征收标准等有关问题的通知》（闽政文〔2011〕230号）第2条规定："地方教育附加以上述单位和个人实际缴纳的增值税、营业税、消费税税额为计税依据，征收率从1%调整到2%，与增值税、营业税、消费税同时申报缴纳。"本案中，被诉税务处理决定分别以陈某某2013年度和2014年度应纳营业税额作为税基乘以税率2%，确定应征收地方教育费附加税额，符合法律规定。

关于已经征收营业税基础上是否还应当继续征收个人所得税问题，2011年修正实施的《个人所得税法》第2条规定："下列各项个人所得，应纳个人所得税：……⑦利息、股息、红利所得……"第3条规定："个人所得税的税率：……⑤特许权使用费所得，利息、股息、红利所得，财产租赁所得，财产转让所得，偶然所得和其他所得，适用比例税率，税率为20%。"第6条规定："应纳税所得额的计算：……⑥利息、股息、红利所得，偶然所得和其他所得，以每次收入额为应纳税所得额……"《税收征收管理法》第3条第1款规定："税收的开征、停征以及减税、免税、退税、补税，依照法律的规定执行；法律授权国务院规定的，依照国务院制定的行政法规的规定执行。"税收法定是税收征收的基本原则，营业税、增值税与个人所得税属于不同税种，在原理、税基、计算方法、调节重点等方面均不相同，对已经征收营业税或者增值税的收入再征收个人所得税，原则上并不存在重复征税问题。对民间借贷取得的利息收入，纳税人既需要依法缴纳营业税或者增值税，也应依法缴纳个人所得税。本案中，莆田市地税稽查局经依法认定陈某某2013年度和2014年度取得的涉案利息收入未申报个人所得税，决定陈某某补缴相应个人所得税额，不违反法律规定。

3. 关于对民间借贷产生的较大金额的利息收入征收税款如何体现税收公平原则问题。

税收是国家调控经济的重要杠杆之一，依法纳税是每一个公民应尽的义务。税务机关在遵循税收法定原则的同时，还必须坚持税收公平和税收效率原则，既考虑税收征收的行政管理效率，避免税款收入与征收成本比例失衡，也考虑征收对经济、社会的综合影响，依法保障纳税人的基本权利，给社会以合理的预期和安全感。民间借贷行为一般具有人身和社会属性，特殊情形下也具有一定资本属性，对民间借贷行为征缴税款，宜坚持税收公平原则并保持谦抑。税务机关宜结合借贷当事人之间的关系、借贷的性质和用途、借贷金额与利息金额的大小、出借资金的来源等因素，综合判断是否符合法定的纳税条件，并衡量税收的行政效率与经济效率，以发挥税收制度调节社会生产、交换、分配和消费与促进社会经济健康发展的功能。对于亲友之间偶发的、不以营利为目的、月利息收入未达到起征点的民间借贷行为，不应征收税款。

根据依法行政的基本要求，没有法律、法规和规章的规定，行政机关不得作出影响行政相对人合法权益或者增加行政相对人义务的决定；在法律规定存在多种解释时，应当首先考虑选择适用有利于行政相对人的解释。依据纳税人经营活动的实质而非表面形式予以征税的情形样态复杂，脱法避税与违法逃税的法律评价和后果并不相同，且各地对民间借贷的利息收入征收相关税款的实践不一。税务机关有权基于实质课税原则核定、征缴税款，但加收滞纳金部分仍应严格依法进行。根据《税收征收管理法》第 32 条、第 52 条的规定，加收滞纳金的条件为：纳税人未按规定期限缴纳税款且自身存在计算错误等失误，或者故意偷税、抗税、骗税的。因此，对于经核定依法属于税收征收范围的民间借贷行为，只要不存在恶意逃税或者计算错误等失误，税务机关经调查也未发现纳税人存在偷税、抗税、骗税等情形，而仅系纳税义务人对相关法律关系的错误理解和认定的，税务机关按实质课税的同时并不宜一律征缴滞纳金甚至处罚。本案中，莆田市地税稽查局依据实质课税原则认定涉案法律关系属于民间借贷关系而非房屋买卖关系，并因此决定征缴相应税款并无不当，且决定加收相应滞纳金亦有一定法律依据。但是，考虑到有关民间借贷征税立法不具体，以及当地税务机关实施税收征收管理的实际情况，莆田市地税稽查局仍宜参考《税收征收管理法》第 52 条第 1 款有关"因税务机关的责任，致使纳税人、扣缴义务人未缴或者少缴税款的，税务机关在 3 年内可以要求纳税人、扣缴义务人补缴税款，但是不得加收滞纳金"的规定精神，在实际执行被诉税务处理决定时予以充分考虑；并在今后加大对税法相关规定的宣传和执行力度。

此外，行政审判对行政行为合法性的审查主要针对行政机关作出行政行为时所依据的证据、事实和法律规范，税务机关虽对实质课税原因以及应纳税所得额认定等事实负举证责任，但纳税义务人在税收调查、核定和征收等行政程序中，仍负有主动或应要求的协助义务，以厘清是非曲直，并主张对其有利的扣除、充抵、减免的有利情节；否则将可能承担税务机关对其不利的认定或者推定。根据《个人所得税法》第 2 条、第 3 条与《个人所得税法实施条例》第 6 条、第 14 条第 3 项等规定，民间借贷利息收入所应缴纳的个人所得税，既非按实行超额累进税率的综合所得计算，也非按实行超额累进税率的经营所得计算，而系适用20%固定适用比例税率以"支付利息……时取得的收入"为基准计算。相较于对惯常存款人无成本资金从金融机构取得无风险利息收入征缴个人所得税而言，对具有资金融通性质、需要缴纳营业税（增值税）等税赋且可能存在资金成本和市场风险的民间借贷的利息收入征缴个人所得税，虽原理与法律规定相同，但实际征缴时仍应考量名义利息所得是否属于实际利息所得、是否属于应纳税所得额以及是否存在同一笔利息扣除实际支出后内部二次分配问题，并避免重复计征，以体现税收公平。本案中，陈某某在被诉税务处理行政程序与一、二审及申请再审程序中，均未对个人所得税应纳税所得额的确定方式提出反驳理由或者证据，也未提出主张并提供证据证明其在名义利息扣除相关支出后实际取得的利息收入金额（应纳税所得额）。因此，依据《最高人民法院关于行政诉讼证据若干问题的规定》第2条、第7条规定的精神，人民法院在申请再审程序中不宜主动审查并确定陈某某的实际应纳税所得额。但是，在实际执行被诉税务处理决定时，如陈某某就其实际应纳税所得额提出确有理由的证据和依据，莆田市地税稽查局仍宜基于税收公平原则对陈某某的实际应纳税所得额统筹认定；如确有计算错误之处，仍宜自行纠正，以体现税收公平。

综上，陈某某的再审申请不符合《行政诉讼法》第91条规定的情形。2018年12月28日，最高人民法院依照《最高人民法院关于适用〈中华人民共和国行政诉讼法〉的解释》第116条第2款之规定，裁定驳回再审申请人陈某某的再审申请。

【争议焦点】

1. 税务机关是否能依据实质课税原则对纳税人征税？

2. 本案纳税人的行为属于避税还是偷税？

【案例点评】

1. 实质课税原则是指征税机关根据纳税人行为的经济实质而非法律形式予以征税的原则。实质课税并非征税原则，是税法解释与适用的原则，征税仍应依据税收法定原则。依法征税的前提是确定纳税人行为的性质，在这一过程中，实质课税原则将发挥重要作用。纳税人出于避税以及其他目的，其设计的法律形式与其经济实质经常出现不一致的情形，此时，为真正遵循税收法定原则以及税收公平原则，应以纳税人行为的经济实质来对其定性。税务机关依据实质课税原则判定的仅仅是纳税人行为在税法上的性质，而非民法上的性质。纳税人的行为在民法上性质如何往往是在产生争议时才由法院或仲裁机构予以判断，在未产生争议时，往往以其表面法律形式来判断。

2. 本案纳税人的行为从经济实质来看，的确更接近民间借贷，纳税人取得的所得更接近利息。但纳税人设计的法律形式是不动产买卖，取得的所得属于违约金。纳税人的行为方式从形式上看也是不动产买卖与违约金的支付，并不存在欺诈与虚构的情形，因此，应将纳税人的行为定性为避税，而非偷税。将利息等应税所得转化为违约金等非应税所得也是避税常用的方法。对避税行为，税务机关只能追征税款和加收利息，不能加收滞纳金，更不能处罚。而对偷税行为，税务机关不仅可以追征税款，而且可以加收滞纳金并予以行政处罚，严重者，还可以移交公安机关依法追究刑事责任。

第三章

企业所得税法经典案例

第一节 企业所得税税前扣除制度

相关法律制度

一、企业所得税相关法律制度

根据《企业所得税法》第 8 条的规定，企业实际发生的与取得收入有关的、合理的支出，包括成本、费用、税金、损失和其他支出，准予在计算应纳税所得额时扣除。

根据《企业所得税法》第 20 条的规定，《企业所得税法》第二章规定的收入、扣除的具体范围、标准和资产的税务处理的具体办法，由国务院财政、税务主管部门规定。

根据《企业所得税法实施条例》第 27 条的规定，《企业所得税法》第 8 条所称有关的支出，是指与取得收入直接相关的支出。《企业所得税法》第 8 条所称合理的支出，是指符合生产经营活动常规，应当计入当期损益或者有关资产成本的必要和正常的支出。

根据《企业所得税法实施条例》第 34 条的规定，企业发生的合理的工资薪金支出，准予扣除。工资薪金，是指企业每一纳税年度支付给在本企业任职或者受雇的员工的所有现金形式或者非现金形式的劳动报酬，包括基本工资、奖金、津贴、补贴、年终加薪、加班工资，以及与员工任职或者受雇有关的其他支出。

根据《国家税务总局关于企业工资薪金及职工福利费扣除问题的通知》（国税函〔2009〕3 号）的规定，《企业所得税法实施条例》第 34 条所称的"合理工资薪金"，是指企业按照股东大会、董事会、薪酬委员会或相关管理机构制订的工资薪金制度规定实际发放给员工的工资薪金。税务机关在对工资薪金进行合理性确认时，可按以下原则掌握：①企业制订了较为规范的员工工资薪金制度；

②企业所制订的工资薪金制度符合行业及地区水平；③企业在一定时期所发放的工资薪金是相对固定的，工资薪金的调整是有序进行的；④企业对实际发放的工资薪金，已依法履行了代扣代缴个人所得税义务；⑤有关工资薪金的安排，不以减少或逃避税款为目的。

二、税收征收管理相关法律制度

根据《税收征收管理法》第63条的规定，纳税人伪造、变造、隐匿、擅自销毁账簿、记账凭证，或者在账簿上多列支出或者不列、少列收入，或者经税务机关通知申报而拒不申报或者进行虚假的纳税申报，不缴或者少缴应纳税款的，是偷税。对纳税人偷税的，由税务机关追缴其不缴或者少缴的税款、滞纳金，并处不缴或者少缴的税款50%以上5倍以下的罚款；构成犯罪的，依法追究刑事责任。

根据《发票管理办法》第22条的规定，开具发票应当按照规定的时限、顺序、栏目，全部联次一次性如实开具，并加盖发票专用章。任何单位和个人不得有下列虚开发票行为：①为他人、为自己开具与实际经营业务情况不符的发票；②让他人为自己开具与实际经营业务情况不符的发票；③介绍他人开具与实际经营业务情况不符的发票。

根据《发票管理办法》第37条的规定，违反《发票管理办法》第22条第2款的规定虚开发票的，由税务机关没收违法所得；虚开金额在1万元以下的，可以并处5万元以下的罚款；虚开金额超过1万元的，并处5万元以上50万元以下的罚款；构成犯罪的，依法追究刑事责任。非法代开发票的，依照上述规定处罚。

根据《企业所得税税前扣除凭证管理办法》（国家税务总局公告2018年第28号）第7条的规定，企业应将与税前扣除凭证相关的资料，包括合同协议、支出依据、付款凭证等留存备查，以证实税前扣除凭证的真实性。

根据《企业所得税税前扣除凭证管理办法》第8条的规定，税前扣除凭证按照来源分为内部凭证和外部凭证。内部凭证是指企业自制用于成本、费用、损失和其他支出核算的会计原始凭证。内部凭证的填制和使用应当符合国家会计法律、法规等相关规定。外部凭证是指企业发生经营活动和其他事项时，从其他单位、个人取得的用于证明其支出发生的凭证，包括但不限于发票（包括纸质发票和电子发票）、财政票据、完税凭证、收款凭证、分割单等。

根据《企业所得税税前扣除凭证管理办法》第10条的规定，企业在境内发生的支出项目不属于应税项目的，对方为单位的，以对方开具的发票以外的其他外部凭证作为税前扣除凭证；对方为个人的，以内部凭证作为税前扣除凭证。企业在境内发生的支出项目虽不属于应税项目，但按税务总局规定可以开具发票的，可以发票作为税前扣除凭证。

根据《企业所得税税前扣除凭证管理办法》第13条的规定，企业应当取得而未取得发票、其他外部凭证或者取得不合规发票、不合规其他外部凭证的，若支出真实且已实际发生，应当在当年度汇算清缴期结束前，要求对方补开、换开发票、其他外部凭证。补开、换开后的发票、其他外部凭证符合规定的，可以作为税前扣除凭证。

三、行政诉讼相关法律制度

根据《行政诉讼法》第63条的规定，人民法院审理行政案件，以法律和行政法规、地方性法规为依据。地方性法规适用于本行政区域内发生的行政案件。人民法院审理民族自治地方的行政案件，并以该民族自治地方的自治条例和单行条例为依据。人民法院审理行政案件，参照规章。

根据《行政诉讼法》第70条的规定，行政行为有下列情形之一的，人民法院判决撤销或者部分撤销，并可以判决被告重新作出行政行为：①主要证据不足的；②适用法律、法规错误的；③违反法定程序的；④超越职权的；⑤滥用职权的；⑥明显不当的。

根据《行政诉讼法》第89条的规定，人民法院审理上诉案件，按照下列情形，分别处理：①原判决、裁定认定事实清楚，适用法律、法规正确的，判决或者裁定驳回上诉，维持原判决、裁定；②原判决、裁定认定事实错误或者适用法律、法规错误的，依法改判、撤销或者变更；③原判决认定基本事实不清、证据不足的，发回原审人民法院重审，或者查清事实后改判；④原判决遗漏当事人或者违法缺席判决等严重违反法定程序的，裁定撤销原判决，发回原审人民法院重审。原审人民法院对发回重审的案件作出判决后，当事人提起上诉的，第二审人民法院不得再次发回重审。人民法院审理上诉案件，需要改变原审判决的，应当同时对被诉行政行为作出判决。

相关经典案例

【案例名称】 虚开发票工资支出企业所得税税前扣除案

案例来源：河北省唐山市中级人民法院（2018）冀02行终474号行政判决书。

【基本事实与各方观点】

上诉人国家税务总局唐山市税务局稽查局、国家税务总局河北省税务局因税务处理决定一案，不服河北省唐山市路北区人民法院（2017）冀0203行初366号行政判决，向唐山市中级人民法院提起上诉。

原审查明，2008年至2013年原告中国甲集团有限公司从承德乙劳务派遣有限公司等四家公司取得合计 1.46 亿元虚开发票，为取得虚开发票支付 347.43 万元款项。虚开发票名目下支出情况：第一，为本公司员工发放并在企业所得税前扣除的工资性支出 1.45 亿元；第二，税前多列支业务招待费 4.63 万元；第三，未取得合法凭证税前列支业务招待费 27.4 万元；第四，发放给非本公司员工的工资性支出 48.37 万元。唐山市国家税务局稽查局认定应调增原告 2008 年至 2013 年应纳税所得额 1.5 亿元，造成少缴所得税 0.37 亿元构成偷税。2017 年 5 月 15 日，被告唐山市国家税务局稽查局作出冀唐国税稽处〔2017〕101 号税务行政处理决定书，决定追缴企业所得税 0.37 亿元。原告不服，向河北省国家税务局提起行政复议，2017 年 9 月 7 日，河北省国家税务局作出冀国税复决字〔2017〕3 号行政复议决定书，决定维持上述处理决定。

原审法院认为，企业职工取得必要的、适当的工资收入既合法又合理。原告认为给职工支付的 1.45 亿元工资未违反本公司的工资制度，被告否认原告支付 1.45 亿元工资的合理性，但未提供充分证据予以证明，应承担举证不能的法律责任，该工资应认定为合理支出。应当指出，企业职工工资的合理性与工资资金的来源方式是否合法没有必然联系，原告虚开发票套取本企业资金，其行为违法并不必然导致原告使用套取的资金给职工发放工资违法。《企业所得税法》（2018 年修正）第 8 条规定："企业实际发生的与取得收入有关的、合理的支出，包括成本、费用、税金、损失和其他支出，准予在计算应纳税所得额时扣除。"本案争议的 1.45 亿元工资性支出是原告生产经营中客观存在的成本，被告根据该资金来源的违法性否定为职工支付工资的合理性既不符合《企业所得税法》第 8 条之规定，也存在主要证据不足的问题。被告认定 1.45 亿元工资性支出为应调增应纳税所得额依法不能成立，以此为依据作出的税务处理决定依法应予撤销。依照《行政诉讼法》第 70 条第 1 项之规定，判决撤销被告唐山市国家税务局稽查局作出的冀唐国税稽罚〔2017〕101 号《行政处理决定书》，撤销被告河北省国家税务局作出的冀国税复决字〔2017〕3 号《行政复议决定书》，责令被告唐山市国家税务局稽查局在本判决生效后 60 日内重新作出处理决定。

国家税务总局唐山市税务局稽查局上诉称：一审判决认定事实、适用法律错误，依法应予撤销。

1. 一审法院认为"被告否认原告支付 1.45 亿元工资的合理性，但未提供充分证据予以证明，应承担举证不能的法律责任"，认定"存在主要证据不足"与事实不符。上诉人作出的冀唐国税稽罚〔2017〕101 号《税务行政处理决定书》认定被上诉人少缴企业所得税行为属于偷税，事实清楚，证据充分。提供了充分证据予以证明。上诉人为证明被上诉人存在利用虚开发票套取资金发放工资，增加成本，减少了应纳税所得额，少缴企业所得税属于偷税行为，在举证期限内向一审法庭提交了以下主要证据：河北省地方税务局稽查局出具的关于承德乙等四家劳务派遣公司虚开发票案件情况报告、河北省地方税务局稽查局出具的调查笔录、2008 年至 2013 年甲公司预算、2008 年至 2013 年应付职工酬金计提支付表、2008 年至 2013 年职工薪酬明细表、各种明细账等 150 份事实方面的证据，并提供了 9 份法律依据方面的证据。被上诉人对上诉人在一审提交证据的真实性、合法性予以认可，一审判决对证据的真实性也作出了认定，不存在未提供充分证据予以证明的问题。被上诉人对上诉人在一审提交证据的关联性提出了异议，但一审判决并未明确予以采纳。上诉人提交的证据足以证明被上诉人违反工资制度发放工资不符合税法所规定的"合理性"要求、违规税前列支招待费、违规扣除为取得虚开发票支付费用，所证明的事实是清楚的，不存在《行政诉讼法》第 70 条第 1 项规定的主要证据不足的问题。

2. 一审法院认为"被告否认原告支付 1.45 亿元工资的合理性，但未提供充分证据予以证明，应承担举证不能的法律责任，该工资应认定为合理工资"，认定"该工资应认定为合理工资"属于事实认定错误。劳动者付出劳动获得劳动报酬无可非议，更不能要求劳动者考虑企业发放劳动报酬资金的来源是否合法的问题。从劳动者的角度说，无论发放工资资金的来源是合法的，还是非法的，只要获得的是应得的劳动报酬就不存在是否违法的问题，劳动者本身没有过错。本案当中，行政处理的是被上诉人违反税务行政法律法规的违法行为，并未否定其职工取得工资的合法行为。被上诉人违反相关企业所得税法律法规发放的该部分工资不属于企业所得税法规定的"合理工资"。被上诉人制定了《中国甲集团有限公司工资总额管理办法》（人力字［2010］22 号）等较为规范的工资薪金制度，但被上诉人并未按照工资薪金制度执行，而是利用让他人虚开发票套取资金后，一部分纳入工资总额通过"应付职工薪酬"在有关成本费用类科目列支并在企业所得税税前扣除，另一部分以"劳务费"的名义计入有关成本费用类科目并在企业所得税税前扣除，主观上存在逃避工资薪金制度监管的故意。根据《企业所得税法》第 8 条、《企业所得税法实施条例》（2007 年）第 34 条、《国家税务总局关于企业工资薪金及职工福利费扣除问题的通知》（国税函［2009］3 号）的相关规定，该部分违规发放的工资薪金当然不属于企业所得税法规定的"合理工资"范畴。让他人虚开发票是严重违反税务行政管理法律法规的行为，始终是国家严厉打击的税收违法行为。被上诉人利用虚开发票套取资金发放工资并列入成本核算，事实清楚，证据充分，一审法院也予以认可。上诉人作出追缴企业所得税的税务行政处理决定，依据的主要事实是被上诉人具有让他人虚开发票、用虚开发票虚列成本、违反工资制度发放工资从而造成少缴企业所得税的违法事实。一审法院简单认为"企业职工工资的合理性与工资资金的来源方式是否合法没有必然联系，原告虚开发票套取本企业资金，其行为违法并不必然导致原告使用套取的资金给职工发放工资违法"，明显属于以偏概全和事实认定错误。

3. 一审法院认为"本案争议的 1.45 亿元工资性支出是原告生产经营中客观存在的成本，被告根据该资金来源的违法性否定为职工支付工资的合理性既不符合《企业所得税法》第 8 条之规定"，属于法律适用错误。《企业所得税法》第 8 条仅是一种原则性规定，《企业所得税法》第 20 条又明确规定"本章规定的收入、扣除的具体范围、标准和资产的税务处理的具体办法，由国务院财政、税务主管部门规定"。一审法院忽略了《企业所得税法实施条例》第 34 条、《国家税务总局关于企业工资薪金及职工福利费扣除问题的通知》（国税函〔2009〕3号）的具体要求，明显属于法律适用问题。

4. 被上诉人违反工资制度，以让他人虚开发票套取资金方式发放工资，所造成少缴企业所得税属于偷税，应当予以追缴。作为企业必须按照国家税法的规定，对企业工资薪金进行企业所得税扣除。违反工资制度，特别是被上诉人这种采用虚开发票及其他违法方法套取资金属于严重违反税收法规的行为，势必扰乱社会主义市场经济秩序，是应当受到行政处理的行为，按照《税收征收管理法》第 63 条第 1 款的规定，税务机关应当追缴税款被上诉人少缴税款。上诉请求：依法撤销唐山市路北区人民法院（2017）冀 0203 行初 366 号判决，驳回被上诉人的诉讼请求。

国家税务总局河北省税务局上诉称：一审判决认定事实、适用法律错误，依法应予撤销。

1. 税法并不限制企业为职工发放工资薪金数额，但会依据税法规定对企业发放的工资予以评价，从而影响企业应纳税数额。一审法院并未考虑涉案工资支出是否符合税法规定，即该支出在税法中的"合法性"问题。换言之，该支出的"客观存在"并不意味着其即具有税法上的"合法性"。劳动者享有取得劳动报酬的权利，企业为职工发放工资属于自主的市场行为，企业可以根据自身经营状况、管理战略等自行决定发放工资的具体数额。但是在税法中，并不是企业发放的所有"工资薪金"都可以得到认可，尤其在企业所得税法中，会计处理与税务处理存在较大差异，根据《企业所得税法实施条例》第 34 条的规定，即使是企业生产经营中客观存在的工资薪金，只有被税法评价为"合理的工资薪金"时，才允许在企业所得税税前扣除。

2. 税法对被上诉人所支付 1.45 亿元工资予以否定评价，故不属于"合理工资薪金"。关于合理工资薪金问题，《企业所得税法》第 8 条、《企业所得税法实施条例》第 34 条、《国家税务总局关于企业工资薪金及职工福利费扣除问题的通知》（国税函〔2009〕3号）有明确规定。被上诉人已经制定了较为规范的工资薪金制度,即《中国甲集团有限公司工资总额管理办法》(人力字〔2010〕22号)等文件,但在执行过程中,被上诉人并未按照工资薪金制度执行。作为争议焦点的1.45亿元"工资"并未被纳入被上诉人的工资薪金制度管理范围,税务机关提交的证据资料以及被上诉人《甲公司关于劳务派遣事项的说明》《甲机电等分公司情况说明》等自述材料都已证明,该部分是被上诉人为规避自身工资制度而采取特殊手段发放的,当然属于违反工资制度的"不合理工资薪金"。

3. 被上诉人明知1.45亿元工资发放违反企业工资薪金制度,仍通过违法违规方式进行了发放,并在企业所得税税前扣除,属于偷税。一审法院认为,被上诉人虚开发票套取资金,并不必然导致工资发放违法。需要明确的是,一审法院此处所称"违法"是指违反税法还是其他法律?如指违反税法,上文已清晰指出,该支出是不符合税法相关规定的。如指其他法律,则不在本案讨论范围内,无需研究。正是被上诉人采用了虚开发票套取资金发放工资的行为,说明了其明知该支出违反自身工资制度而故意为之,其必然不被税法认可。但被上诉人为了该支出能够在企业所得税税前扣除,虚构业务、虚开发票、虚假记账、虚假申报,根据《税收征收管理法》第63条的规定,其行为属于偷税无疑。

上诉请求:依法撤销一审判决,驳回被上诉人的诉讼请求。

被上诉人中国甲集团有限公司对国家税务总局唐山市税务局稽查局的上诉理由答辩如下:

1. 一审法院认定"存在主要证据不足",与事实相符。一审法院对上诉人提交的证据从真实性、合法性与关联性的角度进行了综合考虑。上诉人提交的证据不足以证明企业职工工资的不合理性,即不足以证明公司合理的工资成本不能在税前扣除。

2. 上诉人第二点上诉理由存在逻辑错误,答辩人虽然存在以"虚开发票"的形式发放职工工资的行为,但是该行为并不必然导致该部分工资不属于企业所得税法规定的"合理工资"或者导致答辩人所发放的该部分工资不能被税前扣除。首先,上诉人已经明确表示,其不否定答辩人职工取得的1.45亿元工资属于合法行为。既然答辩人职工有权获得该部分工资,这就表示答辩人职工付出了与该工资相对应的劳动,因此该部分工资必然属于答辩人所应负担的与生产经营活动有关的成本。其次,答辩人通过"虚开发票"发放工资的形式虽然不符合税务行政法规,但是该"虚开行为"不会导致答辩人真实发生的生产经营成本(即职工的工资薪金)不能得到税前扣除。一方面不允许税前扣除不符合税法的比例原则。对"虚开"发票(而且是在发票所载的成本金额是真实发生的,只是发票的内容描述与实际不符的情形下)违法行为的制裁手段和所造成的损害后果远远超出了法益保护的必要性。另一方面,不允许答辩人税前扣除该部分支出也不符合现行税收法律法规规定。我国现行税收法律法规对于虚开发票行为和企业税前成本的扣除分别作出了相关规定，对于虚开发票行为及后果规定在《发票管理办法》（2010 年修订）第 22 条和第 37 条中，而企业税前成本的扣除则被规定在《企业所得税法》第 8 条和《企业所得税法实施条例》第 27 条中。因此，虚开发票这一行为并不必然导致虚开发票所载成本不能被扣除，只有虚开发票所载金额不属于企业真实经营成本支出的，才会导致虚开发票所载金额不能被税前扣除。对此，也同样可以参见国家税务总局于 2018 年 6 月 6 日最新发布的关于《企业所得税税前扣除凭证管理办法》的公告（以下简称"28 号公告"），28 号公告第 7、8 条明确了企业税前扣除凭证不仅包括发票，还包括合同协议、支出依据、付款凭证等。本案中，虽然答辩人取得的劳务派遣发票不符合规定，但是根据 28 号公告第 13 条所体现的精神，如果答辩人能够补充提供其他相关有效凭证，证明支出真实且已经实际发生，则该支出仍可以在税前扣除。28 号公告第 10 条规定，如果一项支出不属于应税项目，且对方为个人的，以内部凭证作为税前扣除凭证。本案中，答辩人支付给职工的工资薪金不属于应税项目，且税务总局没有规定对发放工资的行为需要开具发票，答辩人可以以内部凭证作为税前扣除凭证。

3. 一审法院在审理和判决中并无法律适用错误。首先，根据《行政诉讼法》第 63 条的规定，人民法院审理行政案件，以法律和行政法规、地方性行政法规为依据，参照规章。而 3 号文，即《国家税务总局关于企业工资薪金及职工福利费扣除问题的通知》（国税函〔2009〕3 号）不属于法律、行政法规、地方性法规，也并不属于规章，仅仅是其他一般规范性文件，人民法院审理案件无需依据或参照该文件的规定。其次，上诉人所依据的 3 号文违反上位法《企业所得税法实施条例》。根据《企业所得税法》第 8 条、《企业所得税法实施条例》第 27、34 条之规定，工资薪金是本企业给任职或者受雇员工的劳动报酬，只要该工资薪金符合《企业所得税法实施条例》第 27 条"合理"支出的定义，根据该 34 条第 1 款的规定就应该在所得税前准予扣除。3 号文第 1 条关于合理工资薪金问题中的什么是"合理工资薪金"的解释，除了"实际发放给员工的工资薪金"尊重了《企业所得税法实施条例》第 34 条的规定，其他增添的内容均缩小了上位法规定的纳税主体的权利范围，直接限制或者剥夺了企业的权利。

4. 答辩人通过两个渠道发放工资是合理的，并未违反自己制定的工资管理制度。答辩人的行为并不构成偷税。首先，答辩人主管单位丙集团根据国有企业薪酬管理要求对答辩人每年发放给本单位员工的工资总额由丙集团于次年四季度根据答辩人上年度效益情况核定。为了保证将每年发放给员工的工资总额控制在丙集团核定的额度内，答辩人对下属各单位每月工资总额严格按照答辩人制定的

《中国甲集团有限公司工资总额管理办法》（人力字〔2010〕22号）中工效挂钩的要求进行考核、控制，按照规定各单位工资总额实行月预支，次月结算，年度总结算的办法，即员工每月工资的多少是由当月本单位利润完成情况决定的。而作为施工企业，答辩人每月的利润具有不确定性，若某单位某一时期出现利润水平低甚或亏损时，则该单位员工虽然付出了艰苦的劳动，但只能拿到很少的工资。这将严重影响员工的正常生活，极大挫伤员工、特别是一线作业员工的工作积极性，导致工程项目建设和正常的生产经营秩序受到极为不利的影响。即便相关单位之后完成了年度利润指标，想要采取事后补发的方式补发利润完成不好月份员工应得的工资，也需要在丙集团第二年对答辩人上年度工资总额清算结束后根据清算结果进行，期间间隔时间过长，无法解决员工面临的现实生活需求。因此，鉴于利润完成的不确定性和最终无奈之下，个别效益不好的单位为保证劳动者的切身利益，保证公司正常的生产经营活动，采取了两种渠道发放工资。每年丙集团对答辩人工资总额清算结果出来后，答辩人都会及时根据有关单位的申请和该单位的利润完成情况，严格按照人力字〔2010〕22号第6条特殊规定对该单位超过工效挂钩部分的工资总额进行考核追认。人力字〔2010〕22号第6条规定，"实行工效挂钩的单位，如按上述工效挂钩核算提取的工资总额不足，或有特殊原因需要增加工资总额的，须报公司人力资源部审核，经公司批准后可适当增加工资总额"。该规定与人力字〔2010〕22号第5条原则规定共同完整构成了答辩人各个单位的年度工资总额发放规则，上诉人只是片面强调第5条，认为答辩人没有按照自己制定的工资制度发放，忽略了第6条特殊情况下对第5条的调整规定，存在对答辩人工资制度的错误理解。且答辩人涉案员工所获取的工资都是被丙集团肯定认可的，是合法来源的所得，因此不存在上诉人所指称的"套取"国家利益的行为。根据人力字〔2010〕22号第2条所规定的，"工资总额是指企业直接支付给本企业全部员工的劳动报酬总额，应以直接支付给全体员工的全部劳动报酬为根据"，涉案员工通过两个渠道直接由答辩人支付的两个劳动报酬数额应该加总合计，计入答辩人工资制度下第2条的"本企业全部员工的劳动报酬总额"。因此把通过劳动派遣支付的工资计算工资总额构成恰恰是对答辩人工资制度的遵守，并没有违反3号文第1条的规定。其次，上诉人通过开具劳务派遣发票的形式支付员工工资虽然具有不规范性，但是主观上并不存在"进行虚假纳税申报"的故意，客观上也没有因此获取利益和造成少缴企业所得税的后果，因此该行为不应当被认定为偷税。答辩人和上诉人在庭审中均同意该费用实质是支付给员工的劳动报酬，根据实质优于形式的原则，该劳动报酬如没有明显不合理的理由，应允许企业税前扣除。上诉人仅根据表面分析，将不规范的开具发票行为等同于偷税，而没有深入正确理解发票所载金额的实质以及答辩人不得已采取两种方式发放工资的公司制度限制因素。

被上诉人中国甲集团有限公司对国家税务总局河北省税务局的上诉理由答辩如下：

1. 对于答辩人以劳务派遣的形式支付的工资薪金的"合理性"与"合法性"问题，答辩人认为，本案中企业职工工资支出的合理性与合法性与工资资金的发放形式并没有必然联系。因为即使上诉人否定"虚开"的劳务派遣费用发票的合规性，不允许以该发票作为税前抵扣的依据，但是接下来上诉人应该考虑的问题是重新对该笔支出进行定性。答辩人通过劳务派遣发放工资并没有使得答辩人所雇佣的劳动者获得明显超出市场价格的报酬，也没有超过丙集团每年对答辩人核定的年度工资总额。因此对于此劳动力的付出答辩人所支出的以劳务派遣形式发放的工资薪金根据《企业所得税法实施条例》第 27 条的规定属于合理支出，根据《企业所得税法实施条例》第 34 条的规定应该给予税前扣除。

2. 答辩人通过两种渠道发放工资薪金并未违反自己的工资薪金制度，因此也未违反 3 号文的规定，同时，3 号文本身对"合理工资薪金"的认定违反了上位法，法院在审理中不应该适用其中违反上位法的规定。

3. 答辩人的工资发放并没有违反自身的工资薪金制度，"虚开"劳务派遣发票的行为并不必然构成偷税，对此可参见答辩人对上诉人国家税务总局唐山市税务局稽查局第二项和第四项上诉理由的答辩。虽然答辩人采用了开具劳务派遣发票不规范的形式，但是实质上并没有对国家、他人造成损害，答辩人也没有获取利益（相反需要支付额外管理费用），属于违法阻却事由，因此应该排除上诉人"虚开发票"违法的认定，进而排除认定虚假纳税申报的故意。

综上，本案中，上诉人没有证据证明答辩人以劳务派遣费的形式支付的工资薪金与企业经营活动无关或者金额超出正常商业目的，因此应当承担举证不能的法律责任。一审法院认定事实清楚，适用法律正确，其撤销上诉人税务处理决定以及行政复议决定的判决应予以维持。

二审法院经审理查明的事实与一审判决认定的事实一致，法院予以确认。

法院二审查明，根据《国务院机构改革方案》的要求，国家税务总局河北省税务局已于 2018 年 6 月 15 日正式挂牌成立，由原河北省国家税务局、原河北省地方税务局合并组建。按照《全国人民代表大会常务委员会关于国务院机构改革涉及法律规定的行政机关职责调整问题的规定》《国务院关于国务院机构改革涉及行政法规规定的行政机关职责调整问题的规定》的有关要求，现行法律、行政法规规定的原河北省国家税务局的职责和工作，由国家税务总局河北省税务局继续承担。国家税务总局唐山市税务局于 2018 年 7 月 5 日发布 2018 年第 1 号公告《国家税务总局唐山市税务局关于国家税务总局唐山市税务局正式挂牌成立的公告》，国家税务总局唐山市税务局稽查局于 2018 年 7 月 5 日挂牌，承继原唐山市国家税务局稽查局、唐山市地方税务局稽查局的工作职责和权利义务。

二审法院认为，本案的争议焦点主要是中国甲集团有限公司接受虚开发票方式为职工发放工资 1.45 亿元的行为是否属于偷税行为。《税收征收管理法》第 63 条第 1 款规定："纳税人伪造、变造、隐匿、擅自销毁账簿、记账凭证，或者在账簿上多列支出或者不列、少列收入，或者经税务机关通知申报而拒不申报或者进行虚假的纳税申报，不缴或者少缴应纳税款的，是偷税。对纳税人偷税的，由税务机关追缴其不缴或者少缴的税款、滞纳金，并处不缴或者少缴的税款 50% 以上 5 倍以下的罚款；构成犯罪的，依法追究刑事责任。"根据该条规定，造成不缴或少缴应纳税款后果的，是偷税，应予处罚。《企业所得税法》第 8 条规定："企业实际发生的与取得收入有关的、合理的支出，包括成本、费用、税金、损失和其他支出，准予在计算应纳税所得额时扣除。"《企业所得税法实施条例》第 27 条规定："企业所得税法第 8 条所称有关的支出，是指与取得收入直接相关的支出。企业所得税法第 8 条所称合理的支出，是指符合生产经营活动常规，应当计入当期损益或者有关资产成本的必要和正常的支出。"《企业所得税法实施条例》第 34 条规定："企业发生的合理的工资薪金支出，准予扣除。前款所称工资薪金，是指企业每一纳税年度支付给在本企业任职或者受雇的员工的所有现金形式或者非现金形式的劳动报酬，包括基本工资、奖金、津贴。"上诉人及被上诉人对于该 1.45 亿元属于给职工支付的工资并无异议。且上诉人国家税务总局唐山市税务局稽查局上诉称"行政处理的是被上诉人违反税务行政法律法规的违法行为，并未否定其职工取得工资的合法行为"。上诉人认定 1.45 亿元工资性支出不准在税前扣除，为应调增应纳税所得额，不符合上述法律法规的规定，作出的税务处理决定理据不足，依法应予撤销。综上，上诉人国家税务总局唐山市税务局稽查局、国家税务总局河北省税务局上诉理据均不足，不予支持。原审判决认定事实清楚，适用法律正确。

2018 年 9 月 20 日，河北省唐山市中级人民法院依照《行政诉讼法》第 89 条第 1 款第 1 项之规定，判决驳回上诉，维持原判。二审案件受理费 100 元，由上诉人国家税务总局唐山市税务局稽查局、国家税务总局河北省税务局各负担 50 元。

【争议焦点】

1. 本案中甲公司利用虚开发票套取资金发放的工资是否可以在企业所得税税前扣除？

2. 本案中甲公司的行为是否构成偷税？

【案例点评】

1. 虚开发票套取资金的行为属于税收违法行为，应予以处罚。但通过虚开发票套取的资金在使用过程中是否合法并不受其来源的影响。也就是说，无论是企业从自己银行账户中合法支取资金发放工资，还是虚开发票套取资金发放工资，就发放工资本身而言，其是否可以在企业所得税税前扣除都不受其来源是否合法的影响。我国税法对工资薪金发放本身的合法性要求并不高，绝大多数企业都能满足税法的要求。本案中甲公司是国有企业，其工资薪金发放满足税法的要求也并不难。特别是工资薪金的发放并不要求从职工手中取得发票，由此大大降低了企业发放工资薪金满足税法要求的难度。本案中甲公司发放工资本身并不存在太大问题，因此，甲公司利用虚开发票套取资金发放的工资完全可以在企业所得税税前扣除。

2. 本案中甲公司虚开发票套取资金的目的在于顺利发放员工工资，并不具有偷税的主观故意。从客观结果来看，其发放的职工工资也在正常标准范围内，并未造成国家税款的流失，也不具有偷税的客观结果要件。因此，本案甲公司的行为不构成偷税。但其虚开发票的行为的确属于税收违法行为，应依法予以处罚。

第二节　间接转让中国境内资产反避税制度

相关法律制度

一、企业所得税相关法律制度

根据《企业所得税法》第 2 条的规定，企业分为居民企业和非居民企业。居民企业，是指依法在中国境内成立，或者依照外国（地区）法律成立但实际管理机构在中国境内的企业。非居民企业，是指依照外国（地区）法律成立且实际管理机构不在中国境内，但在中国境内设立机构、场所的，或者在中国境内未设立机构、场所，但有来源于中国境内所得的企业。

根据《企业所得税法》第 3 条的规定，居民企业应当就其来源于中国境内、境外的所得缴纳企业所得税。非居民企业在中国境内设立机构、场所的，应当就其所设机构、场所取得的来源于中国境内的所得，以及发生在中国境外但与其所设机构、场所有实际联系的所得，缴纳企业所得税。非居民企业在中国境内未设立机构、场所的，或者虽设立机构、场所但取得的所得与其所设机构、场所没有实际联系的，应当就其来源于中国境内的所得缴纳企业所得税。

　　根据《企业所得税法》第 47 条的规定，企业实施其他不具有合理商业目的的安排而减少其应纳税收入或者所得额的，税务机关有权按照合理方法调整。

　　根据《企业所得税法实施条例》第 7 条的规定，《企业所得税法》第 3 条所称来源于中国境内、境外的所得，按照以下原则确定：①销售货物所得，按照交易活动发生地确定；②提供劳务所得，按照劳务发生地确定；③转让财产所得，不动产转让所得按照不动产所在地确定，动产转让所得按照转让动产的企业或者机构、场所所在地确定，权益性投资资产转让所得按照被投资企业所在地确定；④股息、红利等权益性投资所得，按照分配所得的企业所在地确定；⑤利息所得、租金所得、特许权使用费所得，按照负担、支付所得的企业或者机构、场所所在地确定，或者按照负担、支付所得的个人的住所地确定；⑥其他所得，由国务院财政、税务主管部门确定。

　　根据《企业所得税法实施条例》第 120 条的规定，《企业所得税法》第 47 条所称不具有合理商业目的，是指以减少、免除或者推迟缴纳税款为主要目的。

　　根据《国家税务总局关于印发〈非居民企业所得税源泉扣缴管理暂行办法〉的通知》（国税发〔2009〕3 号）第 3 条的规定，对非居民企业取得来源于中国境内的股息、红利等权益性投资收益和利息、租金、特许权使用费所得、转让财产所得以及其他所得应当缴纳的企业所得税，实行源泉扣缴，以依照有关法律规定或者合同约定对非居民企业直接负有支付相关款项义务的单位或者个人为扣缴义务人。

　　根据《国家税务总局关于加强非居民企业股权转让所得企业所得税管理的通知》（国税函〔2009〕698 号）的规定，股权转让所得是指非居民企业转让中国居民企业的股权（不包括在公开的证券市场上买入并卖出中国居民企业的股票）所取得的所得。境外投资方（实际控制方）间接转让中国居民企业股权，如果被转让的境外控股公司所在国（地区）实际税负低于 12.5% 或者对其居民境外所得不征所得税的，应自股权转让合同签订之日起 30 日内，向被转让股权的中国居民企业所在地主管税务机关提供以下资料：①股权转让合同或协议；②境外投资方与其所转让的境外控股公司在资金、经营、购销等方面的关系；③境外投资方所转让的境外控股公司的生产经营、人员、账务、财产等情况；④境外投资方所转让的境外控股公司与中国居民企业在资金、经营、购销等方面的关系；⑤境外投资方设立被转让的境外控股公司具有合理商业目的的说明；⑥税务机关要求的其他相关资料。境外投资方（实际控制方）通过滥用组织形式等安排间接转让中国居民企业股权，且不具有合理的商业目的，规避企业所得税纳税义务的，主管税务机关层报税务总局审核后可以按照经济实质对该股权转让交易重新定性，否定被用作税收安排的境外控股公司的存在。

二、行政诉讼相关法律制度

根据《行政诉讼法》第 91 条的规定，当事人的申请符合下列情形之一的，人民法院应当再审：①不予立案或者驳回起诉确有错误的；②有新的证据，足以推翻原判决、裁定的；③原判决、裁定认定事实的主要证据不足、未经质证或者系伪造的；④原判决、裁定适用法律、法规确有错误的；⑤违反法律规定的诉讼程序，可能影响公正审判的；⑥原判决、裁定遗漏诉讼请求的；⑦据以作出原判决、裁定的法律文书被撤销或者变更的；⑧审判人员在审理该案件时有贪污受贿、徇私舞弊、枉法裁判行为的。

根据《行政诉讼法》第 101 条的规定，人民法院审理行政案件，关于期间、送达、财产保全、开庭审理、调解、中止诉讼、终结诉讼、简易程序、执行等，以及人民检察院对行政案件受理、审理、裁判、执行的监督，该法没有规定的，适用《民事诉讼法》的相关规定。

三、民事诉讼相关法律制度

根据《民事诉讼法》第 204 条的规定，人民法院应当自收到再审申请书之日起 3 个月内审查，符合该法规定的，裁定再审；不符合该法规定的，裁定驳回申请。有特殊情况需要延长的，由本院院长批准。因当事人申请裁定再审的案件由中级人民法院以上的人民法院审理，但当事人依照该法第 199 条的规定选择向基层人民法院申请再审的除外。最高人民法院、高级人民法院裁定再审的案件，由本院再审或者交其他人民法院再审，也可以交原审人民法院再审。

相关经典案例

【案例名称】　　　　　　间接转让中国境内资产案

案例来源：最高人民法院（2016）最高法行申 1867 号行政裁定书。

【基本事实与各方观点】

儿童投资主基金（The Children's Investment Master Fund，以下简称 TCI）因诉杭州市西湖区国家税务局（以下简称西湖区国税局）税务行政征收一案，不服浙江省高级人民法院（2015）浙行终字第 441 号行政判决，向最高人民法院申请再审。

浙江省杭州市中级人民法院一审查明：1997 年 12 月 5 日，香港国汇有限公司（以下简称香港国汇公司）在香港地区注册成立。2003 年 11 月 4 日，原告儿童投资主基金（TCI）在开曼群岛注册成立。2004 年 3 月 31 日，香港国汇公司与中国浙江国叶实业发展有限公司（以下简称浙江国叶公司）签订合同设立杭州国益路桥经营管理有限公司（以下简称杭州国益路桥公司），香港国汇公司占杭州国益路桥公司 95% 的股份。2005 年 10 月 12 日，Chinese Future Corporation 公司（以下简称 CFC 公司）在开曼群岛注册成立。CFC 公司持有香港国汇公司100%的股权。2005 年 11 月 10 日，原告通过股权转让和认购新股的方式取得了 CFC 公司 26. 32%的股权。2011 年 9 月 9 日，原告将其持有的 CFC 公司 26. 32%的股权转让给新创建集团有限公司的附属公司 Moscan Developments Limited（以下简称 MDL 公司），转让价格为 2. 8 亿美元，原告同时向 MDL 公司收取利息约合 380 万美元（利息按照自 2011 年 7 月 1 日起至 2011 年 8 月 31 日止期间购买价的年利率 8%计算）。

2011 年 9 月 30 日，原告根据《国家税务总局关于加强非居民企业股权转让所得企业所得税管理的通知》（国税函［2009］698 号，以下简称 698 号文）的要求告知了被告西湖区国税局本次交易的情况，并提供了部分相关资料。被告收到原告信函后，多次与原告沟通，要求原告提供相关资料，同时进行了调查，并依照 698 号文的要求，层报中华人民共和国国家税务总局（以下简称国家税务总局）审核。2013 年 7 月，国家税务总局明确批复："在 The Children's Investment Master Fund（开曼群岛）、Widefaith Group Limited（英属维尔京群岛）和 Kaiming Holdings Limited（英属维尔京群岛）间接转让杭州国益路桥经营管理有限公司股权的交易中，存在以下事实：一是境外被转让的公司 Chinese Future Corporation（开曼）和香港国汇有限公司仅在避税地或低税率地区注册，不从事制造、经销、管理等实质性经营活动；二是股权转让价主要取决于对中国居民企业杭州国益路桥经营管理有限公司的估值；三是股权受让方对外披露收购的实际标的为杭州国益路桥经营管理有限公司股权。基于上述事实，税务机关有较充分的理由认定 The Children's Investment MasterFund 等境外转让方转让 Chinese Future Corporation 和香港国汇有限公司，从而间接转让杭州国益路桥经营管理有限公司股权的交易不具有合理商业目的，属于以减少我国企业所得税为主要目的的安排。"国家税务总局同意对该交易重新定性，否定被用作税收安排的 CFC 公司和香港国汇公司的存在，认可对原告等取得的股权转让所得征收企业所得税。

2013 年 11 月 12 日，被告经与原告方充分沟通后，作出杭国税西通（2013）004 号《税务事项通知书》，主要内容是："根据《企业所得税法》（2007 年）第 47 条，《企业所得税法实施条例》（2007 年）第 7 条、第 120 条、《国家税务总局关于印发〈非居民企业所得税源泉扣缴管理暂行办法〉的通知》（国税发［2009］3 号，当时有效）以及《国家税务总局关于加强非居民企业股权转让所得企业所得税管理的通知》（国税函［2009］698 号，当时有效）的相关规定，你公司间接转让杭州国益路桥经营管理有限公司股权所取得的股权转让所得，应申报缴纳企业所得税。你公司取得转让所得为 173 228 521. 91 美元，应按照缴纳（扣缴）当日国家公布的人民币汇率中间价，折合成人民币，并按 10%的税率计算缴纳企业所得税。你公司应自收到本通知之日起 15 日内按照本通知书要求,到我局申报缴纳企业所得税。"该《税务事项通知书》于作出当日送达原告。2013 年 11 月 19 日,原告按照上述《税务事项通知书》的要求缴纳了人民币 1.05 亿元的税款。2014 年 1 月 17 日,原告向中华人民共和国浙江省杭州市国家税务局(以下简称杭州市国税局)就上述《税务事项通知书》提起行政复议。2014 年 4 月 10 日,杭州市国税局作出杭国税复决字(2014)1 号《行政复议决定书》,维持了被告作出的上述《税务事项通知书》。原告仍不服,以西湖区国税局为被告提起行政诉讼,请求法院撤销被告作出的上述《税务事项通知书》。

浙江省杭州市中级人民法院一审认为:《企业所得税法》第 2 条第 3 款规定:"本法所称非居民企业,是指依照外国(地区)法律成立且实际管理机构不在中国境内,但在中国境内设立机构、场所的,或者在中国境内未设立机构、场所,但有来源于中国境内所得的企业。"第 3 条第 3 款规定:"非居民企业在中国境内未设立机构、场所的,或者虽设立机构、场所但取得的所得与其所设机构、场所没有实际联系的,应当就其来源于中国境内的所得缴纳企业所得税。"《企业所得税法实施条例》第 7 条规定:"企业所得税法第 3 条所称来源于中国境内、境外的所得,按照以下原则确定:……③转让财产所得,不动产转让所得按照不动产所在地确定,动产转让所得按照转让动产的企业或者机构、场所所在地确定,权益性投资资产转让所得按照被投资企业所在地确定;……"法律法规已规定非居民企业须就其来源于中国境内的所得缴纳企业所得税,并规定了确定所得发生地的规则。

《企业所得税法》第 47 条规定:"企业实施其他不具有合理商业目的的安排而减少其应纳税收入或者所得额的,税务机关有权按照合理方法调整。"《企业所得税法实施条例》第 120 条规定:"企业所得税法第 47 条所称不具有合理商业目的,是指以减少、免除或者推迟缴纳税款为主要目的。"据此,法律法规已授权税务机关对企业的避税行为作出判断并予以合理调整。

698 号文,即《国家税务总局关于加强非居民企业股权转让所得企业所得税管理的通知》第 6 条规定:"境外投资方(实际控制方)通过滥用组织形式等安排间接转让中国居民企业股权,且不具有合理的商业目的,规避企业所得税纳税义务的,主管税务机关层报税务总局审核后可以按照经济实质对该股权转让交易重新定性,否定被用作税收安排的境外控股公司的存在。"该条系国家税务总局为执行《企业所得税法》及其实施条例而对税务机关如何认定"不具有合理商业目的"及如何"按照合理方法调整"作出的技术性、程序性规定。税务机关在适用《企业所得税法》第 47 条和《企业所得税法实施条例》第 120 条的同时适用 698 号文第 6 条,具有正当性和必要性。

　　本案中，税务机关认定了三项事实：第一，境外被转让的 CFC 公司和香港国汇公司仅在避税地或低税率地区注册，不从事制造、经销、管理等实质性经营活动；第二，股权转让价主要取决于对中国居民企业杭州国益路桥公司的估值；第三，股权受让方对外披露收购的实际标的为杭州国益路桥公司股权。此三项事实有充分的证据予以证明。税务机关根据此三项事实，认定原告等境外转让方转让 CFC 公司和香港国汇公司，从而间接转让杭州国益路桥公司股权的交易不具有合理商业目的，属于以减少我国企业所得税为主要目的的安排，这一认定符合《企业所得税法》第 47 条、《企业所得税法实施条例》第 120 条、698 号文第 6 条的规定。税务机关对原告间接转让杭州国益路桥公司股权的交易重新定性，否定被用作税收安排的 CFC 公司和香港国汇公司的存在，对原告取得的股权转让所得征收企业所得税，符合 698 号文第 6 条的规定。被诉《税务事项通知书》对股权转让所得数额的计算、税率的确定等事项符合法律法规的规定。2015 年 7 月 9 日，浙江省杭州市中级人民法院作出（2015）浙杭行初字第 4 号一审行政判决：驳回原告儿童投资主基金（TCI）的诉讼请求。原告不服，提起上诉。

　　浙江省高级人民法院二审除对一审判决认定的事实予以确认外，另查明：杭州国益路桥公司成立后，于 2005 年 10 月被批准受让杭州绕城高速公路收费经营权。涉案 CFC 公司的股权原由上诉人儿童投资主基金（TCI）持有 26.32%，Widefaith Group Limited（英属维尔京群岛）持有的 73.68%。Kaiming Holdings Limited（英属维尔京群岛）持有 Widefaith Group Limited（英属维尔京群岛）100% 的股权。Widefaith Group Limited（英属维尔京群岛）后也已将其持有的 CFC 公司的 73.68% 股权转让给 MDL 公司 22.68%，另 51% 的股权，由 Kaiming Holdings Limited（英属维尔京群岛）通过转让 Widefaith Group Limited（英属维尔京群岛）100% 股权的方式间接转让给 MDL 公司。

　　浙江省高级人民法院二审认为：《企业所得税法》第 3 条第 3 款规定："非居民企业在中国境内未设立机构、场所的，或者虽设立机构、场所但取得的所得与其所设机构、场所没有实际联系的，应当就其来源于中国境内的所得缴纳企业所得税。"本案中，中国居民企业杭州国益路桥公司系香港国汇公司与浙江国叶公司投资设立。其中，香港国汇公司占 95% 的股权，浙江国叶公司占 5% 的股权。此后在开曼群岛注册设立的 CFC 公司持有香港国汇公司 100% 的股权。上诉人儿童投资主基金（TCI）系非居民企业，其于 2011 年 9 月 9 日将所持有的 CFC 公司 26.32% 股权转让给 MDL 公司，转让价格为 2.8 亿美元，儿童投资主基金（TCI）同时向 MDL 公司收取利息约合 380 万美元（利息按照自 2011 年 7 月 1 日起至 2011 年 8 月 31 日止期间购买价的年利率 8% 计算）。CFC 公司的其余股权也已被直接或间接转让给 MDL 公司。CFC 公司和香港国汇公司除了对杭州国益路桥公司投资控股之外，并不从事其他实质性的经营活动，涉案股权转让价主要取决于对杭州国益路桥公司的估值，股权受让方对外披露收购的实际标的亦为杭州国益路桥公司股权。因此，涉案股权转让的所得实际来源于中国境内的事实清楚。被上诉人西湖区国税局经层报国家税务总局审核后作出杭国税西通（2013）004 号《税务事项通知书》，通知上诉人就其涉案股权转让所得依法申报缴纳企业所得税，符合法律规定。原审判决认定事实清楚，适用法律正确。上诉人诉称其"转让 CFC 股权所得属于来源于境外所得，不负有申报缴纳我国企业所得税的义务"等理由均不能成立，法院不予采纳。2015 年 12 月 15 日，浙江省高级人民法院作出（2015）浙行终字第 441 号二审行政判决：驳回上诉，维持原判。

儿童投资主基金（TCI）申请再审称：第一，原审判决认定香港国汇公司、CFC 公司不从事实际经营活动，以及涉案股权转让的所得实际来源于中国境内，无充分证据支持。香港国汇公司 2004 年以前从事房地产投资业务，CFC 公司一直从事投资股权、发行债券、管理股权、债权的业务活动，从事上述经营行为均属于实质性经营活动；第二，原审判决对再审申请人实施了"不具有合理商业目的，以减少我国企业所得税为目的"的行为的认定，无相关证据支持；第三，再审申请人既未实施滥用组织形式的安排，也不是为了获取税收利益而转让 CFC 公司股权。从 698 号文的规定看，滥用组织形式是适用 698 号文的充分条件，而非必要条件，但原审判决是从既有的事实状态，反推出再审申请人实施了滥用组织形式的安排，这是明显违反法律逻辑和 698 号文相关规定的。因此，根据《企业所得税法实施条例》第 7 条第 3 款的规定，再审申请人转让 CFC 公司股权所得属于来源于境外所得，不负有申报缴纳中国企业所得税的义务。故请求法院：依法撤销一、二审判决；判令撤销被诉《税务事项通知书》等。

最高人民法院认为：

1. 再审申请人儿童投资主基金（TCI）在本案中提交的再审申请材料不足以推翻税务机关和原审法院认定的事实。根据国家税务总局于 2013 年 7 月针对再审被申请人西湖区国税局经调查后层报所作的批复等证据，原审法院充分肯定了税务机关认定的以下事实，即"一、境外被转让的 CFC 公司和香港国汇公司仅在避税地或低税率地区注册，不从事制造、经销、管理等实质性经营活动；二、股权转让价主要取决于对中国居民企业杭州国益路桥公司的估值；三、股权受让方对外披露收购的实际标的为杭州国益路桥公司股权"。上述事实来源于税务机关通过调查所得出的结论，围绕涉案公司的注册地点、股权转让的具体数额与方式、股权收购的实际标的、转让所得的实际来源、转让价格的决定因素以及股权交易的动机与目的等要素，税务机关均有充分证据予以证明。这些事实既是再审被申请人作出本案被诉《税务事项通知书》综合考量的基础，也是杭州市国税局作出复议决定和原审法院作出生效裁判的基础。从行政诉讼证据的客观性、关联性、合法性角度看，税务机关在原审中所提供的证据的证明力更强，具备相对优势，法院对上述事实予以认可。再审申请人有关香港国汇公司2004年以前从事房地产投资业务，CFC公司一直从事投资股权、发行债券、管理股权、债权的业务活动等主张，不足以否定上述事实基础，其所提交的证据证明力不足，法院不予支持。

2. 针对股权转让所得数额的计算、税率的确定等事项，再审被申请人作出的被诉行政行为符合相关法律法规的规定。从原审法院的判决依据看，《企业所得税法》第3条第3款规定了"非居民企业在中国境内未设立机构、场所的，或者虽设立机构、场所但取得的所得与其所设机构、场所没有实际联系的，应当就其来源于中国境内的所得缴纳企业所得税"，第47条规定了"企业实施其他不具有合理商业目的的安排而减少其应纳税收入或者所得额的，税务机关有权按照合理方法调整"，结合法律法规的其他规定，原审法院据此强调中国的税务机关有权依法确定涉案情形下的征税对象和征税标准，对相关企业的避税行为作出判断并予以合理调整，本案再审被申请人作出的被诉《税务事项通知书》，其职权、管辖、事实认定、法律适用、行政程序均符合上述规定精神，且该《税务事项通知书》作出之前，再审被申请人还与再审申请人进行了充分沟通。因此，法院认为，再审被申请人在本案中履行职责到位，法律适用正确，被诉行政行为程序合法，原审法院的判决理由和结果于法有据，并无不当。再审申请人有关其转让CFC公司股权所得属于来源于境外所得，依照有关法律规定不负有申报缴纳中国企业所得税义务的申请再审理由，法院不予支持。

3. 再审被申请人作出的被诉行政行为符合中国税收政策的具体要求。国家税务总局发布的698号文第6条明确指出："境外投资方（实际控制方）通过滥用组织形式等安排间接转让中国居民企业股权，且不具有合理的商业目的，规避企业所得税纳税义务的，主管税务机关层报税务总局审核后可以按照经济实质对该股权转让交易重新定性，否定被用作税收安排的境外控股公司的存在。"本案中，再审被申请人层报国家税务总局后，国家税务总局经审核后作出批复，认定再审申请人与其他涉案公司之间间接转让杭州国益路桥公司股份的交易不具有合理的商业目的，属于以减少我国企业所得税为主要目的的安排；国家税务总局因此同意对再审申请人的间接转让交易重新定性，否定用作税收安排的CFC公司和香港国汇公司的存在，主张对再审申请人取得的股权转让所得应征收企业所得税。法院认为，被诉行政行为即是对国家税务总局698号文规定精神和上述批复内容的具体贯彻落实。再审被申请人的涉案操作流程与对股权转让交易的定性，符合中国税收管理政策，具有正当性和必要性。再审申请人有关再审被申请人违反法律逻辑和 698 号文相关规定的主张与理由难以成立。

综上，本案事关税收法律法规和政策的把握，事关如何看待中国税务机关处理类似问题的基本规则和标准，事关中国政府涉外经贸管理声誉和外国公司与中国公司合法权益的平等保护，在经过人民法院严格的司法审查且再审申请人缺乏充分证据证明被诉行政行为违法的情形下，原审生效裁判效力应予维持。故儿童投资主基金（TCI）的再审申请不符合《行政诉讼法》第 91 条规定的情形。

2016 年 9 月 8 日，最高人民法院依照《行政诉讼法》第 101 条、《民事诉讼法》第 204 条第 1 款之规定，裁定驳回再审申请人儿童投资主基金（The Children's Investment Master Fund）的再审申请。

【争议焦点】

1. 本案纳税人的安排是否具有合理的商业目的？

2. 税务机关能否对纳税人进行特别纳税调整？

【案例点评】

1. 本案纳税人的安排具有一定的合理商业目的。本案纳税人的安排与典型的避税安排具有一些差异：第一，典型的避税安排往往是临时搭建的，而本案中的安排则是 7 年前成立的。以此推断，纳税人避税的动机不是很明显，为追求其他商业目的的动机比较明显。第二，典型的中间层公司往往是空壳公司，即没有其他经营活动，而本案中的中间层公司还曾经从事投资股权、发行债券、管理股权、债权的业务活动，虽然这些活动不属于实体经营活动，但并不能因此被认定不属于实质性经营活动，在香港，从事上述类似活动的公司很多，实质性经营活动并不能等同于实体经营活动。因此，本案纳税人的安排具有一定的合理商业目的。最高人民法院有必要就此展开调查与审理。

2. 税务机关是否能对纳税人开展特别纳税调整不能仅仅看纳税人相关安排的结果，还应看其安排是否具有合理商业目的。根据上文的分析，纳税人并非没有任何合理的商业目的。因此，对纳税人是否能开展特别纳税调整应进行更加充分的证据收集，只有当税务机关能够认定纳税人不具有任何合理商业目的或者所具有的合理商业目的可以忽略不计时，才能对纳税人进行特别纳税调整。从本案现有的事实来看，税务机关没有充分论证为什么纳税人提出的合理商业目的可以忽略不计。

第四章

个人所得税法经典案例

第一节　股权转让退税案

相关法律制度

一、税收征收管理相关法律制度

根据《税收征收管理法》第 51 条的规定，纳税人超过应纳税额缴纳的税款，税务机关发现后应当立即退还；纳税人自结算缴纳税款之日起 3 年内发现的，可以向税务机关要求退还多缴的税款并加算银行同期存款利息，税务机关及时查实后应当立即退还；涉及从国库中退库的，依照法律、行政法规有关国库管理的规定退还。

根据《税收征收管理法实施细则》第 78 条的规定，税务机关发现纳税人多缴税款的，应当自发现之日起 10 日内办理退还手续；纳税人发现多缴税款，要求退还的，税务机关应当自接到纳税人退还申请之日起 30 日内查实并办理退还手续。《税收征收管理法》第 51 条规定的加算银行同期存款利息的多缴税款退税，不包括依法预缴税款形成的结算退税、出口退税和各种减免退税。退税利息按照税务机关办理退税手续当天中国人民银行规定的活期存款利率计算。

二、个人所得税相关法律制度

根据《国家税务总局关于纳税人收回转让的股权征收个人所得税问题的批复》（国税函［2005］130 号）的规定：股权转让合同履行完毕、股权已作变更登记，且所得已经实现的，转让人取得的股权转让收入应当依法缴纳个人所得税。转让行为结束后，当事人双方签订并执行解除原股权转让合同、退回股权的协议，是另一次股权转让行为，对前次转让行为征收的个人所得税款不予退回。股权转让合同未履行完毕，因执行仲裁委员会作出的解除股权转让合同及补充协议的裁决、停止执行原股权转让合同，并原价收回已转让股权的，由于其股权转让行为尚未完成、收入未完全实现，随着股权转让关系的解除，股权收益不复存在，根据《个人所得税法》和《税收征收管理法》的有关规定，以及从行政行为合理性原则出发，纳税人不应缴纳个人所得税。

根据《股权转让所得个人所得税管理办法（试行）》（国家税务总局公告2014年第67号）第4条的规定，个人转让股权，以股权转让收入减除股权原值和合理费用后的余额为应纳税所得额，按"财产转让所得"缴纳个人所得税。合理费用是指股权转让时按照规定支付的有关税费。

三、行政复议与行政诉讼相关法律制度

根据《行政复议法》第12条的规定，对县级以上地方各级人民政府工作部门的具体行政行为不服的，由申请人选择，可以向该部门的本级人民政府申请行政复议，也可以向上一级主管部门申请行政复议。对海关、金融、国税、外汇管理等实行垂直领导的行政机关和国家安全机关的具体行政行为不服的，向上一级主管部门申请行政复议。

根据《行政诉讼法》第26条的规定，公民、法人或者其他组织直接向人民法院提起诉讼的，作出行政行为的行政机关是被告。经复议的案件，复议机关决定维持原行政行为的，作出原行政行为的行政机关和复议机关是共同被告；复议机关改变原行政行为的，复议机关是被告。复议机关在法定期限内未作出复议决定，公民、法人或者其他组织起诉原行政行为的，作出原行政行为的行政机关是被告；起诉复议机关不作为的，复议机关是被告。两个以上行政机关作出同一行政行为的，共同作出行政行为的行政机关是共同被告。行政机关委托的组织所作的行政行为，委托的行政机关是被告。行政机关被撤销或者职权变更的，继续行使其职权的行政机关是被告。

根据《行政诉讼法》第70条的规定，行政行为有下列情形之一的，人民法院判决撤销或者部分撤销，并可以判决被告重新作出行政行为：①主要证据不足的；②适用法律、法规错误的；③违反法定程序的；④超越职权的；⑤滥用职权的；⑥明显不当的。

根据《最高人民法院关于适用〈中华人民共和国行政诉讼法〉的解释》（法释〔2018〕1号）第136条的规定，人民法院对原行政行为作出判决的同时，应当对复议决定一并作出相应判决。人民法院依职权追加作出原行政行为的行政机关或者复议机关为共同被告的，对原行政行为或者复议决定可以作出相应判决。人民法院判决撤销原行政行为和复议决定的，可以判决作出原行政行为的行政机关重新作出行政行为。人民法院判决作出原行政行为的行政机关履行法定职责或者给付义务的，应当同时判决撤销复议决定。原行政行为合法、复议决定违法的，人民法院可以判决撤销复议决定或者确认复议决定违法，同时判决驳回原告针对原行政行为的诉讼请求。原行政行为被撤销、确认违法或者无效，给原告造成损失的，应当由作出原行政行为的行政机关承担赔偿责任；因复议决定加重损害的，由复议机关对加重部分承担赔偿责任。原行政行为不符合复议或者诉讼受案范围等受理条件，复议机关作出维持决定的，人民法院应当裁定一并驳回对原行政行为和复议决定的起诉。

相关经典案例

【案例名称】　　　　　股权转让个人所得税退税案

案例来源：江苏省宿迁市宿城区人民法院（2018）苏 1302 行初 191 号行政判决书。

【基本事实与各方观点】

原告王某某诉被告国家税务总局宿迁市税务局第三税务分局（以下简称市税务第三分局）、国家税务总局宿迁市税务局（以下简称市税务局）税务行政管理及行政复议一案，原告王某某以国家税务总局宿迁市税务局第一税务分局、市税务局为被告，经江苏省宿迁市中级人民法院指定集中管辖，向宿迁市宿城区人民法院提起诉讼，该院于 2018 年 7 月 18 日立案受理，依法组成合议庭，于 2018 年 8 月 29 日公开开庭审理了该案，由于国税地税征管体制改革，税收征缴的职能由市税务第三分局行使，该院依法将被告由国家税务总局宿迁市税务局第一税务分局变更为市税务第三分局，并于 2018 年 11 月 21 日公开开庭审理了该案。

原江苏省宿迁地方税务局第一税务分局（以下简称原地税第一分局）根据原告王某某的申请，于 2017 年 9 月作出退税决定，予以退税 6.14 万元。原告不服申请行政复议，原江苏省宿迁地方税务局（以下简称原地税局）于 2018 年 6 月 27 日作出宿地税复决字（2018）第 2 号《行政复议决定书》，驳回王某某复议请求，维持原地税第一分局作出的税务行政行为。

原告王某某诉称，原告王某某系江苏甲公司 31 名股东之一，2016 年 7 月 17 日湖北乙公司与王某某等 31 名股东签订《股权转让协议》，根据该协议约定：王某某等 31 名股东等比例出让 51% 股权，原始总价 7803 万元，交易总价 39 940.14 万元，其中王某某出让 51% 股权的原始价为 25.5 万元，交易价为 130.52 万元，股权转让款分三期付清，其中第三期 20% 的股权转让款应于 51% 股权过户至湖北乙公司名下后 10 个工作日内支付。2016 年 10 月 11 日王某某等 31 名股东完成了 51% 股权工商变更登记手续，并合计缴纳了个人所得税 6231.72 万元，其中王某某缴纳个人所得税 20.36 万元、印花税 652.60 元，但湖北乙公司未按照约定及时支付剩余股权转让款，经多次催要，至 2017 年 2 月 24 日湖北乙公司仍有 12 858.20 万元股权转让款没有支付给 31 名股东，其中尚欠王某某

42.02 万元。在此情况下，31 名股东要求湖北乙公司按原价退回全部股权。经协商，双方在 2017 年 2 月 24 日签订《股权转让协议的补充协议》，约定湖北乙公司原价退回 41% 的股权给 31 名股东，剩余 10% 股权的交易价格由原来的 7831.4 万元变更为 4000 万元，其中王某某 10% 的股权交易价格由原来的 25.59 万元变更为 13.07 万元。2017 年 4 月 10 日双方完成了退回 41% 股权的工商变更登记手续。由于王某某最终收益所得仅为交易价 13.07 万元 - 原始价 5 万元 - 印花税 652.60 元 = 80 047.4，应缴纳个人所得税 80 047.4×20% = 16 009.48 元。根据《国家税务总局关于纳税人收回转让的股权征收个人所得税问题的批复》（国税函〔2005〕130 号）第 2 条及《税收征收管理法》第 51 条、《税收征收管理法实施细则》第 78 条的规定，原地税第一分局应当退回原告个人所得税 203 651.02 - 16 009.48 = 187 641.54 元及逾期银行存款利息，而现仅同意退回 6.14 万元，原告不服向原地税局申请行政复议，该局仍维持原地税第一分局的决定，因国家税务机构改革，原江苏省宿迁市国家税务局和江苏省宿迁地方税务局于 2018 年 7 月 5 日合并成立国家税务总局宿迁市税务局，原江苏省宿迁地方税务局第一税务分局的职权也应相应变更由国家税务总局宿迁市税务局第一税务分局行使，故诉至法院，要求撤销原地税第一分局作出的退还原告税款 6.14 万元的行政决定；撤销原地税局作出的宿地税复决字（2018）第 2 号行政复议决定；要求重新作出退税决定，并补充退还税款 12.63 万元及逾期退税利息。

原告为了证实自己的主张向法院提交了以下证据：①股权转让协议；②股权转让前公司章程；③股权转让后公司章程；④股权转让后营业执照及工商变更登记通知书；⑤股东先后收到 2.7 亿股权转让款以及李某某收到转让款的银行转账明细，证明李某某等 31 名股东与湖北乙公司签订《股权转让协议》，将各自持有的江苏甲公司的 51% 的股权转让给湖北乙公司，并办理了工商变更登记，但受让人湖北乙公司仅支付了部分转让款，存在严重逾期付款的违约行为，导致双方产生矛盾；⑥股权转让协议的补充协议；⑦退回 41% 股权后工商变更备案通知书、出资情况、股东会决议及公司章程；⑧付款合同及第三方代退股权款的银行进账明细，证明在履行股权转让协议过程中发生争议，经协商双方对转让股权份额及价格进行了变更，受让方退回 41% 股权，转让方退回股权转让款 23 081.94 万元，另 10% 股权转让价格进行了调整，由原总价款 7831.4 万元变更为 4000 万元；⑨税收缴款书（两张），证明收取原告个人所得税 20.36 万元、印花税 652.6 元；⑩退（抵）税申请表，证明原告在股权转让协议变更后申请退税 18.75 万元，被告仅退税 6.14 万元；⑪《国家税务总局关于纳税人收回转让的股权征收个人所得税问题的批复》，证明该批复是原告申请退税的法律依据；⑫受理复议通知书及行政复议决定书，证明原地税局作出了错误的复议决定；⑬《关于国家税务总局宿迁市税务局挂牌成立的公告》《国家税务总局宿迁市税务局关于税务机构改革有关事项的公告》，证明国税地税合并，单位名称暂未明确，以及原告起诉情况。

被告市税务第三分局辩称，自身承担纳税申报、税款征缴、税收退还、纳税服务等职责，在办理税收退还业务中，因为原告提出的退税申请金额较大，被告进行请示及讨论，根据个人所得税法和税收征收管理法有关规定对原告提出的退税申请进行核实后，作出予以退还 6.14 万元的决定。在该业务办理过程中，税收行政行为正确，退税程序规范，不存在超越职权或者滥用职权等行为，请求驳回原告的诉讼请求。

被告市税务第三分局未向法庭提交证据。

被告市税务局辩称，2016 年 9 月 9 日湖北乙公司与原告就持有的江苏甲公司股权签订转让协议，约定原告按 51% 的比例转让股权，被转让股权原始价为 25.5 万元，交易价为 130.52 万元。2016 年 7 月 21 日至 10 月 26 日湖北乙公司支付原告款项累计 88.50 万元，占原约定价款的 67%。2016 年 10 月 11 日原告与湖北乙公司完成了股权工商变更登记手续。2016 年 10 月 31 日原告缴纳个人所得税 20.36 万元、印花税 652.60 元。由于湖北乙公司没有按约定支付剩余款项，双方又签订补充协议。原协议由湖北乙公司按 51% 比例购买原告持有的江苏甲公司股权，补充协议修改为湖北乙公司按 10% 比例购买原告持有的江苏甲公司股权，交易价为 13.07 万元。2017 年 4 月，原告向原地税第一分局提出了退税申请，2017 年 9 月原地税第一分局作出退税决定，退还原告个人所得税 6.14 万元。综上，被告市税务局认为 2016 年 10 月 11 日原告与湖北乙公司已经完成了股权工商变更登记手续，第一次股权转让行为已经完成，且股权并非原价收回，不符合《国家税务总局关于纳税人收回转让的股权征收个人所得税问题的批复》第 2 条规定的情形，请求驳回原告的诉讼请求。

市税务局为了证实自己的主张向法院提交了以下证据：①印花税申报表；②个人所得税申报表；③股权转让协议；④纳税人身份信息，证明征税行为符合税收法律规定；⑤原地税第一分局税务事项通知书；⑥退税申请表；⑦退税申请报告；⑧税款开票查询；⑨王某某身份信息，证明原地税第一分局的退税行为符合税收法律规定；⑩行政复议申请书；⑪受理复议通知书及送达回证；⑫行政复议答复通知书；⑬原地税第一分局关于王某某退税的相关回复及证据材料；⑭宿迁市工商行政管理局公司准予变更登记通知书；⑮行政复议决定书；⑯送达回证；⑰王某某申请行政复议时提供的材料，证明王某某的股权转让协议已经完成，其退税请求缺乏法律依据；⑱法律法规依据：个人所得税法、行政复议法、税收征管法，《关于发布〈股权转让所得个人所得税管理办法（试行）〉的公告》（国家税务总局公告 2014 年第 67 号）、《国家税务总局关于纳税人收回转让的股权征收个人所得税问题的批复》。

经庭审质证，法院对原被告提供的证据作如下认定：原被告提供的证据能证明原告就其持有的江苏甲公司股权与湖北乙公司签订股权转让协议，约定了交易股权的比例及价格，原告在收到部分转让款后办理了股权工商变更手续并缴纳了个人所得税。后因剩余款项未支付，双方又签订了补充协议，对原交易股权比例及价格进行了变更。原告此后再次办理了股权工商变更登记。后原告申请退税，原地税第一分局作出了退税决定，原告对退税数额不服申请复议，原地税局作出了维持决定。上述证据来源合法，对其真实性原被告也均无异议，对其证明的上述事实法院予以确认。

根据对上述证据的分析认定及庭审查明的情况，法院对该案事实认定如下：

原告王某某系江苏甲公司股东之一，2016 年 7 月 17 日湖北乙公司（甲方）、江苏甲公司王某某等 31 名股东（乙方）与江苏甲公司（丙方）签订《股权转让协议》，约定湖北乙公司收购王某某等 31 名股东所持有的江苏甲公司 51% 的股权，王某某等 31 名股东均按照相同比例转让股权，同时约定 51% 股权的原始总价为 7803 万元，转让价为 39 940.14 万元，转让款分三期付清。其中王某某出让 51% 股权的原始价为 25.5 万元，交易价为 130.52 万元。2016 年 7 月 21 日至 10 月 26 日湖北乙公司陆续支付王某某等 31 名股东股权转让款 27 081.94 万元，其中王某某收到股权转让款 88.5 万元。2016 年 10 月 11 日湖北乙公司与王某某等 31 名股东在宿迁市工商行政管理局办理了公司股权变更登记手续。后王某某等 31 名股东共缴纳个人所得税 6231.72 万元，其中王某某缴纳个人所得税 20.36 万元，印花税 652.60 元。由于湖北乙公司未按约定期限支付剩余股权转让款，2017 年 2 月 24 日湖北乙公司与王某某等 31 名股东、江苏甲公司签订《股权转让协议的补充协议》，约定原协议约定的购买王某某等 31 名股东所持有的江苏甲公司 51% 的股权，修改为收购王某某等 31 名股东所持有的江苏甲公司 10% 的股权，湖北乙公司多受让的江苏甲公司 41% 股权按照原持股比例退还王某某等 31 名股东，同时约定 10% 股权的转让价为 4000 万元，其中王某某 10% 股权的转让价为 13.07 万元。2017 年 4 月 10 日双方办理了股权变更工商登记手续。2017 年 5 月 25 日王某某申请退税 18.75 万元，2017 年 9 月原地税第一分局对原告的申请予以审批，退税金额为 6.14 万元。原告不服申请复议，2018 年 6 月 27 日原地税局作出宿地税复决字（2018）第 2 号行政复议决定，维持原地税第一分局作出的税务行政行为。原告不服诉至法院，提出上述诉请。

另查明，根据国家税务总局宿迁市税务局《关于税务机构改革有关事项的公告》要求，原江苏省宿迁市国家税务局和原江苏省宿迁地方税务局合并成立国家税务总局宿迁市税务局,并于2018年7月5日挂牌。同时根据2018年9月29日国家税务总局宿迁市税务局《关于派出机构有关事项的公告》,国家税务总局宿迁市税务局第三税务分局承担纳税辅导、咨询服务、办税服务、权益保护等工作。

本案争议焦点为:第一,原地税第一分局作出退还6.14万元税款的决定有无事实及法律依据,程序是否合法?第二,原地税局的复议程序是否合法?

法院认为,《行政诉讼法》第26条第6款规定:"行政机关被撤销或者职权变更的,继续行使其职权的行政机关是被告"。本案中,由于国税、地税征管体制改革,国税、地税机构合并以及征管职责的调整,原地税第一分局的税收征管职责由被告市税务第三分局行使,同时根据《行政复议法》第12条第2款的规定,"对海关、金融、国税、外汇管理等实行垂直领导的行政机关和国家安全机关的具体行政行为不服的,向上一级主管部门申请行政复议",故市税务第三分局及市税务局是本案的适格被告。

根据《税收征收管理法》的规定,税务机关负责其征收范围内的税收征收管理工作。税收的开征、停征以及减税、免税、退税、补税,依照法律法规的规定执行。在中华人民共和国境内,个人取得收入应缴纳个人所得税。本案中,湖北乙公司与原告等31名股东签订《股权转让协议》,其中涉及原告51%股权的交易价为130.52万元,在原告仅收到88.5万元转让款后,双方又签订补充协议,将原按51%比例购买的股权变更为按10%比例,并约定交易价为13.07万元。国家税务总局《股权转让所得个人所得税管理办法(试行)》第4条第1款规定:"个人转让股权,以股权转让收入减除股权原值和合理费用后的余额为应纳税所得额,按'财产转让所得'缴纳个人所得税。"涉案双方对退税数额有争议,究其根本是对股权转让收入的认定存在分歧,原地税第一分局认定原告股权转让收入88.5万元,法院认为,该款项是在合同履行过程中原告收到的阶段性款项,且交易双方也未将该款项确定为交易价,在此情况下被告以此为依据计算个人所得税没有事实及法律依据。《税收征收管理法实施细则》第78条第1款规定:"税务机关发现纳税人多缴税款的,应当自发现之日起10日内办理退还手续;纳税人发现多缴税款,要求退还的,税务机关应当自接到纳税人退还申请之日起30日内查实并办理退还手续。"本案中,原告于2017年5月25日向原地税第一分局申请退税,原地税第一分局于2017年9月才作出退税决定,明显超过上述法定期限,其程序违法。被告市税务第三分局辩称案件复杂可以延长办理期限,但未提供证据证明,法院不予采纳。综上,原地税第一分局作出的退税决定事实不清、证据不足、程序违法,依法应予撤销。原地税局作出的行政复议决定没有事实依据,应同时予以撤销。依照《行政诉讼法》第70条第1、3项及《最高人民法院关于适用〈中华人民共和国行政诉讼法〉的解释》第 136 条第 1、3 款的规定，判决：第一，撤销原江苏省宿迁地方税务局第一税务分局作出的退还税款 6.14 万元的决定，责令被告国家税务总局宿迁市税务局第三税务分局在该判决生效之日起 30 内对原告王某某的退税申请重新作出处理；第二，撤销原江苏省宿迁地方税务局作出的宿地税复决字（2018）第 2 号行政复议决定。案件受理费 50 元，由被告国家税务总局宿迁市税务局第三税务分局负担。

【争议焦点】

1. 本案纳税人的股权转让所得是否已经实现？

2. 本案纳税人的行为是否符合《国家税务总局关于纳税人收回转让的股权征收个人所得税问题的批复》（国税函〔2005〕130 号）的规定？

【案例点评】

1. 企业所得税实行权责发生制，企业的所得是否实现根据合同的约定以及股权转让行为是否完成工商登记为标准，与企业是否实际收到股权转让所得无关。但个人所得税实行收付实现制，个人的所得是否实现除应根据合同约定以及股权转让行为是否完成工商登记进行判断以外，还应考虑纳税人是否实际收到股权转让价款。本案纳税人只收到部分股权转让价款，因此，只能认为部分实现股权转让所得，尚未收取的价款所对应的股权转让所得尚未实现。

2. 国税函〔2005〕130 号文件根据法律规定的基本原则以及实质课税原则，认为凡是股权转让行为已经完成、所得已经实现的，相应的纳税义务就已经产生，所缴纳的税款不应退还。但在股权转让行为尚未完成、所得尚未实现时，相应的纳税义务尚未产生，所缴纳的税款理应退还。本案纳税人所涉及的股权转让行为显然尚未完成，所得尚未全部实现，可以根据国税函〔2005〕130 号文件的规定申请退税。

第二节　个人所得税偷税违法案

相关法律制度

一、行政诉讼相关法律制度

根据《行政诉讼法》第 48 条的规定，公民、法人或者其他组织因不可抗力或者其他不属于其自身的原因耽误起诉期限的，被耽误的时间不计算在起诉期限内。公民、法人或者其他组织因前款规定以外的其他特殊情况耽误起诉期限的，在障碍消除后 10 日内，可以申请延长期限，是否准许由人民法院决定。

根据《行政诉讼法》第 69 条的规定，行政行为证据确凿，适用法律、法规正确，符合法定程序的，或者原告申请被告履行法定职责或者给付义务理由不成立的，人民法院判决驳回原告的诉讼请求。

根据《行政诉讼法》第 74 条的规定，行政行为有下列情形之一的，人民法院判决确认违法，但不撤销行政行为：①行政行为依法应当撤销，但撤销会给国家利益、社会公共利益造成重大损害的；②行政行为程序轻微违法，但对原告权利不产生实际影响的。行政行为有下列情形之一，不需要撤销或者判决履行的，人民法院判决确认违法：①行政行为违法，但不具有可撤销内容的；②被告改变原违法行政行为，原告仍要求确认原行政行为违法的；③被告不履行或者拖延履行法定职责，判决履行没有意义的。

根据《最高人民法院关于适用〈中华人民共和国行政诉讼法〉若干问题的解释》（法释〔2015〕9 号，已经失效）第 3 条的规定，有下列情形之一，已经立案的，应当裁定驳回起诉：①不符合《行政诉讼法》第 49 条规定的；②超过法定起诉期限且无正当理由的；③错列被告且拒绝变更的；④未按照法律规定由法定代理人、指定代理人、代表人为诉讼行为的；⑤未按照法律、法规规定先向行政机关申请复议的；⑥重复起诉的；⑦撤回起诉后无正当理由再行起诉的；⑧行政行为对其合法权益明显不产生实际影响的；⑨诉讼标的已为生效裁判所羁束的；⑩不符合其他法定起诉条件的。人民法院经过阅卷、调查和询问当事人，认为不需要开庭审理的，可以径行裁定驳回起诉。

二、国家赔偿相关法律制度

根据《最高人民法院关于审理行政赔偿案件若干问题的规定》（法发〔1997〕10 号）第 33 条的规定，被告的具体行政行为违法但尚未对原告合法权益造成损害的，或者原告的请求没有事实根据或法律根据的，人民法院应当判决驳回原告的赔偿请求。

根据《国家赔偿法》第 36 条的规定，侵犯公民、法人和其他组织的财产权造成损害的，按照下列规定处理：①处罚款、罚金、追缴、没收财产或者违法征收、征用财产的，返还财产；②查封、扣押、冻结财产的，解除对财产的查封、扣押、冻结，造成财产损坏或者灭失的，依照本条相关规定赔偿；③应当返还的财产损坏的，能够恢复原状的恢复原状，不能恢复原状的，按照损害程度给付相应的赔偿金；④应当返还的财产灭失的，给付相应的赔偿金；⑤财产已经拍卖或者变卖的，给付拍卖或者变卖所得的价款；⑥变卖的价款明显低于财产价值的，应当支付相应的赔偿金；⑦吊销许可证和执照、责令停产停业的，赔偿停产停业期间必要的经常性费用开支；⑧返还执行的罚款或者罚金、追缴或者没收的金钱，解除冻结的存款或者汇款的，应当支付银行同期存款利息；⑨对财产权造成其他损害的，按照直接损失给予赔偿。

相关经典案例

【案例名称】　　　　　　**个人所得税偷税违法案**

案例来源：河南省南阳市中级人民法院（2017）豫 13 行终 18 号行政判决书。

【基本事实与各方观点】

上诉人镇平县地方税务局为确认行政行为违法及行政赔偿一案，不服淅川县人民法院（2016）豫 1326 行初 32 号行政判决，向南阳市中级人民法院提起上诉。

淅川县人民法院一审查明：2003 年 3 月 20 日，被告镇平县地方税务局接到群众举报原告唐某某涉嫌偷税后，决定对其进行调查，同时向镇平县公安局移交了该举报材料。2003 年 3 月 31 日，被告向原告唐某某送达了镇地税告字（2003）第 09 号税务行政处罚事项告知书及镇地税涉处字（2003）第 09 号税务处理决定书；4 月 5 日向原告唐某某送达了镇地税罚字（2003）第 09 号税务行政处罚决定书；4 月 9 日向原告送达了镇地税涉税字（2003）第 1 号限期缴纳税款通知书。2003 年 4 月 22 日，原告唐某某分两次向被告交纳了个人所得税合计 2 万元。2003 年 7 月 15 日，镇平县公安局决定对原告唐某某涉嫌偷税一案进行立案侦查。2004 年 9 月 9 日，被告对原告所展销的 5 件玉货（其中独玉瓶 1 个、碧玉亭 1 对、碧玉熏 1 对）进行了查封扣押，向原告送达了镇地税扣字（2004）第 077 号查封扣押证，并出具了扣押收据（即扣押清单），随后将该 5 件玉货全部拍卖抵税。2014 年，原告唐某某向南阳市中级人民法院提起行政诉讼请求确认被告镇平县地方税务局行政行为违法及行政赔偿，南阳市中级人民法院指定西峡县人民法院管辖，诉讼过程中原告以所涉嫌偷税案件未定性为由自愿提出撤诉，西峡县人民法院经审理认为原告撤诉不违反法律规定，准予其撤回起诉。2016 年 1 月 4 日，镇平县公安局作出镇公（经）终侦字（2016）0001 号终止侦查决定书，以"1、本案非单位犯罪；2、现有卷中没有证据证实犯罪嫌疑人唐某某实施了偷税行为"为由，决定对原告唐某某涉嫌偷税案终止侦查。原告唐某某认为，镇平县公安局作出的终止侦查决定认定其本人并不存在偷税行为，被告镇平县地方税务局对其征收税款及扣押玉货的行为违法，故起诉至人民法院请求依法确认被告扣押玉货及征收税款行为违法，返还所扣押玉货及所交纳的税款并赔偿相关损失。另查明，原告唐某某自 2001 年至 2006 年期间任镇平县玉器有限责任公司董事长。被告镇平县地方税务局所查封扣押的 5 件玉货中，独玉瓶 1 件系原告唐某某所有，其余 4 件系原告唐某某接受案外人陈某某委托代销，所有权属于案外人陈某某。其中独玉瓶 1 件价值 1.5 万元，其余 4 件合计 14 万元，共计 15.5 万元。另外，原告唐某某已经返还了案外人陈某某的财产损失 14 万元。

淅川县人民法院一审认为：

关于被告镇平县地方税务局征收税款行为和查封扣押行为的认定。

1. 征收税款行为的认定。首先，本案中，被告提交的涉税卷宗中的两份询问笔录均是侦查机关镇平县公安局作出的，而镇平县公安局在作出终止侦查决定时，认定原告唐某某并未实施偷税行为；其次，被告所提交的其他证据也均不能证实原告唐某某存在偷税违法行为。换言之，原告唐某某自始至终并不存在任何偷税行为，因此被告所作出的征收税款决定及相关的行政行为均没有任何事实依据，属于违法行政行为。

2. 查封扣押行为的认定。首先，由上述认定的事实可知，原告唐某某并不存在偷税的违法行为，因此被告所采取的税收保全措施缺乏直接的事实依据，税收保全行为违法。其次，被告在采取税收保全措施时，并未尽到合理谨慎义务查明所保全财产的所有权问题，造成扣押对象错误，属于认定事实不清。

关于原告唐某某起诉是否超出法定起诉期限和是否构成"一事不再理"的认定。

1. 是否超出起诉期限的认定。根据《行政诉讼法》第 48 条之规定，公民因其他不属于自身的原因耽误起诉期限的，被耽误的时间不计算在起诉期限内。本案中，原告唐某某因一直涉嫌偷税犯罪自 2003 年 7 月 15 日起被镇平县公安局立案侦查至 2016 年 1 月 4 日终止侦查，此侦查行为耽误的期间属于法律规定的不属于归于原告自身的原因。因此被告对于原告超出起诉期限的意见法院不予支持。

2. 原告是否构成"一事不再理"的认定。原告唐某某虽然在 2014 年西峡县人民法院审理该行政行为的过程中撤回起诉，但镇平县公安局以原告不存在偷税行为为由终止侦查的决定属于原告在法院再次起诉的正当理由，而不属于《最高人民法院关于适用〈中华人民共和国行政诉讼法〉若干问题的解释》第 3 条第 1 款第 7 项规定的"撤回起诉后无正当理由再行起诉的"应当裁定驳回起诉的情形。

关于原告所诉行政赔偿的认定。根据《国家赔偿法》第 36 条第 5、8 项的规定，原告所诉的赔偿事项不属于法律规定赔偿事项或者对财产权造成其他损害的直接损失的范畴，法院不予支持。

综上，按照《行政诉讼法》第 74 条第 2 款第 1 项、《最高人民法院关于审理行政赔偿案件若干问题的规定》第 33 条的规定，判决：确认被告镇平县地方税务局征收税款及查封扣押行为违法；责令被告镇平县地方税务局自该判决生效之日起 30 日内内向原告唐某某支付已征收税款 2 万元和查封扣押财物的价值 15.5 万，合计 17.5 万元；驳回原告唐某某的其他诉讼请求。案件受理费 50 元，由被告镇平县地方税务局负担。

上诉人镇平县地方税务局不服该判决上诉称：本案的扣押行为和涉嫌犯罪是两个不同的行为，各自独立而存在，公安机关立案侦查行为并不影响行使行政诉讼权，一审把两种行为混为一谈，明显为超过起诉期限的被上诉人找借口，被上诉人的起诉已超过起诉期限。上诉人于 2003 年 3 月 31 日向镇平县玉器有限公司负责人唐某某送达了《税务处理决定书》，被上诉人于 2003 年 4 月 22 日以镇平县玉器有限公司名义缴税 13 297.2 元，以唐某某个人名义缴税 6702.8 元，一审法院在不撤销《税务处理决定书》的情况下，判决返还 2 万元税款明显违法。上诉人虽然出具了扣押手续，但实际上并未扣押，上诉人一审时提供的出庭证人证实了这一过程，一审错误地认为扣押成功。一审判决赔偿该损失没有依据。请求撤销一审判决，驳回被上诉人的诉讼请求。

被上诉人唐某某答辩称：答辩人因涉嫌偷税犯罪至 2016 年 1 月 14 日终止侦查，因刑事案件的存在根本无法通过行政诉讼渠道维护自身权利，刑事案件的存在属于法律规定的不属于原告的自身原因，没有超过起诉期限，也因刑事案件的存在，起诉又撤诉，也不存在重复起诉，答辩人没有偷税行为，上诉人作出征收税款和扣押行为是违法的，上诉人向答辩人出具了扣押证和扣押财物专用收据，已经改变扣押货物的占有主体，至于货物被扣押后的动向，属于上诉人的保管问题，与答辩人无关。被扣货物的价格有证据在卷。被上诉人的上诉理由不能成立，请求维持一审判决。

法院二审查明的事实同一审法院相一致。

二审法院认为：上诉人于 2003 年 3 月 31 日作出的镇地税涉处（2003）第 09 号《税务处理决定书》的行政相对人是镇平县玉器有限责任公司，并不是被上诉人本人，一审法院确认上诉人向被上诉人征收税款及扣押行为违法并无不妥。关于被上诉人偷税问题，基于同一事实，出现了法律授权的刑事侦查行为和行政机关的行政行为，本案中，在刑事侦查行为尚未侦查终结时，当事人不宜对上诉人该行政行为提起行政诉讼，也正基于此，被上诉人曾向人民法院提起行政诉讼后撤诉，在刑事侦查终结后，被上诉人即提起行政诉讼请求主张，一审法院认定其起诉并未超过起诉期限，也不属于重复起诉并无不妥。上诉人对被上诉人展示的货物进行扣押时向被上诉人送达了相关的法律文书。上诉人辩称没有扣押，并没有向被上诉人送达解除扣押的法律文书或告知被上诉人，现被上诉人被扣货物不能退还，对此上诉人应当承担过错责任，予以赔偿。上诉人在庭审中称其已对（2013）南民三终字第 01158 号等民事判决提起案外人异议之诉，申请本案中止审理问题，因相关民事判决认定的事实，并不影响上诉人违法扣押造成被上诉人货物损失的事实存在而免责。因此，上诉人的上诉理由和请求均不能成立，法院不予支持。依照《行政诉讼法》第 89 条第 1 款第 1 项之规定，判决驳回上诉，维持淅川县人民法院（2016）豫 1326 行初 32 号行政判决。本案二审诉讼费 50 元，由上诉人负担。

【争议焦点】

1. 纳税人不构成偷税罪是否意味着税务机关的偷税认定是错误的？

2. 本案是否超过行政诉讼的起诉时限？

【案例点评】

1. 纳税人不构成偷税罪并不意味着税务机关的偷税认定是错误的，因为偷税罪与偷税违法行为的构成要件并不完全相同，构成偷税违法行为的并不一定构成偷税罪。但在本案中，税务机关是依据公安机关调查的证据来认定纳税人构成偷税行为的，在公安机关最终认定纳税人不构成偷税罪的情形下，税务机关必须依据独立的证据来认定纳税人构成偷税违法行为。

2. 法律设置行政诉讼的起诉时限是为了督促当事人及时行使权利，也便于相关纠纷的及时解决。如非因当事人的原因导致超过起诉时限，从权利保护以及纠纷解决等原则出发，法律应允许当事人提起行政诉讼。《行政诉讼法》第 48 条的规定正是基于这一考虑。本案纳税人在第一次提起行政诉讼时，正处于被追究刑事责任的过程中，在公安机关尚未对纳税人是否构成偷税作出最终认定的情形下，法院也难以正确审理税务行政纠纷。因此，本案纳税人具备"不属于其自身的原因耽误起诉期限"的情形，法院受理纳税人提起的行政诉讼是正确的。

第三节　个人所得税举报复议案

相关法律制度

一、行政复议相关法律制度

根据《行政复议法》第 3 条的规定，依照《行政复议法》履行行政复议职责的行政机关是行政复议机关。行政复议机关负责法制工作的机构具体办理行政复议事项，履行下列职责：①受理行政复议申请；②向有关组织和人员调查取证，查阅文件和资料；③审查申请行政复议的具体行政行为是否合法与适当，拟订行政复议决定；④处理或者转送对《行政复议法》第 7 条所列有关规定的审查申请；⑤对行政机关违反《行政复议法》规定的行为依照规定的权限和程序提出处理建议；⑥办理因不服行政复议决定提起行政诉讼的应诉事项；⑦法律、法规规定的其他职责。行政机关中初次从事行政复议的人员，应当通过国家统一法律职业资格考试取得法律职业资格。

根据《行政复议法》第 7 条的规定，公民、法人或者其他组织认为行政机关的具体行政行为所依据的下列规定不合法，在对具体行政行为申请行政复议时，可以一并向行政复议机关提出对该规定的审查申请：①国务院部门的规定；②县级以上地方各级人民政府及其工作部门的规定；③乡、镇人民政府的规定。上述所列规定不含国务院部、委员会规章和地方人民政府规章。规章的审查依照法律、行政法规办理。

根据《行政复议法》第 15 条的规定，对《行政复议法》第 12 条、第 13 条、第 14 条规定以外的其他行政机关、组织的具体行政行为不服的，按照下列规定申请行政复议：①对县级以上地方人民政府依法设立的派出机关的具体行政行为不服的，向设立该派出机关的人民政府申请行政复议；②对政府工作部门依法设立的派出机构依照法律、法规或者规章规定，以自己的名义作出的具体行政行为不服的，向设立该派出机构的部门或者该部门的本级地方人民政府申请行政复议；③对法律、法规授权的组织的具体行政行为不服的，分别向直接管理该组织的地方人民政府、地方人民政府工作部门或者国务院部门申请行政复议；④对两个或者两个以上行政机关以共同的名义作出的具体行政行为不服的，向其共同上一级行政机关申请行政复议；⑤对被撤销的行政机关在撤销前所作出的具体行政行为不服的，向继续行使其职权的行政机关的上一级行政机关申请行政复议。有上述所列情形之一的，申请人也可以向具体行政行为发生地的县级地方人民政府提出行政复议申请，由接受申请的县级地方人民政府依照《行政复议法》第 18 条的规定办理。

根据《行政复议法》第 17 条的规定，行政复议机关收到行政复议申请后，应当在 5 日内进行审查，对不符合《行政复议法》规定的行政复议申请，决定不予受理，并书面告知申请人；对符合《行政复议法》规定，但是不属于本机关受理的行政复议申请，应当告知申请人向有关行政复议机关提出。除上述规定外，行政复议申请自行政复议机关负责法制工作的机构收到之日起即为受理。

根据《行政复议法》第 18 条的规定，依照《行政复议法》第 15 条第 2 款的规定接受行政复议申请的县级地方人民政府，对依照《行政复议法》第 15 条第 1 款的规定属于其他行政复议机关受理的行政复议申请，应当自接到该行政复议申请之日起 7 日内，转送有关行政复议机关，并告知申请人。接受转送的行政复议机关应当依照《行政复议法》第 17 条的规定办理。

根据《税务行政复议规则》第 19 条的规定，对下列税务机关的具体行政行为不服的，按照下列规定申请行政复议：①对两个以上税务机关以共同的名义作出的具体行政行为不服的，向共同上一级税务机关申请行政复议；对税务机关与其他行政机关以共同的名义作出的具体行政行为不服的，向其共同上一级行政机关申请行政复议。②对被撤销的税务机关在撤销以前所作出的具体行政行为不服的，向继续行使其职权的税务机关的上一级税务机关申请行政复议。③对税务机关作出逾期不缴纳罚款加处罚款的决定不服的，向作出行政处罚决定的税务机关申请行政复议。但是对已处罚款和加处罚款都不服的，一并向作出行政处罚决定的税务机关的上一级税务机关申请行政复议。申请人向具体行政行为发生地的县级地方人民政府提交行政复议申请的，由接受申请的县级地方人民政府依照《行政复议法》第15条、第18条的规定予以转送。

二、行政诉讼相关法律制度

根据《行政诉讼法》第69条的规定，行政行为证据确凿，适用法律、法规正确，符合法定程序的，或者原告申请被告履行法定职责或者给付义务理由不成立的，人民法院判决驳回原告的诉讼请求。

相关经典案例

【案例名称】 个人所得税举报复议案

案例来源：上海市第二中级人民法院（2015）沪二中行终字第580号行政判决书。

【基本事实与各方观点】

上诉人范某某因行政复议申请不予受理决定一案，不服上海市杨浦区人民法院（2015）杨行初字第99号行政判决，向上海市第二中级人民法院提起上诉。

原审认定，2015年3月，范某某向上海市杨浦区税务部门投诉，要求税务部门指令上海甲公司、上海乙公司缴纳范某某2012年3、4月剩余工薪税款；侦查追缴两公司偷漏的税款，并依法追究其刑事责任；将查明的事实书面告知范某某。2015年5月6日，上海市地方税务局杨浦区分局第二税务所（以下简称第二税务所）作出书面答复，告知上海甲公司2012年3月22日与范某某签订劳动合同后，2012年3月至2012年6月（2012年7月解除与被举报人劳动关系）每月以银行转账的形式支付范某某月工资且为其申报个人所得税，暂未发现范某某反映的税收违法事项。2015年5月24日，范某某向上海市税务部门申请复议，后变更被申请人，于2015年8月1日向上海市地方税务局杨浦区分局（以下简称杨浦地税局）申请行政复议，要求撤销上述答复，并指令第二税务所重新作出具体行政行为。杨浦地税局于2015年8月5日作出沪地税杨复不受决（2015）1号税务行政复议申请不予受理决定，对范某某就第二税务所于2015年5月6日作出的书面答复提起的行政复议申请，决定不予受理。该不予受理决定于同月 6 日送达范某某。范某某不服，遂起诉要求撤销上述税务行政复议申请不予受理决定，指令杨浦地税局受理其申请。

原审法院认为，根据《行政复议法》第 3 条、第 15 条第 1 款第 2 项，《税务行政复议规则》第 19 条第 1 款第 2 项之规定，杨浦地税局作为第二税务所的上级机关，具有作出被诉行政复议申请不予受理决定的法定职权。杨浦地税局在收到范某某的行政复议申请后，在法定期限内作出不予受理决定，并将决定书送达范某某，执法程序合法。范某某申请行政复议所指向的书面答复，系税务部门鉴于范某某检举人的身份而对其举报事项的查办结果所作出的反馈和告知，未设定范某某税务等权利义务，并非对范某某的权利义务产生实际影响的行为。范某某认为税务部门的查处结果与其工资相关联，但该查处结果并未影响范某某就相关劳动争议进行权利救济。故杨浦地税局以该答复行为不属于税务行政复议范围为由，决定对范某某的行政复议申请不予受理，并无不当。范某某的诉讼请求，缺乏事实和法律依据，不予支持。原审法院遂依据《行政诉讼法》第 69 条之规定，判决驳回范某某的诉讼请求。判决后，范某某不服，提出上诉。

上诉人范某某上诉称：被上诉人作出行政复议申请不予受理决定无任何事实和法规依据，请求撤销原审判决，撤销被诉行政复议申请不予受理决定，指令立案受理。

被上诉人杨浦地税局辩称：对涉税举报的书面答复，其性质是应举报人要求对与举报线索有关的查办结果反馈给举报人的告知行为，对举报人的权利义务不产生实际影响，不属于行政复议范围。被上诉人作出的行政复议申请不予受理决定，认定事实清楚，适用法律正确，程序合法。请求判决驳回上诉，维持原判。

二审法院认为，被上诉人对以第二税务所作为被申请人的行政复议申请，具有作出相应处理决定的职权。第二税务所对上诉人所作的书面答复，系对上诉人举报事项核查结果的告知，未对上诉人的权利义务产生实际影响。被上诉人认定该书面答复不属于行政复议范围，对上诉人的行政复议申请不予受理，认定事实清楚，适用法律正确。上诉人的上诉请求缺乏法律依据，法院不予支持。原审判决并无不当。据此，依据《行政诉讼法》第 89 条第 1 款第 1 项之规定，判决驳回上诉，维持原判。上诉案件受理费人民币 50 元，由上诉人范某某负担。

【争议焦点】

1. 涉税举报答复行为是否属于行政复议的受案范围？

2. 本案纳税人是否有权申请行政复议？

【案例点评】

1. 通常认为涉税举报答复行为不属于行政复议的受案范围，但这一观点是值得商榷的。举报涉税违法行为是包括纳税人在内的全体公民的权利与义务，依法查处涉税违法行为并将查处结果告知举报人是税务机关的职责。如将涉税举报答复行为排除在行政复议的受案范围之外，不仅无法查明、监督税务机关是否依法查处了涉税违法行为，也无法判断税务机关是否将查处结果准确、及时告知了举报人。因此，涉税举报答复行为应属于行政复议的受案范围。

2. 本案纳税人依法行使了举报权，根据法律规定，其有权获知税务机关是否依法查处了税收违法行为以及查处结果。在其认为其举报权受到侵害时，有权通过行政复议的方式申请上级税务机关进行监督。本案税务机关的告知行为对纳税人的权利义务（主要是举报权）产生了实质性影响，纳税人有权依法申请行政复议。

第四节　个人所得税退税申请不予受理案

相关法律制度

一、税收征管相关法律制度

根据《税收征收管理法》第 3 条的规定，税收的开征、停征以及减税、免税、退税、补税，依照法律的规定执行；法律授权国务院规定的，依照国务院制定的行政法规的规定执行。任何机关、单位和个人不得违反法律、行政法规的规定，擅自作出税收开征、停征以及减税、免税、退税、补税和其他同税收法律、行政法规相抵触的决定。

根据《税收征收管理法》第 4 条的规定，法律、行政法规规定负有纳税义务的单位和个人为纳税人。法律、行政法规规定负有代扣代缴、代收代缴税款义务的单位和个人为扣缴义务人。纳税人、扣缴义务人必须依照法律、行政法规的规定缴纳税款、代扣代缴、代收代缴税款。

根据《税收征收管理法》第 8 条的规定，纳税人、扣缴义务人有权向税务机关了解国家税收法律、行政法规的规定以及与纳税程序有关的情况。纳税人、扣缴义务人有权要求税务机关为纳税人、扣缴义务人的情况保密。税务机关应当依法为纳税人、扣缴义务人的情况保密。纳税人依法享有申请减税、免税、退税的权利。纳税人、扣缴义务人对税务机关所作出的决定，享有陈述权、申辩权；依法享有申请行政复议、提起行政诉讼、请求国家赔偿等权利。纳税人、扣缴义务人有权控告和检举税务机关、税务人员的违法违纪行为。

根据《税收征收管理法》第 64 条的规定，纳税人、扣缴义务人编造虚假计税依据的，由税务机关责令限期改正，并处 5 万元以下的罚款。纳税人不进行纳税申报，不缴或者少缴应纳税款的，由税务机关追缴其不缴或者少缴的税款、滞纳金，并处不缴或者少缴的税款 50% 以上 5 倍以下的罚款。

二、契税相关法律制度

根据《契税暂行条例》第 1 条的规定，在中华人民共和国境内转移土地、房屋权属，承受的单位和个人为契税的纳税人，应当依照该条例的规定缴纳契税。

根据《契税暂行条例》第 2 条的规定，该条例所称转移土地、房屋权属是指下列行为：①国有土地使用权出让；②土地使用权转让，包括出售、赠与和交换；③房屋买卖；④房屋赠与；⑤房屋交换。上述第二项土地使用权转让，不包括农村集体土地承包经营权的转移。

根据《契税暂行条例》第 8 条的规定，契税的纳税义务发生时间，为纳税人签订土地、房屋权属转移合同的当天，或者纳税人取得其他具有土地、房屋权属转移合同性质凭证的当天。

三、土地增值税相关法律制度

根据《土地增值税暂行条例》第 2 条的规定，转让国有土地使用权、地上的建筑物及其附着物（以下简称转让房地产）并取得收入的单位和个人，为土地增值税的纳税义务人（以下简称纳税人），应当依照该条例缴纳土地增值税。

根据《土地增值税暂行条例》第 10 条的规定，纳税人应当自转让房地产合同签订之日起 7 日内向房地产所在地主管税务机关办理纳税申报，并在税务机关核定的期限内缴纳土地增值税。

相关经典案例

【案例名称】　　　　**个人所得税退税申请不予受理案**

案例来源：四川省广安市中级人民法院（2016）川 16 行终 38 号行政判决书。

【基本事实与各方观点】

上诉人杜某因诉被上诉人四川省武胜县地方税务局第三税务所（以下简称武胜县第三税务所）、四川省武胜县地方税务局（以下简称武胜县地税局）税务行政征收一案，不服广安市前锋区人民法院（2015）广法行初字第 283 号行政判决，向广安市中级人民法院提起上诉。

原审法院经审理查明，2011 年 12 月 20 日，杜某与谭某就位于武胜县沿口镇东街的两间门市签订了《房屋买卖合同》。合同约定杜某将上述门市以 260 万元出售给谭某。2012 年 1 月 6 日，谭某以 2012 年 1 月 4 日自制的《房屋买卖合同》进行纳税申报，该合同载明门市总价为 107 万元。同日，谭某取得了盖有武胜县地税局办税服务厅征税专用章的税收通用完税证。2012 年 1 月 18 日，谭某向武胜县房产管理所提供日期为 2012 年 1 月 4 日的《房屋买卖合同》，并办理了房屋产权转移登记手续。谭某、陈某某分别取得了武房权证武胜县字×1-1 号、×1-2 号、×2-1 号、×2-2 号《房屋所有权证》。2012 年 2 月 17 日，谭某按照与杜某签订的《房屋买卖合同》向杜某付清了购房尾款及利息。随后，杜某与谭某发生纠纷，诉至法院。税务机关也介入调查。谭某分别于 2012 年 3 月 5 日、2012 年 9 月 12 日补缴了交易双方应缴纳的各项税费以及滞纳金。其中，谭某代杜某缴纳了土地增值税、印花税、个人所得税、营业税、城市维护建设税、教育费附加、地方教育费附加共计 27.9 万元。谭某补缴税费后，将 2011 年 12 月 20 日签订的《房屋买卖合同》及补缴的税费凭据等递交给武胜县房产管理所。

因谭某向房管部门提供虚假材料，武胜县房产管理所于 2013 年 9 月 9 日作出武房管（2013）撤字第 1 号撤销房屋登记决定，决定撤销谭某、陈某某所有的武房权证字×1 号、武房权证字×2 号房屋产权证，并收回上述房屋产权证。谭某不服该决定，向广安市前锋区人民法院提起行政诉讼。法院经判决依法维持了武胜县房产管理所作出的撤销房屋登记决定。武胜县房产管理所撤销谭某的房屋登记后，争议房屋也未恢复登记在杜某名下。

2015 年 5 月 5 日，杜某向税务机关申请退回已缴纳的土地增值税、印花税、个人所得税、营业税、城市维护建设税、教育费附加、地方教育费附加共计 27.9 万元。武胜县第三税务所认为杜某与谭某于 2011 年 12 月 20 日签订的《房屋买卖合同》真实有效，买卖双方缴纳的税费符合税收法律法规规定；武胜县第三税务所于 2015 年 5 月 14 日查询，头卖房屋的产权为谭某、陈某某所有，该产权属于查封状态。故武胜县第三税务所对杜某的退税申请决定不予受理，并制作《税务事项通知书》送达杜某。杜某不服，向武胜县地税局提起行政复议申请。武胜县地税局复议查明，杜某与谭某于 2011 年 12 月 20 日签订的《买卖房屋合同》是双方真实意思的表示，合同真实；经查询，行政复议时涉案房产权利人为谭某、陈某某，业务类型为查封登记业务，武胜县房产管理所未将该宗房产恢复到杜某名下；谭某以伪造的交易合同进行纳税申报，在稽查局介入调查后，谭某通过自查补税缴齐了自己应缴的全部税费及滞纳金，并代杜某缴纳了全部税费及滞纳金；本案所涉税费已依法分批次征收并加收了滞纳金。复议机关认为，该案房产涉及的 260 万元交易合同是真实有效的，房屋交易行为并未被撤销，该房产已过户至买方谭某名下，该房产虽处于查封状态，但未过户回杜某名下，税务机关对杜某以及谭某房屋交易行为征税的依据存在。故武胜县地税局根据《行政复议法》《税务行政复议规则》的规定，作出行政复议决定，决定维持武胜县第三税务所作出的武地税三所通（2015）30 号退税申请不予受理的决定。杜某不服武胜县地税局的行政复议决定，遂提起诉讼，请求撤销武胜县地税局作出的《行政复议决定书》，并判决武胜县第三税务所受理杜某提出的退税申请，作出退回杜某缴纳税费 27.9 万元的决定。

原审法院认为，纳税人具有依法纳税的义务，也有依法享有申请退税的权利。杜某作为退税申请人，于 2015 年 5 月 5 日提交了退税申请、退税申请表等材料，武胜县第三税务所作为《税收征收管理法》上所称的税务机关，对杜某提出的退税申请作出了不予受理的决定。杜某同税务机关在纳税上发生争议，依法提起了行政复议。武胜县地税局作为行政复议机关，受理了该复议申请，符合《税务行政复议规则》的规定。

关于是否应当征收契税的问题，根据《契税暂行条例》的规定，土地使用权转让，包括出售、赠与和交换以及房屋买卖行为属于转移土地、房屋权属的行为；契税的纳税义务发生时间，为纳税人签订土地、房屋权属转移合同的当天，或者纳税人取得其他具有土地、房屋权属转移合同性质凭证的当天。杜某与谭某签订了价款为 260 万元的《房屋买卖合同》，该合同约定了房屋等权属转移，故税务机关应当依照《契税暂行条例》的规定征收契税。本案中，谭某作为纳税义务人，向税务机关缴纳了契税。税务机关对谭某征收契税，对杜某的实际权益也并未产生实际影响。

关于征税依据是否存在的问题，谭某虽依据自制的《房屋买卖合同》进行纳税申报，该买卖合同也经人民法院确认不成立，但杜某与谭某于 2011 年 12 月 20 日就位于武胜县沿口镇东街的两间门市签订了《房屋买卖合同》，合同约定杜某将上述门市以 260 万元出售给第三人是实。该合同现未被有权机关撤销或者确认无效。武胜县房产管理所虽作出了撤销房屋登记的行政决定，人民法院判决对该行政决定予以了维持，但该行政决定撤销的是行政机关依据谭某自制的《房屋买卖合同》而进行的房屋登记行政行为，并非撤销杜某与谭某之间约定产权转移的《房屋买卖合同》。按照《土地增值税暂行条例》《印花税暂行条例》《营业税暂行条例》等税收法规的规定，税务机关的征税依据仍然存在，杜某应当履行纳税义务。

关于是否应当退税的问题，虽谭某于 2012 年 1 月 6 日代杜某缴纳了税费，但其未以与杜某签订的《房屋买卖合同》申报纳税，而以总价为 107 万元的自制《房屋买卖合同》申报。根据《税收征收管理法》的规定，因税务机关的责任，或者因纳税人、扣缴义务人计算错误等失误，或者偷税、骗税，造成未缴或者少缴税款的，税务机关追征其未缴或者少缴的税款。本案中，纳税义务人少缴税费并非税务机关的责任，嗣后税务机关也对少缴的税费进行了追征。杜某在未多缴税费的情况下申请退税并无法律依据，故杜某认为税务机关应当退税的理由不能成立。

综上，杜某与谭某签订的《房屋买卖合同》真实有效，杜某申请退税并无法律依据。杜某认为征收税费的依据已不存在，税务机关理应退税的理由不能成立，不予支持。杜某虽提出退税申请，同时提交了人民法院裁判文书以及《武胜县房产管理所撤销房屋登记决定书》等资料，但税务机关追征税费依据的是杜某与谭某签订的《房屋买卖合同》，该合同未被有权机关确认不成立，或者确认无效，或者撤销。杜某提交的材料均未达到证明其符合申请退税条件的目的。故武胜县第三税务所作出不予受理退税决定并无不妥。武胜县地税局根据《行政复议法》《税务行政复议规则》作出的《行政复议决定书》，认定事实清楚，证据确实充分，适用法律正确，程序合法。遂判决驳回杜某的诉讼请求。

上诉人杜某上诉称，一审主要证据认定有误，武胜县第三税务所未提交作出具体行政行为的法律依据，房屋信息查询只能证明房屋处于查封，房屋产权性质已发生改变，不再属于谭某；完税凭证有手动修改，不能证明已补缴和已上缴国库。杜某与谭某签订的260万元的房屋买卖合同，不能作为税务机关作出行政行为的依据。谭某作为纳税义务人，其缴税依据的合同系虚假合同，实际取得的房屋产权已被房管部门撤销，征税依据已不存在，应当判决所征契税退给第三人。请求撤销一审判决，改判武胜县第三税务所受理杜某提出的退税申请。

被上诉人武胜县第三税务所答辩称，杜某与谭某签订交易价格为260万元的房屋买卖合同，谭某以伪造的107万元合同申报纳税，后经其稽查，谭某通过自查补税的方式缴齐该宗房屋交易所涉全部税款及滞纳金。杜某向税务机关申请退税，其提供的资料不能证明征税依据的260万元房屋买卖合同已被撤销，亦不能证明其符合退税条件，故不予受理其退税申请，故应驳回上诉，维持原判。

被上诉人武胜县地税局答辩称，本案税务机关的征税依据是杜某与谭某的真实房屋交易行为，所涉全部税款已缴纳入库，依法不应受理退税。其维持第三税务所不予受理杜某退税申请的决定事实依据清楚、程序合法、适用法律正确，应予维持。请求驳回上诉，维持原判。

二审法院认为，根据《税收征收管理法》第3条、第4条、第8条的规定，税收的开征、停征以及减税、免税、退税、补税，应依照法律法规的规定执行，任何机关、单位或个人不得违反法律法规规定，作出与法律法规相抵触的决定。公民有依法纳税的义务，亦享有申请退税的权利。本案中，杜某作为退税申请人，于2015年5月5日向武胜县第三税务所提交退税申请、退税申请表等材料，武胜县第三税务所5月25日作出武地税三所通（2015）30号税务事项通知书，对杜某的退税申请不予受理。根据《全国税务机关纳税服务规范》（3.39）退抵税（费）审批办理规范第1款"受理"中第3项"依法不属于本职权或本业务受理范围的，制作《税务事项通知书》（不予受理通知）。告知纳税人不予受理的原因"的规定，税务机关对退税申请不予受理的有不属于税务职权范围以及退税业务受理范围的两类情形。但武胜县第三税务所作出的税务事项通知书上仅说明所适用法律法规及规范性文件的名称，而未引用具体的条款内容，未说明不予受理杜某退税申请的具体事由，故武胜县第三税务所作出的税务事项通知书以及武胜县地税局作出维持的复议决定均属于适用法律错误，依法应当予以撤销。武胜县第三税务所以及武胜县地税局的辩称理由均涉及对杜某退税申请是否成立的实体审查处理，与其作出的不予受理的程序处理结果不相符，对其辩解理由法院不予支持。综上，原审法院判决驳回杜某的诉讼请求系适用法律错误，亦应依法予以撤销。依照《行政诉讼法》第89条第1款第2项、第3款之规定，判决如下：第一，撤销广安市前锋区人民法院（2015）广法行初字第283号行政判决；第二，撤销武胜县地税局第三税务所作出的武地税三所通（2015）30号税务事项通知书以及武胜县地税局作出的武地税复决字（2015）1号行政复议决定书；第三，责令武胜县地税局第三税务所对杜某2015年5月5日提出的退税申请依法重新作出处理。一、二审案件受理费各50元，均由武胜县地方税务局第三税务所负担。

【争议焦点】

1. 纳税人依据虚假合同申报缴纳的税款是否可以申请退还？

2. 纳税人的房产交易被撤销是否可以申请退还税款？

【案例点评】

1. 根据实质课税原则，虚假合同无法产生合法的应税行为，其缴纳税款所依据的纳税义务根本不存在，因此，纳税人依据虚假合同申报缴纳的税款可以申请退还。纳税人编制虚假合同并据此缴纳税款的行为扰乱了税收征管秩序，根据《税收征收管理法》第64条的规定，应按"编造虚假计税依据"违法行为进行处罚。

2. 根据实质课税原则，纳税人的房产交易被撤销后，相关权利义务恢复至交易发生之前，在法律上视为纳税人从未发生相关交易。因此，税务机关依法征税的基础已经不复存在，纳税人所缴纳的税款应予以退还。

第五章

其他税法经典案例

第一节 房产税法经典案例

相关法律制度

一、房产税相关法律制度

根据《房产税暂行条例》第 2 条的规定，房产税由产权所有人缴纳。产权属于全民所有的，由经营管理的单位缴纳。产权出典的，由承典人缴纳。产权所有人、承典人不在房产所在地的，或者产权未确定及租典纠纷未解决的，由房产代管人或者使用人缴纳。上述列举的产权所有人、经营管理单位、承典人、房产代管人或者使用人，统称为纳税义务人（以下简称纳税人）。

根据《国家税务总局关于房屋产权未确定如何征收房产税问题的批复》（大地税一转［1999］第 16 号）的规定，房产税原则上应由房屋的产权所有人缴纳。对于房屋开发公司售出的房屋，不再在其会计账簿中记载及核算，而购买该房屋的单位未取得产权的，可暂按《房产税暂行条例》第 2 条"产权未确定的，由使用人缴纳房产税"的规定，确定房产税的纳税人。

二、物权相关法律制度

根据《物权法》第 9 条的规定，不动产物权的设立、变更、转让和消灭，经依法登记，发生效力；未经登记，不发生效力，但法律另有规定的除外。依法属于国家所有的自然资源，所有权可以不登记。

根据《物权法》第 14 条的规定，不动产物权的设立、变更、转让和消灭，依照法律规定应当登记的，自记载于不动产登记簿时发生效力。

根据《物权法》第 16 条的规定，不动产登记簿是物权归属和内容的根据。不动产登记簿由登记机构管理。

三、税收征收管理相关法律制度

根据《税收征收管理法》第 5 条的规定，国务院税务主管部门主管全国税收征收管理工作。各地国家税务局和地方税务局应当按照国务院规定的税收征收管理范围分别进行征收管理。地方各级人民政府应当依法加强对本行政区域内税收征收管理工作的领导或者协调，支持税务机关依法执行职务，依照法定税率计算税额，依法征收税款。各有关部门和单位应当支持、协助税务机关依法执行职务。税务机关依法执行职务，任何单位和个人不得阻挠。

根据《税收征收管理法》第 32 条的规定，纳税人未按照规定期限缴纳税款的，扣缴义务人未按照规定期限解缴税款的，税务机关除责令限期缴纳外，从滞纳税款之日起，按日加收滞纳税款5‰的滞纳金。

根据《税务稽查工作规程》第 2 条的规定，税务稽查的基本任务，是依法查处税收违法行为，保障税收收入，维护税收秩序，促进依法纳税。税务稽查由税务局稽查局依法实施。稽查局主要职责，是依法对纳税人、扣缴义务人和其他涉税当事人履行纳税义务、扣缴义务情况及涉税事项进行检查处理，以及围绕检查处理开展的其他相关工作。稽查局具体职责由国家税务总局依照《税收征收管理法》《税收征收管理法实施细则》有关规定确定。

四、行政复议相关法律制度

根据《行政复议法》第 12 条的规定，对县级以上地方各级人民政府工作部门的具体行政行为不服的，由申请人选择，可以向该部门的本级人民政府申请行政复议，也可以向上一级主管部门申请行政复议。对海关、金融、国税、外汇管理等实行垂直领导的行政机关和国家安全机关的具体行政行为不服的，向上一级主管部门申请行政复议。

根据《行政复议法》第 28 条的规定，行政复议机关负责法制工作的机构应当对被申请人作出的具体行政行为进行审查，提出意见，经行政复议机关的负责人同意或者集体讨论通过后，按照下列规定作出行政复议决定：

（1）具体行政行为认定事实清楚，证据确凿，适用依据正确，程序合法，内容适当的，决定维持。

（2）被申请人不履行法定职责的，决定其在一定期限内履行。

（3）具体行政行为有下列情形之一的，决定撤销、变更或者确认该具体行政行为违法；决定撤销或者确认该具体行政行为违法的，可以责令被申请人在一定期限内重新作出具体行政行为：①主要事实不清、证据不足的；②适用依据错误的；③违反法定程序的；④超越或者滥用职权的；⑤具体行政行为明显不当的。

（4）被申请人不按照《行政复议法》第 23 条的规定提出书面答复、提交当初作出具体行政行为的证据、依据和其他有关材料的，视为该具体行政行为没有证据、依据，决定撤销该具体行政行为。

行政复议机关责令被申请人重新作出具体行政行为的，被申请人不得以同一的事实和理由作出与原具体行政行为相同或者基本相同的具体行政行为。

根据《税务行政复议规则》第17条的规定，对税务所（分局）、各级税务局的稽查局的具体行政行为不服的，向其所属税务局申请行政复议。

根据《税务行政复议规则》第45条的规定，行政复议机关收到行政复议申请以后，应当在5日内审查，决定是否受理。对不符合该规则规定的行政复议申请，决定不予受理，并书面告知申请人。对不属于本机关受理的行政复议申请，应当告知申请人向有关行政复议机关提出。行政复议机关收到行政复议申请以后未按照上述规定期限审查并作出不予受理决定的，视为受理。

根据《税务行政复议规则》第75条的规定，行政复议机构应当对被申请人的具体行政行为提出审查意见，经行政复议机关负责人批准，按照下列规定作出行政复议决定：

（1）具体行政行为认定事实清楚，证据确凿，适用依据正确，程序合法，内容适当的，决定维持。

（2）被申请人不履行法定职责的，决定其在一定期限内履行。

（3）具体行政行为有下列情形之一的，决定撤销、变更或者确认该具体行政行为违法；决定撤销或者确认该具体行政行为违法的，可以责令被申请人在一定期限内重新作出具体行政行为：①主要事实不清、证据不足的；②适用依据错误的；③违反法定程序的；④超越职权或者滥用职权的；⑤具体行政行为明显不当的。

（4）被申请人不按照该规则第62条的规定提出书面答复，提交当初作出具体行政行为的证据、依据和其他有关材料的，视为该具体行政行为没有证据、依据，决定撤销该具体行政行为。

五、行政诉讼相关法律制度

根据《行政诉讼法》第1条的规定，为保证人民法院公正、及时审理行政案件，解决行政争议，保护公民、法人和其他组织的合法权益，监督行政机关依法行使职权，根据宪法，制定该法。

根据《行政诉讼法》第69条的规定，行政行为证据确凿，适用法律、法规正确，符合法定程序的，或者原告申请被告履行法定职责或者给付义务理由不成立的，人民法院判决驳回原告的诉讼请求。

根据《行政诉讼法》第74条的规定，行政行为有下列情形之一的，人民法院判决确认违法，但不撤销行政行为：①行政行为依法应当撤销，但撤销会给国家利益、社会公共利益造成重大损害的；②行政行为程序轻微违法，但对原告权利不产生实际影响的。行政行为有下列情形之一，不需要撤销或者判决履行的，人民法院判决确认违法：①行政行为违法，但不具有可撤销内容的；②被告改变原违法行政行为，原告仍要求确认原行政行为违法的；③被告不履行或者拖延履行法定职责，判决履行没有意义的。

根据《行政诉讼法》第 87 条的规定，人民法院审理上诉案件，应当对原审人民法院的判决、裁定和被诉行政行为进行全面审查。

根据《行政诉讼法》第 89 条的规定，人民法院审理上诉案件，按照下列情形，分别处理：①原判决、裁定认定事实清楚，适用法律、法规正确的，判决或者裁定驳回上诉，维持原判决、裁定；②原判决、裁定认定事实错误或者适用法律、法规错误的，依法改判、撤销或者变更；③原判决认定基本事实不清、证据不足的，发回原审人民法院重审，或者查清事实后改判；④原判决遗漏当事人或者违法缺席判决等严重违反法定程序的，裁定撤销原判决，发回原审人民法院重审。原审人民法院对发回重审的案件作出判决后，当事人提起上诉的，第二审人民法院不得再次发回重审。人民法院审理上诉案件，需要改变原审判决的，应当同时对被诉行政行为作出判决。

根据《最高人民法院关于适用〈中华人民共和国行政诉讼法〉的解释》第 96 条的规定，有下列情形之一，且对原告依法享有的听证、陈述、申辩等重要程序性权利不产生实质损害的，属于《行政诉讼法》第 74 条第 1 款第 2 项规定的"程序轻微违法"：①处理期限轻微违法；②通知、送达等程序轻微违法；③其他程序轻微违法的情形。

根据《最高人民法院关于适用〈中华人民共和国行政诉讼法〉的解释》第 136 条的规定，人民法院对原行政行为作出判决的同时，应当对复议决定一并作出相应判决。人民法院依职权追加作出原行政行为的行政机关或者复议机关为共同被告的，对原行政行为或者复议决定可以作出相应判决。人民法院判决撤销原行政行为和复议决定的，可以判决作出原行政行为的行政机关重新作出行政行为。人民法院判决作出原行政行为的行政机关履行法定职责或者给付义务的，应当同时判决撤销复议决定。原行政行为合法、复议决定违法的，人民法院可以判决撤销复议决定或者确认复议决定违法，同时判决驳回原告针对原行政行为的诉讼请求。原行政行为被撤销、确认违法或者无效，给原告造成损失的，应当由作出原行政行为的行政机关承担赔偿责任；因复议决定加重损害的，由复议机关对加重部分承担赔偿责任。原行政行为不符合复议或者诉讼受案范围等受理条件，复议机关作出维持决定的，人民法院应当裁定一并驳回对原行政行为和复议决定的起诉。

相关经典案例

【案例名称】 房产税纳税人纠纷案

案例来源：云南省普洱市中级人民法院（2018）云 08 行终 5 号行政判决书。

【基本事实与各方观点】

原审原告普洱市甲商贸有限公司（以下简称甲公司）诉原审被告云南省普洱市地方税务局稽查局（以下简称稽查局）税务处理决定、云南省普洱市地方税务局（以下简称地税局）行政复议决定一案，不服普洱市思茅区人民法院于 2017 年 11 月 6 日作出的（2017）云 0802 行初 30 号行政判决，向普洱市中级人民法院提起上诉。该院依法组成合议庭，于 2018 年 3 月 30 日公开开庭审理了本案。

本案被诉行政行为：2017 年 3 月 28 日，稽查局作出普地税稽处〔2017〕4 号《税务处理决定书》，责令甲公司缴纳税款 29.79 万元及滞纳金。甲公司不服向地税局申请行政复议。2017 年 7 月 21 日，地税局作出普地税行复决字〔2017〕第 1 号《行政复议决定书》，决定维持稽查局的处理决定。

原审法院经审理查明：2016 年 1 月 13 日，稽查局对甲公司 2013 年 1 月 1 日至 2014 年 12 月 31 日应缴地方各税费的情况立案检查，并于 2016 年 1 月 20 日向甲公司发出税务检查通知书。2016 年 3 月 11 日，稽查局申请延长检查时限。2016 年 11 月 11 日，稽查局将稽查期间变更为 2013 年 1 月 1 日至 2015 年 12 月 31 日。2016 年 12 月 13 日，稽查局向甲公司发出一份税务事项通知书，告知其对甲公司 2013 年 1 月 1 日至 2015 年 12 月 31 日的地方纳税情况进行税务检查的初步稽查结果及陈述权、申辩权。甲公司于 2015 年 12 月 15 日向稽查局书面提出陈述申辩意见。2017 年 3 月 28 日，稽查局作出普地税稽处〔2017〕4 号《税务处理决定书》，检查发现甲公司有以下违法事实：第一，2014 年—2015 年取得房屋租赁收入少缴应纳税款 29.4 万元，其中：服务业（房屋租赁）营业税 7.72 万元、城市维护建设税 0.54 万元、财产租赁合同印花税 0.16 万元、从租计征房产税 20.98 万元，此行为属于纳税人不进行纳税申报，少缴应纳税款的行为。第二，2014 年—2015 年少缴教育费附加 0.23 万元、地方教育附加 0.16 万元，合计 0.39 万元。第三，2013 年—2015 年多缴城镇土地使用税 198.84 元。以上少缴税费合计 29.79 万元，多缴税款 198.84 元。决定责令甲公司限期补缴上述税款及从滞纳税款之日起至实际缴纳之日止按日加收滞纳税款 5‰的滞纳金。同日，稽查局作出普地税稽罚〔2017〕2 号《税务行政处罚决定书》，并于 2017 年 3 月 29 日向甲公司送达普地税稽处〔2017〕4 号《税务处理决定书》和普地税稽罚〔2017〕2 号《税务行政处罚决定书》。2017 年 5 月 24 日，甲公司向地税局提出行政复议申请，请求：第一，撤销稽查局《税务处理决定书》（普地税稽处〔2017〕4 号）对补缴从租计征房产税 20.98 万元及从滞纳税款之日起至实际缴纳之日止按日加收滞纳税款 5‰滞纳金的处理决定，退还已缴房产税 20.98 万元、滞纳金 8.06 万元。第二，撤销稽查局《税务行政处罚决定书》（普地税稽罚〔2017〕2 号）对处少缴应纳从租计征房产税 20.98 万元税款 50% 的处罚决定，退还已缴罚款 10.49 万元。地税局受理后于 2017 年 7 月 21 日作出普地税行复决字〔2017〕第 1 号《行政复议决定书》，并于当日将该复议决定书送达给甲公司。地税局复议认为：稽查局作出的《税务处理决定书》（普地税稽处〔2017〕4 号）对补缴从租计征房产税 20.98 万元及从滞纳税款之日起至实际缴纳之日止按日加收滞纳税款 5‰滞纳金的处理决定和《税务行政处罚决定书》（普地税稽罚〔2017〕2 号）对处少缴应纳从租计征房产税 20.98 万元税款 50% 的处罚决定事实清楚，证据确凿，适用法律依据正确，程序合法，内容适当，决定维持。

另查明，2008 年 6 月 20 日，思茅镇平原村民委员会第一小组（甲方）与普洱乙商业贸易有限公司（乙方）签订一份土地入股经营合同，约定：甲方位于思茅北部区的 21.55 亩土地入股给乙方投资建设经营，由乙方按甲、乙双方确认的规划出资建盖，乙方投资建设完毕后，在使用土地不到期时，地上建筑物、绿化、配套设施的使用权及处置权都归乙方所有。2010 年 8 月 10 日，思茅镇平原村民委员会第一小组（甲方）、普洱乙商业贸易有限公司（乙方）、甲公司（丙方）签订一份土地入股经营合同转让协议，约定：甲方、乙方同意双方于 2008 年 6 月 20 日签订的土地入股经营合同及其补充协议中乙方的全部权利、义务转让给丙方。涉案房产没有办理产权登记。

原审法院认为，《税收征收管理法》第 5 条第 1 款规定："国务院税务主管部门主管全国税收征收管理工作。各地国家税务局和地方税务局应当按照国务院规定的税收征收管理范围分别进行征收管理。"《税务稽查工作规程》第 2 条规定：税务稽查的基本任务，是依法查处税收违法行为，保障税收收入，维护税收秩序，促进依法纳税。税务稽查由税务局稽查局依法实施。稽查局主要职责，是依法对纳税人、扣缴义务人和其他涉税当事人履行纳税义务、扣缴义务情况及涉税事项进行检查处理，以及围绕检查处理开展的其他相关工作。稽查局具体职责由国家税务总局依照《税收征收管理法》《税收征收管理法实施细则》有关规定确定。据此，稽查局依照法律、法规的规定，有权对甲公司是否履行纳税义务、扣缴义务及涉税事项进行检查处理。稽查局在立案检查后，对甲公司在 2013 年 1 月 1 日至 2015 年 12 月 31 日期间的地方纳税情况进行了税务检查，并根据甲公司的违法事实向甲公司作出了《税务处理决定书》。甲公司对该税务处理决定书中的补缴从租计征房产税 20.98 万元及从滞纳税款之日起至实际缴纳之日止按日加收滞纳税款 5‰滞纳金的处理决定，认为适用法律错误，涉案房产产权明确，产权人系思茅镇平原村民委员会第一小组（以下简称平原一组），不应由甲公司缴纳房产税，应由产权人缴纳房产税，对其他补缴税费决定没有异议。《房产税暂行条例》第 2 条规定："房产税由产权所有人缴纳。产权属于全民所有的，由经营管理的单位缴纳。产权出典的，由承典人缴纳。产权所有人、承典人不在房产所在地的，或者产权未确定及租典纠纷未解决的，由房产代管人或者使用人缴纳。前款列举的产权所有人、经营管理单位、承典人、房产代管人或者使用人，统称为纳税义务人。"《税收征收管理法》第 32 条规定："纳税人未按照规定期限缴纳税款的，扣缴义务人未按照规定期限解缴税款的，税务机关除责令限期缴纳外，从滞纳税款之日起，按日加收滞纳税款 5‰的滞纳金。"据此，因本案房产未办理产权登记，产权不确定，甲公司作为房产使用人是上述行政法规规定的纳税义务人，稽查局要求甲公司补缴从租计征房产税及从滞纳税款之日起至实际缴纳之日止，按日加收滞纳税款 5‰的滞纳金的处理决定适用法律正确，认定事实清楚，程序合法。《行政复议法》第 12 条第 1 款规定："对县级以上地方各级人民政府工作部门的具体行政行为不服的，由申请人选择，可以向该部门的本级人民政府申请行政复议，也可以向上一级主管部门申请行政复议。"《税务行政复议规则》第 17 条第 1 款规定："对各级地方税务局的具体行政行为不服的，可以选择向其上一级地方税务局或者该税务局的本级人民政府申请行政复议。"据此，地税局有权管辖受理甲公司申请的行政复议。地税局在收到甲公司的复议申请后，经审理，在法律规定的期限内作出了复议决定，其作出的复议决定程序合法。稽查局作出的普地税稽处〔2017〕4 号《税务处理决定书》和地税局作出的普地税行复决字〔2017〕第 1 号《行政复议决定书》执法主体适格、证据确凿、认定事实清楚、适用法律法规正确，符合法定程序。甲公司请求撤销普地税稽处〔2017〕4 号《税务处理决定书》和普地税行复决字〔2017〕第 1 号《行政复议决定书》，并退还已交房产税 20.98 万元及滞纳金 8.06 万元的请求无事实及法律依据，不予支持。综上所述，原审法院依照《行政诉讼法》第 69 条的规定，判决驳回甲公司的诉讼请求。

甲公司上诉称：

1. 一审法院认定事实错误，致使判决错误。一审法院认定事实："2008 年 6 月 20 日，平原一组（甲方）与普洱乙商业贸易有限公司（乙方）签订一份土地入股经营合同；约定：甲方位于思茅北部区的 21.55 亩土地入股给乙方投资建设经营，由乙方按甲、乙双方确认的规划出资建盖，乙方投资建设完毕后，在使用土地不到期时，地上建筑物、绿化、配套设施的使用权及处置权都归乙方所有。2010 年 8 月 10 日，平原一组（甲方）、普洱乙商业贸易有限公司（乙方）、甲公司（丙方）签订一份土地入股经营合同转让协议，约定：甲方、乙方同意双方于 2008 年 6 月 20 日签订的土地入股经营合同及补充协议中乙方的全部权利、义务转让给丙方。涉案房产没有办理产权登记。"此事实一审法院认定有误，虽然土地入股经营合同约定在使用土地不到期时，地上建筑物、绿化、配套设施的使用权及处置权都归乙方所有。甲、乙双方土地入股经营合同名为入股经营，实为租赁合同，乙方对地上建筑物、绿化、配套设施的使用权及处置权，也只是租赁合同中的租赁使用权，并不是所有权的处置权。一审法院将其错误认定为所有权的处置行为。一审法院认为："因本案房产未办理产权登记，产权不明确，甲公司作为房产使用人是上述行政法规规定的纳税义务人。"一审法院认为房产未办理产权证就属于产权不明确，这显然是错误的。一审中上诉人举证：普洱市人民政府（批复）普政复〔2010〕28 号、建设用地规划许可证（地字×××号）、建设用地批准书、思茅区发展和改革局文件（思发改备案〔2011〕27 号）、建设用地规划许可证（建字第×××号）、平原一组出具的证明。上述资料证实本案房产的申报主体都是平原一组。另一组证据《不动产登记不予受理告知书》，也证实本案房产产权的所有权登记主体是平原一组。亦即本案房产所有权人是明确的，不是产权不明房产，只是属于待办产权证的房产。一审法院将本案房产认定为产权不明是错误的。

2. 一审法院适用法律错误。一审法院根据《房产税暂行条例》第 2 条的规定，依据事实上的错误认定，按产权不明认定本案房产纳税义务人为行使租赁权的上诉人，属适用法律错误。本案房产虽未办理房产证，但产权人是明确的，一审法院不依据《房产税暂行条例》第 2 条规定的"房产税由产权所有人缴纳"，而是依据产权不明将使用人作为纳税义务人，属适用法律错误。

综上所述，请求：撤销云南省普洱市思茅区人民法院（2017）云 0802 行初 30 号行政判决；退还已交房产税 20.98 万元及滞纳金 8.06 万元；一、二审诉讼费由被上诉人承担。

被上诉人稽查局辩称：

1. 一审法院认定事实清楚。第一，一审法院认定上诉人拥有涉案房产地上建筑物、绿化、配套设施等在 40 年的合同期内占有、使用、收益、处置权事实正确。2010 年 8 月 6 日，上诉人与平原一组、普洱乙商业贸易有限公司签订《土地入股经营合同转让协议》，上诉人拥有平原一组和普洱乙商业贸易有限公司签订《土地入股经营合同》及其补充协议中普洱乙商业贸易有限公司的全部权利、义务。该转让协议及其补充协议中约定上诉人拥有该土地 40 年的土地使用权，对其投资建造的地上建筑物、绿化、配套设施等在 40 年的合同期内拥有占有、使用、收益、处置权，且在使用土地期间，享有继承权或者放弃继承权。

上诉人对前述事实在一审中亦予以认可，且至今为止，涉案房屋的投资建盖、占有、管理、出租使用的收益人均是上诉人。因此，在合同有效期内，上诉人是涉案房产的实际占有、使用、收益、处置权人，一审法院认定事实清楚。第二，一审法院认定涉案房产产权不明晰事实正确。①本案中，上诉人与平原一组、普洱乙商业贸易有限公司签订《土地入股经营合同转让协议》及《土地入股经营合同》，约定上诉人对涉案房产及其配套设施享有处置权，但对房屋产权未作出明确约定，也没有其他任何证据显示房屋产权归属。②建设用地批准、建设工程规划许可等事项申请人与房屋产权所有人是不同概念，并不能将申请人等同于产权人，所以并不能因为规划、报建等申请人是平原一组而将之认定为房屋所有权人。③平原一组出具的证明中"该项目产权属平原一组"不能证明房屋产权属于平原一组。《物权法》第9条规定："不动产物权的设立、变更、转让和消灭，经依法登记，发生效力；未经登记，不发生效力，但法律另有规定的除外"。第14条规定："不动产物权的设立、变更、转让和消灭，依照法律规定应当登记的，自记载于不动产登记簿时发生效力。"据此，该证明与我国现行法律相抵触，不具有物权权属证明的效力，不能证明涉案房屋所有权属于平原一组。④不动产登记中心出具的《不动产登记不予受理告知书》并不能证明涉案房屋产权属平原一组。《物权法》第16条规定："不动产登记簿是物权归属和内容的根据。不动产登记簿由登记机构管理。"据此，不动产所有权人以不动产登记簿的记载为准，上述法律文件并不具备与不动产登记簿同等的效力，且本案中不动产登记中心此举有超越职权之嫌疑，其在上述告知书中无权表述产权所属何人。同时，上述告知书亦可以从另一角度证明，涉案房产并未进行不动产登记。根据《物权法》相关规定，该房屋至今为止仍然产权不明晰。

2. 一审法院适用法律正确。一审法院基于涉案房产占有、使用、收益、处置权人系上诉人，涉案房产产权不明晰的事实，根据《房产税暂行条例》第2条的规定，"产权未确定及租典纠纷未解决的，由房产代管人或者使用人缴纳"。本案房屋的使用人上诉人即为房产税的纳税义务人。因此，一审法院适用法律正确，上诉人主张适用法律错误的理由不能成立。

综上所述，稽查局作出的普地税稽处［2017］4号《税务处理决定书》执法主体适格、证据确凿、认定事实清楚、适用法律法规正确，符合法定程序。一审法院认定事实清楚，适用法律法规正确，请求法院依法驳回上诉人的诉讼请求。

被上诉人地税局的辩称意见同稽查局，并认为行政复议决定合法，请求维持一审判决，驳回上诉人上诉。

一审法院已随案将各方当事人在一审中提交的全部证据材料移送二审法院。二审中各方当事人均未提交新证据。

经审理，对一审判决认定的事实，二审法院予以确认。法院另查明：2008年6月20日，平原一组（甲方）与普洱乙商业贸易有限公司（乙方）签订《土地入股经营合同》，约定：入股期为40年，至2050年6月19日；甲方以土地入股，每年每亩分红9000元，每5年分红一次，以后分红按每5年每亩在原基础上增加1000元；当使用期满后，乙方有优先续入股合作权，如果乙方不再合作，乙方所投入的全部设施（建筑物、绿化、配套设施）则归甲方所有；土地由乙方自行使用但土地所有权属于甲方所有；乙方在经营过程中所产生的一切税费及费用由乙方自行承担。2014年12月6日、2015年8月6日、2015年12月1日，甲公司与他人签订《房屋租赁合同》，以公司名义对外出租房屋、收取租金。此外，甲公司在申请复议前，已向税务机关缴纳了普地税稽处〔2017〕4号《税务处理决定书》和普地税稽罚〔2017〕2号《税务行政处罚决定书》确定的税款、滞纳金和罚款。

二审法院认为，本案焦点问题为：第一，甲公司是不是房产税的纳税义务人；第二，地税局的复议决定是否合法。

1. 关于房产税纳税主体。该焦点问题属于上诉人与被上诉人之间的争议，产生争议的主要原因是上诉人、被上诉人对《房产税暂行条例》第2条第1款的理解各不相同，该条款规定："房产税由产权所有人缴纳。产权属于全民所有的，由经营管理的单位缴纳。产权出典的，由承典人缴纳。产权所有人、承典人不在房产所在地的，或者产权未确定及租典纠纷未解决的，由房产代管人或者使用人缴纳。"上诉人甲公司认为，房产税的纳税义务人是产权所有人，涉案房产项目的建设批文、平原一组出具的证明、不动产登记中心出具的不予受理告知书等证据，均证明涉案房产的所有权属于平原一组。且甲公司与平原一组签订的土地入股经营合同虽名为入股经营，但实为租赁合同，在40年的租赁期内，甲公司虽然对涉案房产享有使用权，但是这种使用权不是物权意义上的使用权，故甲公司不是房产税的纳税义务人。被上诉人稽查局、地税局认为，甲公司投资、建设、占有、使用、出租涉案房产，在房产未办理产权登记的情况下，理应由房产使用人缴纳房产税，故甲公司是本案适格的纳税义务人。二审法院认为，房屋的产权指房屋的所有权。根据《物权法》第9条第1款的规定，不动产物权的设立、变更、转让和消灭，经依法登记，发生效力。在平原一组与甲公司签订的合同中，虽然含有平原一组保留对涉案房屋的所有权等意思表示，但是由于没有办理房产登记，这一约定仅停留在合同层面的权利之上，没有变成物权意义上的不动产所有权，因此平原一组不能成为《房产税暂行条例》第2条中规定的"产权所有人"。另外参照《国家税务总局关于房屋产权未确定如何征收房产税问题的批复》（大地税一转〔1999〕第16号）中的规定：对于房屋开发公司售出的房屋，不再在其会计账簿中记载及核算，而购买该房屋的单位未取得产权的，可按产权未确定，由使用人缴纳房产税。故税务机关确定房产税纳税义务人，在房屋没有产权证的情况下，一般按"产权未确定"处理，由"使用人缴纳房产税"。据此，稽查局认定涉案房屋没有产权证，属于产权未确定的意见，于法有据。结合甲公司实际经营管理涉案房产，以公司名义对外出租房屋、收取租金等案件事实，税务机关按其收取租金的一定比例征收税款，有相应的事实依据。综前所述，甲公司关于其不是房产税纳税义务人的主张，法院不予支持。稽查局、地税局关于甲公司是房产税纳税义务人的辩称意见，法院予以支持。

2. 关于复议决定。《行政诉讼法》第1条规定，人民法院审理行政案件，有权监督行政机关依法行使职权；第87条规定，人民法院审理上诉案件，应当对原审人民法院的判决、裁定和被诉行政行为进行全面审查。二审法院在审理本案中发现：稽查局对甲公司分别作出了《税务处理决定书》和《税务行政处罚决定书》；甲公司向地税局提交了一份《复议申请》，其中包含对处理决定和处罚决定不服的内容；地税局将甲公司的申请作为一个复议案件审理，并在一个复议决定中同时维持稽查局的处理决定和处罚决定。对此，地税局认为：复议系依申请的行为，甲公司仅提出一个申请，复议机关可以将其作为一个案件受理，相关法律没有禁止性规定，而且复议过程充分保障了甲公司的权利；稽查局对甲公司的同一违法事实作出了两个决定，复议时将其作为一个复议案件处理符合及时、便民的复议原则。二审法院认为，按照行政复议"一事一申请"的原则，行政相对人对一个行政行为不服，可以向行政复议机关提出一次复议申请；一份行政复议申请，针对一个行政行为。税务行政复议程序虽然因申请人的申请而启动，但是根据《税务行政复议规则》第45条的规定，行政复议机关对复议申请仍负有审查职责。据此，稽查局作出两个不同行政行为，甲公司均不服但仅提出一份复议申请时，作为复议机关地税局应当依法对复议申请进行释明、审查，并指导甲公司出具两份复议申请，按两个复议案件受理，然后根据行政复议便民原则，合并复议，分别决定。综前所述，二审法院确认地税局的复议程序违法，又因复议决定对甲公司的权利不产生实际影响，依照《行政诉讼法》第74条第1款第2项、《最高人民法院关于适用〈中华人民共和国行政诉讼法〉的解释》第96条第1款第3项的规定，在依法确认复议决定违法的同时，可以不撤销复议决定。地税局与之不同的辩称意见，没有法律、法理依据，法院不予支持。另地税局的被诉复议决定虽然援引《行政复议法》第28条和《税务行政复议规则》第75条作为法律依据，但是该两条规定分别由不同的款项组成，不同的款项又分别对复议维持、责令履行、撤销原行政行为、变更原行政行为等不同情形作出了不同的规定，而复议机关未明确具体适用的款项，构成法律适用不当。综合考虑本案案情，二审法院将其确认为瑕疵问题，不影响复议决定内容。

综上所述，一审法院查明事实基本清楚，认定稽查局处理决定合法正确，但认定复议程序合法缺乏相关法律依据，依法予以改判。

2018 年 4 月 9 日，普洱市中级人民法院依照《行政诉讼法》第 89 条第 1 款 2 项、第 3 款，《最高人民法院关于适用〈中华人民共和国行政诉讼法〉的解释》第 136 条第 1 款、第 5 款的规定，判决撤销普洱市思茅区人民法院（2017）云 0802 行初 30 号行政判决；确认被上诉人云南省普洱市地方税务局作出的普地税行复决字［2017］第 1 号《行政复议决定书》违法；驳回上诉人普洱市甲商贸有限公司关于撤销被上诉人云南省普洱市地方税务局稽查局作出的普地税稽处［2017］4 号《税务处理决定书》，以及退还已交房产税 20.98 万元、滞纳金 8.06 万元的诉讼请求。一、二审案件受理费各 50 元，由上诉人普洱市甲商贸有限公司承担。

【争议焦点】

1. 本案中甲公司是否属于房产税的纳税人？
2. 本案中复议机关的复议程序是否合法？

【案例点评】

1. 判断房产税纳税人的前提是判断本案房产的产权人。虽然《物权法》第 6 条规定，不动产物权的设立、变更、转让和消灭，应当依照法律规定登记。但在实际生活中，不动产物权未登记的情形非常多，但这并不代表所有未登记产权的物权都属于"产权未确定"的物权。本案即是如此。本案所涉及的房产，其产权归属是确定的，只是没有进行物权登记，未确定物权证明。本案税务机关以及法院均将"未确定"等同于"未登记"，这是值得商榷的。如果在本案产权是确定的前提之下来讨论问题，本案房产税的纳税人也就很清楚了。甲公司并不拥有涉案房产的产权，不是房产税的纳税人。相关当事人可以通过合同约定由甲公司承担房产税，在没有明确约定时，应当由产权人即平原一组承担房产税。

2. 税务处理决定与税务处罚决定的确是两个具体行政行为，但也可以被视为一个整体的具体行政行为，因为二者所针对的违法事实是相同的，在实践中，税务处理决定与税务处罚决定也经常形影不离。在纳税人将税务处理决定与税务处罚决定视为一个具体行政行为并申请复议时，复议机关也将其作为一个具体行政行为予以处理并不违反《行政复议法》的具体规定和基本原则。

第二节　车辆购置税法经典案例

相关法律制度

一、车辆购置税相关法律制度

根据《车辆购置税暂行条例》（已经失效）第 7 条的规定，国家税务总局参照应税车辆市场平均交易价格，规定不同类型应税车辆的最低计税价格。纳税人购买自用或者进口自用应税车辆，申报的计税价格低于同类型应税车辆的最低计税价格，又无正当理由的，按照最低计税价格征收车辆购置税。

根据《车辆购置税法》第 7 条的规定，纳税人申报的应税车辆计税价格明显偏低，又无正当理由的，由税务机关依照《税收征收管理法》的规定核定其应纳税额。

根据《车辆购置税征收管理办法》（国家税务总局令第 44 号，已经失效）第 9 条的规定，车辆购置税计税价格按照以下情形确定：①纳税人购买自用的应税车辆，计税价格为纳税人购买应税车辆而支付给销售者的全部价款和价外费用，不包含增值税税款。②纳税人进口自用的应税车辆：计税价格=关税完税价格+关税+消费税。③纳税人购买自用或者进口自用应税车辆，申报的计税价格低于同类型应税车辆的最低计税价格，又无正当理由的，计税价格为国家税务总局核定的最低计税价格。④纳税人自产、受赠、获奖或者以其他方式取得并自用的应税车辆的计税价格，主管税务机关参照国家税务总局规定的最低计税价格核定。⑤国家税务总局未核定最低计税价格的车辆，计税价格为纳税人提供的有效价格证明注明的价格。有效价格证明注明的价格明显偏低的，主管税务机关有权核定应税车辆的计税价格。⑥进口旧车、因不可抗力因素导致受损的车辆、库存超过 3 年的车辆、行驶 8 万公里以上的试验车辆、国家税务总局规定的其他车辆，计税价格为纳税人提供的有效价格证明注明的价格。纳税人无法提供车辆有效价格证明的，主管税务机关有权核定应税车辆的计税价格。⑦免税条件消失的车辆，自初次办理纳税申报之日起，使用年限未满 10 年的，计税价格以免税车辆初次办理纳税申报时确定的计税价格为基准，每满 1 年扣减 10%；未满 1 年的，计税价格为免税车辆的原计税价格；使用年限 10 年（含）以上的，计税价格为 0。

根据《车辆购置税征收管理办法》第 12 条的规定，纳税人购买自用或者进口自用的应税车辆，申报的计税价格低于同类型应税车辆的最低计税价格，又无正当理由的，是指除该办法第 9 条第 6 项规定车辆之外的情形。

二、税收征收管理相关法律制度

根据《税收征收管理法》第 3 条的规定，税收的开征、停征以及减税、免税、退税、补税，依照法律的规定执行；法律授权国务院规定的，依照国务院制定的行政法规的规定执行。任何机关、单位和个人不得违反法律、行政法规的规定，擅自作出税收开征、停征以及减税、免税、退税、补税和其他同税收法律、行政法规相抵触的决定。

根据《税收征收管理法》第 5 条的规定，国务院税务主管部门主管全国税收征收管理工作。各地国家税务局和地方税务局应当按照国务院规定的税收征收管理范围分别进行征收管理。地方各级人民政府应当依法加强对本行政区域内税收征收管理工作的领导或者协调，支持税务机关依法执行职务，依照法定税率计算税额，依法征收税款。各有关部门和单位应当支持、协助税务机关依法执行职务。税务机关依法执行职务，任何单位和个人不得阻挠。

根据《税收征收管理法》第 14 条的规定，该法所称税务机关是指各级税务局、税务分局、税务所和按照国务院规定设立的并向社会公告的税务机构。

三、行政复议相关法律制度

根据《行政复议法》第 12 条的规定，对县级以上地方各级人民政府工作部门的具体行政行为不服的，由申请人选择，可以向该部门的本级人民政府申请行政复议，也可以向上一级主管部门申请行政复议。对海关、金融、国税、外汇管理等实行垂直领导的行政机关和国家安全机关的具体行政行为不服的，向上一级主管部门申请行政复议。

根据《行政复议法》第 28 条的规定，行政复议机关负责法制工作的机构应当对被申请人作出的具体行政行为进行审查，提出意见，经行政复议机关的负责人同意或者集体讨论通过后，按照下列规定作出行政复议决定：

（1）具体行政行为认定事实清楚，证据确凿，适用依据正确，程序合法，内容适当的，决定维持。

（2）被申请人不履行法定职责的，决定其在一定期限内履行。

（3）具体行政行为有下列情形之一的，决定撤销、变更或者确认该具体行政行为违法；决定撤销或者确认该具体行政行为违法的，可以责令被申请人在一定期限内重新作出具体行政行为：①主要事实不清、证据不足的；②适用依据错误的；③违反法定程序的；④超越或者滥用职权的；⑤具体行政行为明显不当的。

（4）被申请人不按照《行政复议法》第 23 条的规定提出书面答复、提交当初作出具体行政行为的证据、依据和其他有关材料的，视为该具体行政行为没有证据、依据，决定撤销该具体行政行为。

行政复议机关责令被申请人重新作出具体行政行为的，被申请人不得以同一的事实和理由作出与原具体行政行为相同或者基本相同的具体行政行为。

根据《税务行政复议规则》第 19 条的规定，对下列税务机关的具体行政行为不服的，按照下列规定申请行政复议：①对两个以上税务机关以共同的名义作出的具体行政行为不服的，向共同上一级税务机关申请行政复议；对税务机关与其他行政机关以共同的名义作出的具体行政行为不服的，向其共同上一级行政机关申请行政复议。②对被撤销的税务机关在撤销以前所作出的具体行政行为不服的，向继续行使其职权的税务机关的上一级税务机关申请行政复议。③对税务机关作出逾期不缴纳罚款加处罚款的决定不服的，向作出行政处罚决定的税务机关申请行政复议。但是对已处罚款和加处罚款都不服的，一并向作出行政处罚决定的税务机关的上一级税务机关申请行政复议。申请人向具体行政行为发生地的县级地方人民政府提交行政复议申请的，由接受申请的县级地方人民政府依照《行政复议法》第 15 条、第 18 条的规定予以转送。

根据《税务行政复议规则》第 75 条的规定，行政复议机构应当对被申请人的具体行政行为提出审查意见，经行政复议机关负责人批准，按照下列规定作出行政复议决定：

（1）具体行政行为认定事实清楚，证据确凿，适用依据正确，程序合法，内容适当的，决定维持。

（2）被申请人不履行法定职责的，决定其在一定期限内履行。

（3）具体行政行为有下列情形之一的，决定撤销、变更或者确认该具体行政行为违法；决定撤销或者确认该具体行政行为违法的，可以责令被申请人在一定期限内重新作出具体行政行为：①主要事实不清、证据不足的；②适用依据错误的；③违反法定程序的；④超越职权或者滥用职权的；⑤具体行政行为明显不当的。

（4）被申请人不按照该规则第 62 条的规定提出书面答复，提交当初作出具体行政行为的证据、依据和其他有关材料的，视为该具体行政行为没有证据、依据，决定撤销该具体行政行为。

四、行政诉讼相关法律制度

根据《行政诉讼法》第 34 条的规定，被告对作出的行政行为负有举证责任，应当提供作出该行政行为的证据和所依据的规范性文件。被告不提供或者无正当理由逾期提供证据，视为没有相应证据。但是，被诉行政行为涉及第三人合法权益，第三人提供证据的除外。

根据《行政诉讼法》第 37 条的规定，原告可以提供证明行政行为违法的证据。原告提供的证据不成立的，不免除被告的举证责任。

根据《行政诉讼法》第 69 条的规定，行政行为证据确凿，适用法律、法规正确，符合法定程序的，或者原告申请被告履行法定职责或者给付义务理由不成立的，人民法院判决驳回原告的诉讼请求。

根据《行政诉讼法》第 79 条的规定，复议机关与作出原行政行为的行政机关为共同被告的案件，人民法院应当对复议决定和原行政行为一并作出裁判。

根据《行政诉讼法》第 89 条的规定，人民法院审理上诉案件，按照下列情形，分别处理：①原判决、裁定认定事实清楚，适用法律、法规正确的，判决或者裁定驳回上诉，维持原判决、裁定；②原判决、裁定认定事实错误或者适用法律、法规错误的，依法改判、撤销或者变更；③原判决认定基本事实不清、证据不足的，发回原审人民法院重审，或者查清事实后改判；④原判决遗漏当事人或者违法缺席判决等严重违反法定程序的，裁定撤销原判决，发回原审人民法院重审。原审人民法院对发回重审的案件作出判决后，当事人提起上诉的，第二审人民法院不得再次发回重审。人民法院审理上诉案件，需要改变原审判决的，应当同时对被诉行政行为作出判决。

根据《行政诉讼法》第 91 条的规定，当事人的申请符合下列情形之一的，人民法院应当再审：①不予立案或者驳回起诉确有错误的；②有新的证据，足以推翻原判决、裁定的；③原判决、裁定认定事实的主要证据不足、未经质证或者系伪造的；④原判决、裁定适用法律、法规确有错误的；⑤违反法律规定的诉讼程序，可能影响公正审判的；⑥原判决、裁定遗漏诉讼请求的；⑦据以作出原判决、裁定的法律文书被撤销或者变更的；⑧审判人员在审理该案件时有贪污受贿、徇私舞弊、枉法裁判行为的。

根据《行政诉讼法》第 92 条的规定，各级人民法院院长对本院已经发生法律效力的判决、裁定，发现有该法第 91 条规定情形之一，或者发现调解违反自愿原则或者调解书内容违法，认为需要再审的，应当提交审判委员会讨论决定。最高人民法院对地方各级人民法院已经发生法律效力的判决、裁定，上级人民法院对下级人民法院已经发生法律效力的判决、裁定，发现有该法第 91 条规定情形之一，或者发现调解违反自愿原则或者调解书内容违法的，有权提审或者指令下级人民法院再审。

根据《最高人民法院关于执行〈中华人民共和国行政诉讼法〉若干问题的解释》（法释［2000］8 号，已经失效）第 10 条的规定，当事人提出管辖异议，应当在接到人民法院应诉通知之日起 10 日内以书面形式提出。对当事人提出的管辖异议，人民法院应当进行审查。异议成立的，裁定将案件移送有管辖权的人民法院；异议不成立的，裁定驳回。

根据《最高人民法院关于执行〈中华人民共和国行政诉讼法〉若干问题的解释》第70条的规定，第二审人民法院审理上诉案件，需要改变原审判决的，应当同时对被诉具体行政行为作出判决。

根据《最高人民法院关于执行〈中华人民共和国行政诉讼法〉若干问题的解释》第74条的规定，人民法院接到当事人的再审申请后，经审查，符合再审条件的，应当立案并及时通知各方当事人；不符合再审条件的，予以驳回。

根据《最高人民法院关于执行〈中华人民共和国行政诉讼法〉若干问题的解释》第77条的规定，按照审判监督程序决定再审的案件，应当裁定中止原判决的执行；裁定由院长署名，加盖人民法院印章。上级人民法院决定提审或者指令下级人民法院再审的，应当作出裁定，裁定应当写明中止原判决的执行；情况紧急的，可以将中止执行的裁定口头通知负责执行的人民法院或者作出生效判决、裁定的人民法院，但应当在口头通知后10日内发出裁定书。

相关经典案例

【案例名称】　　　　　　　　车辆购置税纠纷案

案例来源：四川省高级人民法院（2017）川行再25号行政判决书。

【基本事实与各方观点】

成都市国家税务局车辆购置税征收管理分局（以下简称车购税分局）和四川省成都市国家税务局（以下简称市国税局）因阮某诉其税务行政征收及行政复议一案，不服四川省成都市中级人民法院（2016）川01行终589号行政判决，向四川省高级人民法院申请再审。该院以（2017）川行申581号行政裁定，提审本案。

被诉行政行为：2015年11月3日，市国税局作出成国税复决字［2015］第1号《行政复议决定书》，决定维持车购税分局作出的按照最低计税价格对申请人购买车辆征收车辆购置税的行政行为。

一审法院经审理查明，2015年9月1日，原告阮某向被告车购税分局递交《车辆购置税申报表》，为其购买的车辆（车型为奥迪Q7 3.0 TFSI quattro）申报缴纳车辆购置税。原告申报时，向被告车购税分局提交了其身份证复印件、车辆销售合同、货物进口证明书、车辆购置税征管系统专用进口车辆电子信息、机动车销售统一发票（报税联）等申报材料。销售商开具的销售发票载明该车的购买价格为64万元，不含增值税价为54.7万元。被告车购税分局审查了原告提交的申报材料，经车辆购置税征管系统扫描匹配，显示由国家税务总局核定的最低计税价格为101.5万元，且认为原告提供的申报材料并不符合《车辆购置税征收管理办法》第9条第6项所列情形，遂于当日核定原告车辆购置税按最低计税价格应缴纳税额为 10.15 万元（税率为 10%）。原告已按该计税核定向被告车购税分局缴纳了税款 10.15 万元，并取得了《车辆购置税完税证明》。

原告不服被告车购税分局作出的按照最低计税价格对原告征收车辆购置税的行政行为，于 2015 年 9 月 6 日向被告市国税局申请行政复议。被告市国税局于同月 9 日受理后，向原告送达了《行政复议受理通知书》，向被告车购税分局送达了《行政复议答复通知书》。被告车购税分局向市国税局提交了《行政复议书面答辩状》及作出原行政行为的证据材料。2015 年 11 月 3 日，被告市国税局作出成国税复决字〔2015〕第 1 号《行政复议决定书》，认为根据《车辆购置税征收管理办法》（国家税务总局令第 33 号）第 9 条第 3 项、第 6 项及第 12 条的规定，由于原告所购车辆进行申报的计税价格低于同类型应税车辆的最低计税价格，且该车辆的客观情况不在"进口旧车、因不可抗力因素导致受损的车辆、库存超过 3 年的车辆、行驶 8 万公里以上的试验车辆、国家税务总局规定的其他车辆"范围之内，应当按照国家税务总局规定的该款车型最低计税价格征收车辆购置税。因而，车购税分局作出的行政行为符合规定。根据《行政复议法》第 28 条第 1 款第 1 项、《税务行政复议规则》第 75 条第 1 项的规定，决定维持车购税分局作出的行政行为。被告市国税局于同月 5 日向原告及被告车购税分局送达了该行政复议决定书。

一审法院审理认为，根据《税收征收管理法》第 5 条、第 14 条，以及《国家税务总局关于印发成都市国家税务局主要职责机构设置和人员编制规定的通知》（国税发〔2009〕53 号）中有关机构设置"车辆购置税征收管理分局负责车辆购置税的征收管理工作"的规定。原告对其购买的车辆向被告车购税分局申报缴纳车辆购置税，被告车购税分局有核定计税价格及征收税款的行政职权。原告对被告车购税分局作出的按照最低计税价格对原告购买的车辆征收车辆购置税的行政行为不服，向被告市国税局申请行政复议，根据《行政复议法》第 12 条并参照《税务行政复议规则》第 19 条第 2 项的规定，被告市国税局作为车购税分局的上一级行政主管部门，具有审查原告以车购税分局为被申请人向其提出的行政复议申请，并决定是否受理及作出行政复议决定的行政职权。

被告车购税分局对原告申报车辆购置税进行了审核，因原告提供的申报计税价格低于同类型应税车辆的最低计税价格，且原告提供的申报资料反映，原告并无正当理由按其所要求的计税价格计收税款，因此，被告车购税分局按国家税务总局核定的最低计税价格决定向原告征收税款 10.15 万元，认定基本事实清楚，符合《车辆购置税暂行条例》第 7 条、《车辆购置税征收管理办法》第 9 条第 3 项、第 6 项及第 12 条的规定，且被告车购税分局收到原告的申报申请后及时作出了征税决定，程序合法。被告市国税局对原告提出的行政复议申请，在法定期限内予以受理并作出行政复议决定，维持被告车购税分局对原告申报的车辆购置税征收行为，认定事实清楚，适用法律正确，复议程序合法。

原告提出其所购车辆系属于库存旧款车型，且该车已有行驶里程并存在外观方面的瑕疵，应以车辆实际交易价格作为计税价。因该车即便是库存，但并未超过3年，且行驶里程也未在8万公里以上，而原告提供的申报材料中也不能证明其车辆因不可抗力导致受损，因此，原告提出的上述理由并不符合《车辆购置税征收管理办法》第9条第6项规定的情形。原告认为其申报的计税价格低于同类型应税车辆的最低计税价格属有正当理由，应当以其申报价格计税的主张，根据《税收征收管理法》第3条"税收的开征、停征以及减税、免税、退税、补税，依照法律的规定执行；法律授权国务院规定的，依照国务院制定的行政法规的规定执行。任何机关、单位和个人不得违反法律、行政法规的规定，擅自作出税收开征、停征以及减税、免税、退税、补税和其他同税收法律、行政法规相抵触的决定"的规定，《车辆购置税暂行条例》第7条第2款为限制性条款，即在原告主张正当理由没有法律规定或者授权的法规规定的情况下，被告无权作出减税等决定，故原告的主张不能成立，对原告提出的本案诉讼请求，法院不予支持。依照《行政诉讼法》第69条、第79条之规定，判决驳回原告阮某的诉讼请求。

阮某不服上诉称，车购税分局对《车辆购置税暂行条例》及《车辆购置税征收管理办法》理解有误且适用条款不当，市国税局经行政复议维持了车购税分局的行政行为错误。上诉人所购车辆虽然低于最低计税价格，但车辆系库存、换代车辆，且车辆有破损等瑕疵，所支付的价格是合理的市场价格，应以不包含增值税税款的全部价款54.7万元作为计税价格，上诉人应当缴纳的车辆购置税为5.47万元，一审判决错误，请求撤销一审判决。

二审法院查明的案件事实与一审一致，且当事人对案件事实无争议。

二审法院认为，根据《税收征收管理法》第5条、第14条，以及《国家税务总局关于印发成都市国家税务局主要职责机构设置和人员编制规定的通知》中有关机构设置的规定，被上诉人车购税分局对上诉人阮某申报缴纳车辆购置税的申请，具有核定计税价格及征收税款的行政职权。原告对被告车购税分局作出的按照最低计税价格对其购买的车辆征收车辆购置税的行政行为不服，向被告市国税局申请行政复议。根据《行政复议法》第12条并参照《税务行政复议规则》第19条第2项的规定，被告市国税局作为车购税分局的上一级行政主管部门，具有审查原告以车购税分局为被申请人向其提出的行政复议申请，并决定是否受理及作出行政复议决定的行政职权。

本案争议的焦点问题是，被上诉人车购税分局核定的上诉人阮某所购车辆的应纳税额是否适当，即上诉人阮某所购买的车辆是否属于应当低于国家税务总局核定的最低计税标准计税的情形。

围绕本案的焦点问题，法院着重查明了以下事项：

1. 《车辆购置税征收管理办法》（2014 年版，本案例中剩余部分不做特别说明的均指此版本）第 9 条第 3 项、第 6 项及第 12 条的规定的法律理解与适用的问题。《车辆购置税征收管理办法》第 9 条第 3 项、第 6 项系并列条款，加之《车辆购置税征收管理办法》第 12 条明确规定"纳税人购买自用或者进口自用的应税车辆，申报的计税价格低于同类型应税车辆的最低计税价格，又无正当理由的，是指除本办法第 9 条第 6 项规定车辆之外的情形"，该条文未规定"……又无正当理由，是指本办法第 9 条第 6 项规定车辆的情形"，该条款系除外条款，故除该办法第 9 条第 6 项规定车辆的情形之外，可能存在其他情形，可能构成正当理由，即适用该办法第 9 条第 3 项之规定，纳税人购买自用或者进口自用的应税车辆，申报的计税价格低于同类型应税车辆的最低计税价格的，不符合前述办法第 9 条第 6 项规定车辆的情形，仍具有"正当理由"，不应当以国家税务总局核定的最低计税价格计税。被上诉人提出"《车辆购置税征收管理办法》第 9 条第 3 项规定的正当理由即该条第 6 项规定之内的情形"，与前述法律规定不符，不予采纳。

2. 关于上诉人阮某提出其所购车辆属于库存旧款车型，且该车已有行驶里程并存在外观方面的瑕疵，被上诉人车购税分局审查认为其不符合正当理由的合法性审查。《行政诉讼法》第 34 条规定，"被告对作出的行政行为负有举证责任，应当提供作出该行政行为的证据和所依据的规范性文件。被告不提供或者无正当理由逾期提供证据，视为没有相应证据"。同时，该法第 37 条规定，"原告可以提供证明行政行为违法的证据。原告提供的证据不成立的，不免除被告的举证责任"。本案中，阮某提出其所购车辆属于库存旧款车型，且该车已有行驶里程并存在外观方面的瑕疵并提交相应证据，符合《车辆购置税征收管理办法》第 9 条第 3 项正当理由的情形，据此，车购税分局应当提供相应证据，证明阮某提出其所购车辆存在的情形不属于正当理由或者第 9 条第 6 项规定的"国家税务总局规定的其他车辆"的情形。

税收制度是国家基本制度。根据《税收征收管理法》第 3 条"税收的开征、停征以及减税、免税、退税、补税，依照法律的规定执行；法律授权国务院规定的，依照国务院制定的行政法规的规定执行。任何机关、单位和个人不得违反法律、行政法规的规定，擅自作出税收开征、停征以及减税、免税、退税、补税和其他同税收法律、行政法规相抵触的决定"的规定，因《车辆购置税征收管理办法》第 9 条第 3 项未明确规定正当理由的具体情形，故车购税分局无权擅自认定阮某提出其所购车辆存在的情形是否属于正当理由或者"国家税务总局规定的其他车辆"的情形。但由此并不能免除车购税分局对于认定阮某提出其所购车辆存在的情形不属于正当理由应当承担的举证责任。本案中，车购税分局可以通过逐级请示的方式，由国家税务总局或其他有权机关对于涉案车辆情形是否属于正当理由作出认定。本案中车购税分局未提供证据证明涉案车辆情形不属于正当理由或者"国家税务总局规定的其他车辆"的情形，应当承担举证不力的法律后果。故车购税分局不予认定阮某提出其所购车辆存在的情形属于正当理由，按照国家税务总局核定的最低计税价格征收车辆购置税，不具有合法性，依法应予撤销。

根据《行政诉讼法》第 79 条、《最高人民法院关于适用〈中华人民共和国行政诉讼法〉若干问题的解释》第 10 条之规定，原行政行为被撤销的，复议机关作出的维持原行政行为的复议决定，依法应予一并撤销，故被上诉人市国税局作出的成国税复决字［2015］第 1 号行政复议决定，依法应予撤销。

综上，上诉人阮某的上诉主张部分成立，法院予以支持，一审判决事实清楚，但适用法律部分错误，导致判决结果部分有误，法院予以纠正。

依照《行政诉讼法》第 89 条第 1 款第 2 项、《最高人民法院关于执行〈中华人民共和国行政诉讼法〉若干问题的解释》第 70 条的规定，判决如下：撤销成都市青羊区人民法院（2015）青羊行初字第 179 号行政判决；撤销四川省成都市国家税务局车辆购置税征收管理分局对阮某申报的车辆购置税按最低计税价格予以征收车辆购置税 10.15 万元的行为；撤销四川省成都市国家税务局作出的成国税复决字［2015］第 1 号行政复议决定；责令四川省成都市国家税务局车辆购置税征收管理分局对阮某因申报的车辆购置税重新进行核定；驳回阮某的其他诉讼请求。

市国税局和车购税分局不服四川省成都市中级人民法院（2016）川 01 行终589 号行政判决，认为申请人已经在一审中提交作出征税行为的证据和所依据适用的法律法规的文件，且目前国家税务总局尚未对《车辆购置税征收管理办法》第 9 条第 6 项中的"国家税务总局规定的其他车辆"作出明确、具体的规定，二审判决适用法律错误。请求四川省高级人民法院依法撤销二审判决，对本案进行再审。

四川省高级人民法院立卷审查认为，车购税分局和市国税局的再审申请符合《行政诉讼法》第 91 条规定的情形。依照《行政诉讼法》第 92 条第 2 款和《最高人民法院关于执行〈中华人民共和国行政诉讼法〉若干问题的解释》第 74 条和第 77 条第 2 款之规定，裁定本案由该院提审；再审期间，中止原判决的执行。

四川省高级人民法院认为，车购税分局对阮某申报车辆购置税进行了审定，阮某提供的申报计税价格低于同类型应税车辆的最低计税价格，且阮某提供的申报资料反映，阮某并无正当理由按其所要求的计税价格计收税款，因此，车购税分局按国家税务总局核定的最低计税价格决定向阮某征收税款 10.15 万元，认定事实清楚，符合《车辆购置税暂行条例》第 7 条、《车辆购置税征收管理办法》第 9 条第 3 项、第 6 项及第 12 条的规定，且车购税分局收到阮某的申报申请后及时作出了征税决定，程序合法。市国税局对阮某提出的行政复议申请，在法定期限内予以受理并作出行政复议决定，维持车购税分局对原告申报的车辆购置税征收行为，认定事实清楚，适用法律正确，复议程序合法。

阮某提出其所购车辆属于库存旧款车型，且该车已有行驶里程并存在外观方面的瑕疵，应以车辆实际交易价格作为计税价。因该车即便是库存，但并未超过 3 年，且行驶里程也未在 8 万公里以上，而阮某提供的申报材料中也不能证明其车辆因不可抗力导致受损，因此，阮某提出的上述理由并不符合《车辆购置税征收管理办法》第 9 条第 6 项规定的情形。阮某认为其申报的计税价格低于同类型应税车辆的最低计税价格属有正当理由，应当以其申报价格计税的主张，根据《税收征收管理法》第 3 条和《车辆购置税暂行条例》第 7 条第 2 款相关规定，即在阮某主张正当理由没有法律规定或者授权的法规规定的情况下，车购税分局无权作出减税等决定，故阮某的主张不能成立。

二审法院对车购税分局对阮某申报的车辆购置税决定按最低计税价格予以征收车辆购置税 10.15 万元的行为，以及市国税局作出的成国税复决字［2015］第 1 号行政复议决定予以撤销，属适用法律不当，应予纠正。车购税分局和市国税局申请再审的理由成立。

2018 年 3 月 19 日，四川省高级人民法院依照《行政诉讼法》第 69 条、第 79 条、第 89 条第 1 款第 1 项之规定，判决撤销四川省成都市中级人民法院（2016）川 01 行终 589 号行政判决；撤销成都市青羊区人民法院（2015）青羊行初字第 179 号行政判决；撤销四川省成都市国家税务局车辆购置税征收管理分局对阮某申报的车辆购置税按最低计税价格予以征收车辆购置税 10.15 万元的行为；撤销四川省成都市国家税务局作出的成国税复决字［2015］第 1 号行政复议决定；责令四川省成都市国家税务局车辆购置税征收管理分局对阮某因申报的车辆购置税重新进行核定；驳回阮某的其他诉讼请求。维持成都市青羊区人民法院（2015）青羊行初字第 179 号行政判决：判决驳回原告阮某的诉讼请求。本案一、二审案件受理费各 50 元，合计 100 元，由被申请人阮某负担。

【争议焦点】

1. 本案阮某提供的理由是否属于正当理由？

2. 《车辆购置税征收管理办法》有关最低计税价格的规定是否合法？

【案例点评】

1. 为防止纳税人避税，《车辆购置税暂行条例》第 7 条规定了最低计税价格制度。这一制度的例外规定是，如果纳税人有"正当理由"，可以不执行最低计税价格制度。由于国家税务总局并未就"正当理由"进行全面解释，因此，应结合该制度的立法精神予以全面考察。最低计税价格制度是一种反避税制度，目的在于纳税人通过合谋低价规避车辆购置税的纳税义务。如果纳税人之间并不存在避税的嫌疑，在正常低价促销以及车辆存在一定瑕疵的情形下，适当降低车辆的销售价格，应当认为属于"正当理由"。本案中的税务机关以及部分法院过于机械地理解和执行相关规定，不利于推动车辆购置税最低计税价格制度的完善。

2. 2018 年 12 月 29 日第十三届全国人民代表大会常务委员会第七次会议通过的《车辆购置税法》取消了由国家税务总局制定每种类型车辆的最低计税价格的制度，而是规定："纳税人申报的应税车辆计税价格明显偏低，又无正当理由的，由税务机关依照《税收征收管理法》的规定核定其应纳税额。"这一改变从一个侧面表明了之前长期存在的最低计税价格制度在合法性上存在一定的欠缺与不足。最低计税价格制度的存在相当于事先假定纳税人一定会避税，而实务中，车辆购置税的最低计税价格经常高于市场销售价格也使得这一制度在性质上有所偏离，不符合税法的精神与宗旨。未来，纳税人缴纳车辆购置税原则上应按实际交易价格作为计税依据，只有出现"明显偏低"的情形时，税务机关才能要求纳税人出示"正当理由"的依据，且在其无"正当理由"时才能按照正常市场价格核定其应纳税额。

第六章

税收征收管理法经典案例

第一节 纳税担保制度

相关法律制度

一、税收征收管理相关法律制度

根据《税收征收管理法》第 40 条的规定，从事生产、经营的纳税人、扣缴义务人未按照规定的期限缴纳或者解缴税款，纳税担保人未按照规定的期限缴纳所担保的税款，由税务机关责令限期缴纳，逾期仍未缴纳的，经县以上税务局（分局）局长批准，税务机关可以采取下列强制执行措施：①书面通知其开户银行或者其他金融机构从其存款中扣缴税款；②扣押、查封、依法拍卖或者变卖其价值相当于应纳税款的商品、货物或者其他财产，以拍卖或者变卖所得抵缴税款。税务机关采取强制执行措施时，对上述所列纳税人、扣缴义务人、纳税担保人未缴纳的滞纳金同时强制执行。个人及其所扶养家属维持生活必需的住房和用品，不在强制执行措施的范围之内。

二、行政复议相关法律制度

根据《税务行政复议规则（2015 年修正）》（国家税务总局令第 39 号，已被修正）第 19 条的规定，对下列税务机关的具体行政行为不服的，按照下列规定申请行政复议：①对计划单列市国家税务局的具体行政行为不服的，向国家税务总局申请行政复议；对计划单列市地方税务局的具体行政行为不服的，可以选择向省地方税务局或者本级人民政府申请行政复议。②对税务所（分局）、各级税务局的稽查局的具体行政行为不服的，向其所属税务局申请行政复议。③对两个以上税务机关共同作出的具体行政行为不服的，向共同上一级税务机关申请行政复议；对税务机关与其他行政机关共同作出的具体行政行为不服的，向其共同上一级行政机关申请行政复议。④对被撤销的税务机关在撤销以前所作出的具体行政行为不服的，向继续行使其职权的税务机关的上一级税务机关申请行政复议。⑤对税务机关作出逾期不缴纳罚款加处罚款的决定不服的，向作出行政处罚决定的税务机关申请行政复议。但是对已处罚款和加处罚款都不服的，一并向作出行政处罚决定的税务机关的上一级税务机关申请行政复议。有上述第二、三、四、五项所列情形之一的，申请人也可以向具体行政行为发生地的县级地方人民政府提交行政复议申请，由接受申请的县级地方人民政府依法转送。

根据《税务行政复议规则（2018 年修正）》第 19 条的规定，对下列税务机关的具体行政行为不服的，按照下列规定申请行政复议：①对两个以上税务机关以共同的名义作出的具体行政行为不服的，向共同上一级税务机关申请行政复议；对税务机关与其他行政机关以共同的名义作出的具体行政行为不服的，向其共同上一级行政机关申请行政复议。②对被撤销的税务机关在撤销以前所作出的具体行政行为不服的，向继续行使其职权的税务机关的上一级税务机关申请行政复议。③对税务机关作出逾期不缴纳罚款加处罚款的决定不服的，向作出行政处罚决定的税务机关申请行政复议。但是对已处罚款和加处罚款都不服的，一并向作出行政处罚决定的税务机关的上一级税务机关申请行政复议。申请人向具体行政行为发生地的县级地方人民政府提交行政复议申请的，由接受申请的县级地方人民政府依照《行政复议法》第 15 条、第 18 条的规定予以转送。

三、行政诉讼相关法律制度

根据《行政诉讼法》第 72 条的规定，人民法院经过审理，查明被告不履行法定职责的，判决被告在一定期限内履行。

根据《行政诉讼法》第 89 条的规定，人民法院审理上诉案件，按照下列情形，分别处理：①原判决、裁定认定事实清楚，适用法律、法规正确的，判决或者裁定驳回上诉，维持原判决、裁定；②原判决、裁定认定事实错误或者适用法律、法规错误的，依法改判、撤销或者变更；③原判决认定基本事实不清、证据不足的，发回原审人民法院重审，或者查清事实后改判；④原判决遗漏当事人或者违法缺席判决等严重违反法定程序的，裁定撤销原判决，发回原审人民法院重审。原审人民法院对发回重审的案件作出判决后，当事人提起上诉的，第二审人民法院不得再次发回重审。人民法院审理上诉案件，需要改变原审判决的，应当同时对被诉行政行为作出判决。

相关经典案例

【案例名称】　　　　纳税担保行政处罚纠纷案

案例来源：河南省郑州市中级人民法院（2018）豫 01 行终 430 号行政判决书。

【基本事实与各方观点】

上诉人国家税务总局郑州市税务局稽查局因纳税担保一案，郑州甲集团有限公司于 2015 年 12 月 2 日起诉至郑州市金水区人民法院，该院于 2016 年 11 月 24 日作出（2016）豫 0105 行初 8 号行政判决书。郑州甲集团有限公司不服上诉至郑州市中级人民法院，该院于 2017 年 9 月 25 日作出（2017）豫 01 行终 89 号行政裁定书，撤销原判，发回重审。郑州市金水区人民法院 2017 年 10 月 27 日重新立案后，于 2018 年 4 月 10 日作出（2017）豫 0105 行初 489 号行政判决，国家税务总局郑州市税务局稽查局不服，向郑州市中级人民法院提起上诉。该院受理后，依法组成合议庭，对本案进行了审理。

一审法院认定：2014 年 1 月 16 日至 7 月 11 日被告对原告 2012 年 1 月 1 日至 2013 年 12 月 31 日的涉税情况进行了检查。2015 年 6 月 8 日被告作出郑地税稽处〔2014〕60201 号《税务处理决定书》，认定原告存在未申报缴纳城镇土地使用税、企业所得税，决定：责令限期补缴 2012 年、2013 年城镇土地使用税、企业所得税合计 2 034 112.07 元，并从税款滞纳之日起至实际缴纳之日至按日加收滞纳税款 5‰的滞纳金；自收到决定书之日起 15 日内到主管税务机关征收大厅将上述款项及应加收的滞纳金缴纳入库；并按照规定进行相关账务调整；逾期未缴清的，将依照《税收征收管理法》第 40 条规定强制执行。原告若同被告在纳税上有争议，必须先依照该决定的期限缴纳税款及滞纳金或者提供相应的担保，然后可自上述款项缴清或者提供相应担保被税务机关确认之日起 60 日内依法向郑州市地方税务局申请行政复议，也可以依据《税务行政复议规则》（国家税务总局令第 21 号）第 19 条第 2 款"申请人也可以向具体行政行为发生地的县级地方人民政府提交行政复议申请，由接受申请的县级地方人民政府依法转送"的规定，申请行政复议。同日，被告还作出郑地税稽〔2014〕60201 号税务行政处罚决定书，以原告存在未申报缴纳城镇土地使用税、企业所得税共 2 034 112.07 元的 2.1 倍罚款 4 271 635.35 元。

上述行政文书于 2015 年 6 月 18 日送达原告。原告对《税务处理决定书》不服，于 2015 年 7 月 27 日向郑州市地方税务局提出行政复议申请，郑州市地方税务局于 2015 年 9 月 28 日作出行政复议决定，以原告未依照规定缴纳税款及滞纳金或提供纳税担保驳回其复议申请。除起诉书陈述的事实外，原告在审理过程中补充陈述：2015 年 6 月 30 日原告工作人员拿着给郑州市二七区地税局的担保函及相关材料到二七区地税局的办税大厅排号，经告知谁下的决定让找谁办理，原告改向被告书写担保函，时间仍落款为 2015 年 6 月 30 日，原告工作人员于 7 月 2 日或 3 日又到被告处申请办理纳税担保，没有找到承办人，也没有找到负责的吕局长，后来等见到吕局长时被告知已经超期。庭审中法院依职权要求被告提供其受理申请的相关登记，被告称该单位只有门卫室的来访登记簿，但时间长可能找不到了。至 2018 年 1 月 5 日被告向法院提供了 2015 年的来访登记簿，记载：7 月 24 日郑州甲集团 2 人找杨老师、8 月 5 日甲集团 3 人找吕局。原告认为被告没有在举证期限内提供该登记簿，并认为被告的门卫登记只有要找的工作人员在，保安才允许登记进入，不能印证原告方 7 月 2 日或 3 日没有来找过。被告称是先登记、后办事，不存在找不到人不让进的说法。

一审法院认为：能否办理纳税担保对行政相对人的行政复议救济权的行使起决定性作用，进而对税务处理决定能否接受行政复议及行政诉讼的审查以及对相对人的实体权益产生决定性影响，因而税务处理决定是否全面、明确告知相对人办理纳税担保的时间、地点、向谁申请、救济途径，均会直接影响相对人的纳税担保申请权能否得到及时准确行使。被告作出的税务处理决定中对办理纳税担保的申请在申请时限、地点、向谁申请等方面的告知内容不明确、文字上存在歧义，导致原告作为纳税主体未能及时办理纳税担保，并已经直接影响原告复议救济权利的行使。为依法保护行政相对人行使救济权利，被告应当对原告的纳税担保申请及所提供材料进行审查并作出处理。但本案原告既请求确认被告不为其办理纳税担保的行政行为违法，又请求判令被告限期为其办理纳税担保的有关手续，两项诉讼请求存在冲突，法院依法支持其部分请求。综上，依照《行政诉讼法》第 72 条的规定，判决如下：限被告河南省郑州市地方税务局稽查局在判决生效后法定期限内对原告郑州甲集团有限公司的纳税担保申请作出处理；驳回原告其他诉讼请求。受理费 50 元，由被告负担。

上诉人国家税务总局郑州市税务局稽查局上诉称：一审判决认定事实错误。上诉人作出的郑地税稽处（2014）60201 号《税务处理决定书》非常全面、准确、具体地告知了被上诉人申请纳税担保事项的时间、地点、向谁申请、救济途径及法律后果等重要内容，文字上不存在歧义。第一，该《税务处理决定书》完全符合国家税务总局国税函〔2008〕215 号的规定，一审判决认为告知内容不明确，文字上存在歧义没有依据。第二，该《税务处理决定书》明确告知了向谁提供纳税担保，明确告知被上诉人提供的纳税担保须经税务机关确认。这里所说的税务机关，自然系指上诉人。一审判决认为上诉人告知向谁提供担保不明确错误。第三，该《税务处理决定书》中明确告知："你单位若同我局在纳税上有争议"中的"我局"就是指上诉人。被上诉人称不知向谁申请不符合事实。第四，该《税务处理决定书》系上诉人出具的法律文书，文书上方显示"郑州市地方税务局稽查局"字样，落款加盖有上诉人公章。很显然文书中提到的税务机关，自然系指上诉人，告知非常清楚。一审判决认为上诉人告知不清楚没有事实根据。第五，该《税务处理决定书》明确告知了提交纳税担保时间、地点、救济途径：提供担保的时间是自收到该决定书之日起 15 日内，提供担保的地点即上诉人处，救济途径是 60 日内依法向郑州市地方税务局申请行政复议。一审判决认定上诉人告知不明确没有事实依据。第六，被上诉人一审提交的证据《纳税担保函》明确指向受函单位是"郑州市地方税务局稽查局"，被上诉人明知应到上诉人处办理纳税担保，但被上诉人不但在规定的期限内没有到上诉人处办理纳税担保，反而将不办理纳税担保的责任强加给上诉人。上诉人有充分的证据证明被上诉人在规定时间内没有到上诉人处办理纳税担保手续。在一审中，上诉人向法庭提交的 2015 年 6 月、7 月、8 月三个月的《来客登记簿》，完整无误地记录了自 2015 年 6 月 18 日被上诉人处收到《税务处理决定书》后，在规定的时间内没有到上诉人办理纳税担保手续。综上，上诉人请求撤销一审判决，改判驳回被上诉人一审诉求；被上诉人承担本案诉讼费用。

被上诉人郑州甲集团有限公司答辩称：第一，上诉人上诉所称采用国家税务总局规定样式的行为，并不能免除其应当全面、明确履行告知的职责和义务。上诉人没有明确告知被上诉人应向谁办理纳税担保及办理的地点、期限、救济途径及法律后果。第二，一审法院依职权要求上诉人提供其受理申请的相关登记，上诉人辩称只有其门卫室的《来客登记簿》，而且时间长找不到了，直到 2018 年 1 月 15 日才提交，且该《来客登记簿》并非法律规定的受理申请登记，上诉人以《来客登记簿》替代受理申请登记，可以证明其受理申请的登记制度是缺失的，其并没有建立受理申请登记制度。即便上诉人提交了完备的受理申请登记，也不能免除其告知不清的责任。综上，一审法院适用法律正确，请求驳回上诉人的上诉请求，维持一审判决。

二审法院认为：涉案税务处理决定对办理纳税担保申请的期限、地点等方面的告知内容不明确，且上诉人不能证明对办理纳税担保申请事项建立了完善的受理登记制度，妨碍了被上诉人相应权利的行使。一审判决合法正确，依法应予维持。

2018 年 9 月 29 日，二审法院依照《行政诉讼法》第 89 条第 1 款第 1 项之规定，判决驳回上诉，维持原判。二审案件受理费 50 元，由上诉人国家税务总局郑州市税务局稽查局负担。

【争议焦点】

1. 税务机关是否依法履行了告知义务？

2. 纳税人错过纳税担保申请期限的责任应当由谁承担？

【案例点评】

1. 税务机关在作出税务处理和行政处罚之前和之后，均应依法履行告知义务。作出（税务处理和行政处罚）之前告知是为了确保纳税人能够依法行使申辩权，作出之后告知是为了确保纳税人能够依法行使救济权。在涉及征税事项时，依法纳税或者提供担保是纳税人申请行政复议和提起行政诉讼的前提条件。对此前提条件，税务机关应当履行充分告知义务。从本案事实来看，税务机关仅仅根据国家税务总局的标准格式进行告知，难以认为其履行了充分告知义务。

2. 由于税务机关没有依法履行告知义务，纳税人因此错过纳税担保申请期限的责任应当由税务机关承担，即认为纳税人没有超过纳税担保的申请期限，税务机关应当依法受理纳税人的担保申请。

第二节 计税依据明显偏低的标准

相关法律制度

一、税收征收管理相关法律制度

根据《税收征收管理法》第5条的规定，国务院税务主管部门主管全国税收征收管理工作。各地国家税务局和地方税务局应当按照国务院规定的税收征收管理范围分别进行征收管理。地方各级人民政府应当依法加强对本行政区域内税收征收管理工作的领导或者协调，支持税务机关依法执行职务，依照法定税率计算税额，依法征收税款。各有关部门和单位应当支持、协助税务机关依法执行职务。税务机关依法执行职务，任何单位和个人不得阻挠。

根据《税收征收管理法》第14条的规定，该法所称税务机关是指各级税务局、税务分局、税务所和按照国务院规定设立的并向社会公告的税务机构。

根据《税收征收管理法》第25条的规定，纳税人必须依照法律、行政法规规定或者税务机关依照法律、行政法规的规定确定的申报期限、申报内容如实办理纳税申报，报送纳税申报表、财务会计报表以及税务机关根据实际需要要求纳税人报送的其他纳税资料。扣缴义务人必须依照法律、行政法规规定或者税务机关依照法律、行政法规的规定确定的申报期限、申报内容如实报送代扣代缴、代收代缴税款报告表以及税务机关根据实际需要要求扣缴义务人报送的其他有关资料。

根据《税收征收管理法》第32条的规定，纳税人未按照规定期限缴纳税款的，扣缴义务人未按照规定期限解缴税款的，税务机关除责令限期缴纳外，从滞纳税款之日起，按日加收滞纳税款5‰的滞纳金。

根据《税收征收管理法》第35条的规定，纳税人有下列情形之一的，税务机关有权核定其应纳税额：①依照法律、行政法规的规定可以不设置账簿的；

②依照法律、行政法规的规定应当设置账簿但未设置的；③擅自销毁账簿或者拒不提供纳税资料的；④虽设置账簿，但账目混乱或者成本资料、收入凭证、费用凭证残缺不全，难以查账的；⑤发生纳税义务，未按照规定的期限办理纳税申报，经税务机关责令限期申报，逾期仍不申报的；⑥纳税人申报的计税依据明显偏低，又无正当理由的。税务机关核定应纳税额的具体程序和方法由国务院税务主管部门规定。

根据《税收征收管理法》第 52 条的规定，因税务机关的责任，致使纳税人、扣缴义务人未缴或者少缴税款的，税务机关在 3 年内可以要求纳税人、扣缴义务人补缴税款，但是不得加收滞纳金。因纳税人、扣缴义务人计算错误等失误，未缴或者少缴税款的，税务机关在 3 年内可以追征税款、滞纳金；有特殊情况的，追征期可以延长到 5 年。对偷税、抗税、骗税的，税务机关追征其未缴或者少缴的税款、滞纳金或者所骗取的税款，不受上述规定期限的限制。

根据《税收征收管理法实施细则》第 9 条的规定，《税收征收管理法》第 14 条所称按照国务院规定设立的并向社会公告的税务机构，是指省以下税务局的稽查局。稽查局专司偷税、逃避追缴欠税、骗税、抗税案件的查处。国家税务总局应当明确划分税务局和稽查局的职责，避免职责交叉。

根据《税收征收管理法实施细则》第 47 条的规定，纳税人有《税收征收管理法》第 35 条或者第 37 条所列情形之一的，税务机关有权采用下列任何一种方法核定其应纳税额：①参照当地同类行业或者类似行业中经营规模和收入水平相近的纳税人的税负水平核定；②按照营业收入或者成本加合理的费用和利润的方法核定；③按照耗用的原材料、燃料、动力等推算或者测算核定；④按照其他合理方法核定。采用上述所列一种方法不足以正确核定应纳税额时，可以同时采用两种以上的方法核定。纳税人对税务机关采取该条规定的方法核定的应纳税额有异议的，应当提供相关证据，经税务机关认定后，调整应纳税额。

根据《税收征收管理法实施细则》第 80 条的规定，《税收征收管理法》第 52 条所称税务机关的责任，是指税务机关适用税收法律、行政法规不当或者执法行为违法。

二、行政诉讼相关法律制度

根据《行政诉讼法》第 61 条的规定，在涉及行政许可、登记、征收、征用和行政机关对民事争议所作的裁决的行政诉讼中，当事人申请一并解决相关民事争议的，人民法院可以一并审理。在行政诉讼中，人民法院认为行政案件的审理需以民事诉讼的裁判为依据的，可以裁定中止行政诉讼。

根据《行政诉讼法》第 63 条的规定，人民法院审理行政案件，以法律和行政法规、地方性法规为依据。地方性法规适用于本行政区域内发生的行政案件。

人民法院审理民族自治地方的行政案件，并以该民族自治地方的自治条例和单行条例为依据。人民法院审理行政案件，参照规章。

根据《行政诉讼法》第 70 条的规定，行政行为有下列情形之一的，人民法院判决撤销或者部分撤销，并可以判决被告重新作出行政行为：①主要证据不足的；②适用法律、法规错误的；③违反法定程序的；④超越职权的；⑤滥用职权的；⑥明显不当的。

根据《最高人民法院关于执行〈中华人民共和国行政诉讼法〉若干问题的解释》（法释〔2000〕8 号，已经失效）第 56 条的规定，有下列情形之一的，人民法院应当判决驳回原告的诉讼请求：①起诉被告不作为理由不能成立的；②被诉具体行政行为合法但存在合理性问题的；③被诉具体行政行为合法，但因法律、政策变化需要变更或者废止的；④其他应当判决驳回诉讼请求的情形。

根据《最高人民法院关于执行〈中华人民共和国行政诉讼法〉若干问题的解释》第 63 条的规定，裁定适用于下列范围：①不予受理；②驳回起诉；③管辖异议；④终结诉讼；⑤中止诉讼；⑥移送或者指定管辖；⑦诉讼期间停止具体行政行为的执行或者驳回停止执行的申请；⑧财产保全；⑨先予执行；⑩准许或者不准许撤诉；⑪补正裁判文书中的笔误；⑫中止或者终结执行；⑬提审、指令再审或者发回重审；⑭准许或者不准许执行行政机关的具体行政行为；⑮其他需要裁定的事项。对第一、二、三项裁定，当事人可以上诉。

根据《最高人民法院关于执行〈中华人民共和国行政诉讼法〉若干问题的解释》第 74 条的规定，人民法院接到当事人的再审申请后，经审查，符合再审条件的，应当立案并及时通知各方当事人；不符合再审条件的，予以驳回。

根据《最高人民法院关于执行〈中华人民共和国行政诉讼法〉若干问题的解释》第 77 条的规定，按照审判监督程序决定再审的案件，应当裁定中止原判决的执行；裁定由院长署名，加盖人民法院印章。上级人民法院决定提审或者指令下级人民法院再审的，应当作出裁定，裁定应当写明中止原判决的执行；情况紧急的，可以将中止执行的裁定口头通知负责执行的人民法院或者作出生效判决、裁定的人民法院，但应当在口头通知后 10 日内发出裁定书。

根据《最高人民法院关于人民法院民事执行中拍卖、变卖财产的规定》（法释〔2004〕16 号）第 8 条的规定，拍卖应当确定保留价。拍卖保留价由人民法院参照评估价确定；未作评估的，参照市价确定，并应当征询有关当事人的意见。人民法院确定的保留价，第一次拍卖时，不得低于评估价或者市价的 80%；如果出现流拍，再行拍卖时，可以酌情降低保留价，但每次降低的数额不得超过前次保留价的 20%。

三、国家赔偿相关法律制度

根据《国家赔偿法》第 36 条的规定，侵犯公民、法人和其他组织的财产权造成损害的，按照下列规定处理：①处罚款、罚金、追缴、没收财产或者违法征收、征用财产的，返还财产。②查封、扣押、冻结财产的，解除对财产的查封、扣押、冻结，造成财产损坏或者灭失的，依照本条相关规定赔偿。③应当返还的财产损坏的，能够恢复原状的恢复原状，不能恢复原状的，按照损害程度给付相应的赔偿金。④应当返还的财产灭失的，给付相应的赔偿金。⑤财产已经拍卖或者变卖的，给付拍卖或者变卖所得的价款；变卖的价款明显低于财产价值的，应当支付相应的赔偿金。⑥吊销许可证和执照、责令停产停业的，赔偿停产停业期间必要的经常性费用开支。⑦返还执行的罚款或者罚金、追缴或者没收的金钱，解除冻结的存款或者汇款的，应当支付银行同期存款利息。⑧对财产权造成其他损害的，按照直接损失给予赔偿。

根据《最高人民法院关于审理民事、行政诉讼中司法赔偿案件适用法律若干问题的解释》（法释〔2016〕20号）第15条的规定，《国家赔偿法》第36条第7项规定的银行同期存款利息，以作出生效赔偿决定时中国人民银行公布的一年期人民币整存整取定期存款基准利率计算，不计算复利。应当返还的财产属于金融机构合法存款的，对存款合同存续期间的利息按照合同约定利率计算。应当返还的财产系现金的，比照上述规定支付利息。

相关经典案例

【案例名称】　　　　拍卖房产计税依据明显偏低案

案例来源：最高人民法院（2015）行提字第13号行政判决书。

【基本事实与各方观点】

再审申请人广州甲房产建设有限公司（以下简称甲公司）因诉广东省广州市地方税务局第一稽查局（以下简称广州税稽一局）税务处理决定一案，不服广州市中级人民法院（2010）穗中法行终字第564号行政判决，向最高人民法院申请再审。最高人民法院依照修订前的《行政诉讼法》第63条第2款和《最高人民法院关于执行〈中华人民共和国行政诉讼法〉若干问题的解释》第63条第1款第13项、第74条、第77条之规定，提审本案，于2015年6月29日公开开庭审理了本案。

一、二审法院查明：2004年11月30日，甲公司与广州乙拍卖行有限公司（以下简称乙拍卖行）签订委托拍卖合同，委托乙拍卖行拍卖其自有的位于广州市人民中路555号"美国银行中心"的房产。委托拍卖的房产包括地下负一层至负四层的车库（199个），面积13 022㎡；首层至第三层的商铺，面积7936㎡；四层至九层、十一层至十三层、十六层至十七层、二十层至二十八层部分单位的写字楼，面积共计42 285㎡。甲公司在拍卖合同中对上述总面积为63 243㎡的房产估值金额为 5.3 亿港元。2004 年 12 月 2 日，乙拍卖行在《信息时报》C16 版刊登拍卖公告，公布将于 2004 年 12 月 9 日举行拍卖会。乙拍卖行根据委托合同的约定，在拍卖公告中明确竞投者须在拍卖前将拍卖保证金港币 6800 万元转到甲公司指定的银行账户内。2004 年 12 月 19 日，盛丰实业有限公司（香港公司）通过拍卖，以底价 1.3 亿港元（按当时的银行汇率，兑换人民币为 1.38 亿元）竞买了上述部分房产，面积为 59 907 ㎡。上述房产拍卖后，甲公司按 1.38 亿元的拍卖成交价格，先后向税务部门缴付了营业税 691 万元及堤围防护费 12 万元，并取得了相应的完税凭证。2006 年间，广州税稽一局在检查甲公司 2004 年至 2005 年地方税费的缴纳情况时，发现甲公司存在上述情况，展开调查。经向广州市国土资源和房屋管理局调取甲公司委托拍卖房产所在地周边房产的交易价格情况进行分析，广州税稽一局得出当时甲公司委托拍卖房产的周边房产的交易价格，其中写字楼为 5500—20 001 元／㎡，商铺为 10 984—40 205 元／㎡，地下停车位为 89 000—242 159 元／个。因此，广州税稽一局认为甲公司以 1.38 亿元出售上述房产，拍卖成交单价格仅为 2300 元／㎡，不及市场价的一半，价格严重偏低，遂于 2009 年 8 月 11 日根据《税收征收管理法》第 35 条及《税收征收管理法实施细则》第 47 条的规定，作出税务检查情况核对意见书，以停车位 85 000 元／个、商场 10 500 元／㎡、写字楼 5000 元／㎡的价格计算，核定甲公司委托拍卖的房产的交易价格为 3.1 亿元（车位收入 85 000 元／个×199 个+商铺收入 10 500 元／㎡×7936㎡+写字楼收入 5000 元／㎡×42 285 ㎡），并以 3.1 亿元为标准核定应缴纳营业税及堤围防护费。因此甲公司应缴纳营业税 1558 万元（3.1 亿元×5%的税率），扣除已缴纳的 691 万元，应补缴 867 万元；应缴纳堤围防护费 28 万元，扣除已缴纳的 12 万元，应补缴 16 万元。该意见书同时载明了广州税稽一局将按规定加收滞纳金及罚款的情况。甲公司于 2009 年 8 月 12 日收到上述税务检查情况核对意见书后，于同月 17 日向广州税稽一局提交了复函，认为广州税稽一局对其委托拍卖的房产价值核准为 3.1 亿元缺乏依据。广州税稽一局没有采纳甲公司的陈述意见。2009 年 9 月 14 日，广州税稽一局作出穗地税稽一处〔2009〕66 号税务处理决定，认为甲公司存在违法违章行为并决定：第一，根据《税收征收管理法》第 35 条、《税收征收管理法实施细则》第 47 条、《营业税暂行条例》第 1 条、第 2 条、第 4 条的规定，核定甲公司于 2004 年 12 月取得的拍卖收入应申报缴纳营业税 1558 万元，已申报缴纳 691 万元，少申报缴纳 867 万元，决定追缴甲公司未缴纳的营业税 867 万元，并根据《税收征收管理法》第 32 条的规定，对甲公司应补缴的营业税加收滞纳金 281 万元。第二，根据广州市人民政府《广州市市区防洪工程维护费征收、使用和管理试行办法》（穗府〔1990〕88 号）第 2 条、第 3 条、第 7 条及广州市财政局、广州市地方税务局、广州市水利局《关于征收广州市市区堤围防护费有关问题的补充通知》（财农〔1998〕413号）第1条的规定，核定甲公司2004年12月取得的计费收入应缴纳堤围防护费28万元，已申报缴纳12万元，少申报缴纳16万元，决定追缴少申报的16万元，并加收滞纳金5万元。甲公司不服广州税稽一局的处理决定，向广州市地方税务局申请行政复议。广州市地方税务局经复议后于2010年2月8日作出穗地税行复字〔2009〕8号行政复议决定，维持了广州税稽一局的处理决定。

广州市天河区人民法院一审认为：《税收征收管理法》第5条第1款规定："国务院税务主管部门主管全国税收征收管理工作。各地国家税务局和地方税务局应当按照国务院规定的税收征收管理范围分别进行征收管理。"因此，依法核定、征收税款是广州税稽一局应履行的法定职责。《营业税暂行条例》第1条规定："在中华人民共和国境内提供本条例规定的劳务、转让无形资产或者销售不动产的单位和个人，为营业税的纳税人，应当依照本条例缴纳营业税。"第4条规定："纳税人提供应税劳务、转让无形资产或者销售不动产，按照营业额和规定的税率计算应纳税额"。《税收征收管理法》第35条第1款第6项规定，纳税人申报的计税依据明显偏低，又无正当理由的，税务机关有权核定其应纳税额。《税收征收管理法实施细则》第47条第1款第4项规定，纳税人有《税收征收管理法》第35条或者第37条所列情形之一的，税务机关有权按照其他合理方法核定其应纳税额。《税收征收管理法》第32条规定："纳税人未按照规定期限缴纳税款的，扣缴义务人未按照规定期限解缴税款的，税务机关除责令限期缴纳外，从滞纳税款之日起，按日加收滞纳税款5‰的滞纳金。"本案中，广州税稽一局检查发现甲公司委托拍卖的房产，在拍卖活动中只有一个竞买人参与拍卖，且房产是以底价成交的，认为交易价值明显低于市场价值，于是进行调查。在调查取证过程中，广州税稽一局向房屋管理部门查询了2003年至2005年间使用性质相同的房产交易档案材料，收集当时的市场交易价值数据，并与甲公司委托拍卖的房产的交易价格进行比较、分析，认定甲公司委托拍卖的房产的交易价格明显低于市场交易价格，在向甲公司送达税务检查情况核对意见书，将检查过程中发现的问题及核定查补其营业税和堤围防护费的具体数额、相关政策以及整个核定查补税费的计算方法、甲公司享有陈述的权利等告知甲公司后，根据上述法律法规的规定，作出被诉穗地税稽一处〔2009〕66号税务处理决定，认定事实清楚，证据充分，处理恰当，符合《税收征收管理法》的规定，予以支持。由于甲公司在委托拍卖时，约定的拍卖保证金高达6800万港元，导致只有一个竞买人，并最终只能以底价1.3亿港元成交，是造成交易价值比市场价值偏低的主要原因。甲公司依法应按房产的实际价值缴纳营业税及堤围防护费。甲公司申报的计税依据明显偏低，广州税稽一局作为税务管理机关，依法依职权核定其应纳税额，并作出相应的处理并无不当，也未侵犯甲公司的合法权益。因此，甲公司以广州税稽一局的行政行为侵犯其合法权益，请求撤销广州税稽一局的税务处理决定，并退回已缴税款、滞纳金以及堤围防护费、滞纳金，并判决广州税稽一局赔偿甲公司因缴纳税款、滞纳金以及堤围防护费、滞纳金所产生的利息损失、案件诉讼费的诉讼请求缺乏事实依据和法律依据，应予驳回。综上，广州市天河区人民法院作出（2010）天法行初字第 26 号行政判决，驳回甲公司的诉讼请求。

甲公司不服，向广州市中级人民法院提起上诉。

广州市中级人民法院二审认为：《税收征收管理法》第 35 条第 1 款规定："纳税人有下列情形之一的，税务机关有权核定其应纳税额：……⑥纳税人申报的计税依据明显偏低，又无正当理由的。"《税收征收管理法实施细则》第 47 条第 1 款规定："纳税人有税收征收管理法第 35 条或者第 37 条所列情形之一的，税务机关有权采用下列任何一种方法核定其应纳税额：①参照当地同类行业或者类似行业中经营规模和收入水平相近的纳税人的税负水平核定；②按照营业收入或者成本加合理的费用和利润的方法核定；③按照耗用的原材料、燃料、动力等推算或者测算核定；④按照其他合理方法核定。"本案中广州税稽一局检查甲公司纳税情况后，发现其拍卖涉案房产时交易价值明显低于市场价值，广州税稽一局对此展开调查。经向广州市国土资源和房屋管理局调取 2003 年至 2005 年间广州市部分房产交易价值的数据，广州税稽一局参考上述数据，并考虑了涉案房产整体拍卖的因素，确定甲公司拍卖的涉案房产市场交易价格应为停车位 85 000 元/个、商场 10 500 元/㎡、写字楼 5000 元/㎡，从而核定甲公司委托拍卖的房产的交易价格应为 3.1 亿元，而甲公司在拍卖涉案房产时交易价格仅以 1.38 亿元的低价成交，广州税稽一局据此认定甲公司存在申报的计税依据明显偏低且无正当理由，事实依据充分。一审判决认定广州税稽一局作出的涉案处罚认定事实清楚，证据充分正确，予以确认。甲公司拍卖涉案房产时仅有一个竞买人参与拍卖且以底价成交，其主张其拍卖价格不存在偏低情况，应当以拍卖价格计税的主张理由不充分，不予采纳。

《税收征收管理法》第 32 条规定："纳税人未按照规定期限缴纳税款的，扣缴义务人未按照规定期限解缴税款的，税务机关除责令限期缴纳外，从滞纳税款之日起，按日加收滞纳税款 5‰的滞纳金。"参照《广州市市区防洪工程维护费征收、使用和管理试行办法》第 3 条第 1 款规定："维护费的征收标准：……中外合资、合作、外商独资经营企业可按年营业销售总额的 0.9‰计征。"第 7 条规定："纳费人必须依照规定按期交纳维护费，逾期不交者，从逾期之日起，每天加收 5‰的滞纳金。逾期 10 天仍不缴交的，按国家和地方政府水利工程水费管理办法的有关规定处罚。"广州税稽一局经核定甲公司拍卖涉案房产的实际交易价格，并以此为标准计算甲公司应当缴纳的营业税额及堤围防护费额，扣除甲公司已缴纳的部分后确定其应当补缴营业税 867 万元、堤围防护费 16 万元，并加收相应的滞纳金。广州税稽一局就上述税务检查的情况向甲公司发出核对意见书，甲公司亦复函广州税稽一局陈述了己方的意见。广州税稽一局据此作出涉案税务处理决定书，依据上述规定，决定对甲公司追缴其少申报的营业税和堤围防护费并加收滞纳金适用法律正确，行政程序适当，其加收的滞纳金数额亦在法定的额度之内。一审判决认定广州税稽一局作出的涉案处理决定恰当，未影响甲公司的合法权益，予以维持。甲公司主张广州税稽一局作出涉案处罚理解、适用法律存在严重错误的主张缺乏证据支持，不予支持。

综上，广州税稽一局作出的税务处理决定，认定事实清楚，证据充分，适用法律正确，甲公司诉讼请求撤销该处理决定的理由、证据不足，其要求退回已缴税款、滞纳金以及堤围防护费、滞纳金，并赔偿因缴纳税款、滞纳金以及堤围防护费、滞纳金所产生的利息损失的诉讼请求亦缺乏事实和法律依据，一审法院驳回其诉讼请求正确。广州市中级人民法院依照修订前的《行政诉讼法》第 61 条第 1 项的规定，作出（2010）穗中法行终字第 564 号行政判决，驳回上诉，维持原判。

甲公司不服，向广东省高级人民法院申请再审，广东省高级人民法院作出（2012）粤高法行申字第 264 号驳回再审申请通知，驳回甲公司的再审申请。

甲公司向最高人民法院申请再审称：第一，被申请人广州税稽一局不是适格行政主体。1999 年 10 月 21 日《最高人民法院对福建省高级人民法院〈关于福建省地方税务局稽查分局是否具有行政主体资格的请示报告〉的答复意见》（行他［1999］25 号）认为："地方税务局稽查分局以自己的名义对外作出行政处理决定缺乏法律依据"。根据上述意见，广州税稽一局并非独立行政主体，自然不能作为本案的诉讼主体。第二，被申请人超越职权，无权核定纳税人的应纳税额。《税收征收管理法实施细则》第 9 条第 1 款规定："稽查局专司偷税、逃避追缴欠税、骗税、抗税案件的查处"。本案不属于"偷税、逃避追缴欠税、骗税、抗税"的情形，不属于稽查局的职权范围，被申请人无权对再审申请人拍卖收入核定应纳税额。被诉税务处理决定超出被申请人的职权范围，应属无效决定。第三，被诉税务处理决定认定甲公司申报纳税存在"申报的计税依据明显偏低"和"无正当理由"的证据明显不足。本案中从委托拍卖合同签订，到刊登拍卖公告，再到竞买人现场竞得并签署成交确认单，整个过程均依法进行，成交价格 1.3 亿港元亦未低于拍卖保留价。拍卖价格是市场需求与拍卖物本身价值互相作用的结果。拍卖前，申请人银行债务 1.3 亿港元已全部到期，银行已多次发出律师函追收，本案拍卖是再审申请人为挽救公司而不得已采取的措施。但拍卖遵循的是市场规律，成交价的高低完全不是再审申请人所能控制的，本案拍卖成交价虽然不尽如人意，但不影响拍卖效力，再审申请人只能也只应以拍卖成交价作为应纳税额申报缴纳税款。第四，再审申请人已经按照拍卖成交价足额申报纳税并取得主管税务机关出具的完税凭证，没有任何税法违法违章行为，被申请人无权重新核定应纳税额。本案物业拍卖成交后，2005 年 3 月至 7 月，申请人按照全部 1.3 亿港元拍卖收入，申报和缴纳营业税款 691 万元，以及堤围防护费 12 万元，并取得荔湾区地方税务局出具的完税凭证。期间，主管税务机关从未提出核定应纳税额，申请人不可能知晓税务机关会对拍卖价进行何种调整，只能也只应按照全部拍卖成交价纳税。在缴纳上述税款后，申请人的纳税义务已全部完成，不存在被诉税务处理决定和原审判决认定的"未按税法规定足额申报缴纳营业税"和"未足额申报缴纳堤围防护费"等所谓"违法违章行为"。第五，即使再审申请人存在"申报的计税依据明显偏低"和"无正当理由"的情况，被申请人也应当依照《税收征收管理法》第 52 条的规定行使职权，其在再审申请人申报纳税 4 年多后进行追征税款和滞纳金，超过了《税收征收管理法》第 52 条关于税款和滞纳金追征期限的规定。税务机关追征税款和滞纳金，除法定的其他前提条件外，需受到 3 年追征期限的限制。本案中被申请人的被诉税务处理决定没有将申请人的纳税行为认定为偷税、抗税、骗税的情形，没有认定为编造虚假计税依据的情形，也没有认定为存在因纳税人计算错误等法定特殊情形，如果追征税款必须在 3 年以内（即 2008 年 1 月 15 日以前）提出处理意见，并不得加收滞纳金，而不能没有任何理由就将追征期限无限制延长，或者延长至 5 年。本案即使存在少缴税款的情形，也是因被申请人和主管税务机关违法不作为及适用法律不当造成的。综上，请求法院：依法撤销广州市天河区人民法院（2010）天法行初字第 26 号行政判决和广州市中级人民法院（2010）穗中法行终字第 564 号行政判决；依法撤销被申请人于 2009 年 9 月 16 日作出的穗地税稽一处〔2009〕66 号税务处理决定；判令被申请人退回违法征收的申请人的营业税 867 万元及滞纳金人民币 281 万元，退回违法征收的申请人的堤围防护费 16 万元及滞纳金人民币 5 万元，以及上述款项从缴纳之日起至实际返还之日止按同期银行贷款利率计算的利息。

广州税稽一局答辩称：

1. 关于答辩人独立执法资格及职权范围的问题。第一，执法资格。根据《税收征收管理法》第 14 条以及《税收征收管理法实施细则》第 9 条的规定，答辩人具有独立执法资格。第二，职权范围。根据《税收征收管理法实施细则》第 9 条第 2 款、《国家税务总局关于稽查局职责问题的通知》（国税函〔2003〕

140 号)、《转发广东省机构编制委员会办公室、广东省地方税务局关于重新印发广州等市区地方税务局职能配置、内设机构和人员编制规定的通知》(穗地税发〔2004〕89 号)等文件规定,稽查局的现行主要职责是指:稽查业务管理、税务检查和税收违法案件查处;凡需要对纳税人、扣缴义务人进行账证检查或者调查取证,并对其税收违法行为进行税务行政处理(处罚)的执法活动,仍由各级稽查局负责。答辩人不存在越权执法的问题。第三,核定权限。根据《税收征收管理法》第 35 条的规定,税款核定的主体是税务机关,而《税收征收管理法》所称的"税务机关"包括省以下税务局的稽查局。

2. 关于答辩人对拍卖成交价格不予认可的问题。第一,答辩人质疑拍卖成交价的法律依据。《税收征收管理法》第 35 条第 1 款第 6 项所称的"纳税人申报的计税依据明显偏低,又无正当理由的"情形,并没有将拍卖成交价格明显偏低的情形排除在外。第二,答辩人认为计税依据明显偏低的主要理由:一是拍卖价格与历史成交价相比悬殊。根据再审申请人提供的广州市丙会计师事务所有限公司 2005 年 6 月 23 日出具的《专项审计报告》显示,再审申请人全部物业的收入为 7.17 亿元人民币,再审申请人约八成的收入是由约三成的物业销售产生,其余约二成的收入 1.38 亿元人民币,是由再审申请人本次拍卖约七成的物业产生。二是本次拍卖成交价格明显偏低,明显偏离同期、同类、同档次物业的市场成交价格。该物业是位于广州市城市中心的高档写字楼,拍卖成交均价仅为 2300 余元/㎡。答辩人根据至少 8 个相近楼盘大量数据(2003 年至 2005 年期间交易成交价格)进行分析比对,最终认定本次拍卖的成交价明显低于市场价格(写字楼仅为四成,商铺不到三成,停车场甚至不到一成)。三是拍卖成交价格远低于再审申请人自行提供的评估价和成本价。再审申请人委托拍卖的评估价,均价约为 8400 元/㎡;再审申请人委托会计师事务所审计确认的成本均价约为 7100 元/㎡。第三,关于计税依据明显偏低,无正当理由的依据。一是只有唯一竞买人。根据现行拍卖行规及《拍卖法》的规定,拍卖应当公开竞价。只有两个或两个以上的竞买人才能进行竞价,没有竞买人竞争的不能被称为拍卖,在仅有一位竞买人的情况下,应当中止拍卖。二是拍卖保证金门槛设置过高。本次拍卖保证金占拍卖保留价的比例高达 50%,但再审申请人一直未对其拍卖前设立高额保证金门槛的具体理由,作出令人信服的解释,过高的保证金比例限制了其他潜在的竞买人参与拍卖竞买。三是拍卖保留价设置过低。依据《最高人民法院关于人民法院民事执行中拍卖、变卖财产的规定》第 8 条、《最高人民法院关于人民法院委托评估、拍卖工作的若干规定》第 13 条的规定,拍卖保留价应参照财产评估价确定,本案申请人第一次拍卖就将拍卖保留价,设置约为其自行确定的房产评估价的 20%,明显不符合财产拍卖的惯常做法。四是拍卖的房产已办理抵押,拍卖未征询全部抵押权人银行的同意。再审申请人在拍卖前并未按照《担保法》等法律规定将本次拍卖的时间、地点等拍卖信息书面通知银行债权人，甚至个别债权人对此一无所知。五是竞买人拍卖前知道拍卖底价，交易双方有诚信问题。委托拍卖前，唯一竞买人曾私下接触拍卖行，拍卖行向其透露了底价，这违反公平交易原则。答辩人调查取证时，交易双方均否认拍卖前相识。事实上，交易双方法定代表人曾经是夫妻关系。

3. 关于核定程序是否合法、核定价格是否合理等问题。答辩人有权进行核定。一、二审法院根据答辩人提供的相关举证材料，对核定程序是否合法，核定价格是否合理进行审核和审查，并已有结论。

4. 关于追征税款、滞纳金问题。第一，税务机关查补税款是法定的职责，再审申请人的房产于 2004 年 12 月 9 日拍卖成交，答辩人于 2006 年 9 月 18 日依法对再审申请人送达《税务检查通知书》，历经 3 年税务检查，并于 2009 年 9 月 16 日依法作出税务处理决定，系依法履行职责，本案也不属于《税收征收管理法》第 52 条第 1 款的情形，根据《税收征收管理法实施细则》第 80 条的规定，税务机关的责任是指税务机关适用法律、行政法规不当或者执法行为违法，本案不存在此类情形。第二，加收税收滞纳金的法律依据。一是税收滞纳金加收的起始日期的依据。根据《税收征收管理法》第 32 条的规定，申请人少缴税款，是从滞纳税款之日起算。二是营业税纳税义务时间。按照《营业税暂行条例》第 9 条、第 13 条的规定，应当在收款之日起的次月 15 日（2005 年 1 月 15 日）内向税务机关申报缴纳其应缴税款。三是申请人申报纳税的义务。根据《税收征收管理法》第 25 条第 1 款的规定，再审申请人必须依照法律、行政法规规定或者税务机关依照法律、行政法规的规定确定的申报期限、申报内容如实办理纳税申报。再审申请人以其自认为合理的价格进行纳税申报，应对其未能如实、依法纳税申报的行为承担法律责任。综上，一、二审法院的判决认定事实清楚，证据充分，适用法律正确，程序合法，请求维持原判。

最高人民法院认为：本案争议的焦点问题是甲公司将涉案房产拍卖形成的拍卖成交价格作为计税依据纳税后，广州税稽一局在税务检查过程中能否以计税依据价格明显偏低且无正当理由为由重新核定应纳税额补征税款并加收滞纳金。结合双方当事人再审期间的诉辩意见，法院对当事人广州税稽一局的执法资格、执法权限、将涉案房产拍卖价格作为计税依据申报纳税是否明显偏低且无正当理由、广州税稽一局追征税款和加收滞纳金是否合法等问题分别评述如下：

1. 关于广州税稽一局是否具有独立的执法主体资格的问题。2001 年修订前的《税收征收管理法》未明确规定各级税务局所属稽查局的法律地位，2001 年修订后的《税收征收管理法》第 14 条规定："本法所称税务机关是指各级税务局、税务分局、税务所和按照国务院规定设立的并向社会公告的税务机构。"2002 年施行的《税收征收管理法实施细则》第 9 条进一步明确规定:"税收征管法第 14 条所称按照国务院规定设立的并向社会公告的税务机构,是指省以下税务局的稽查局"。据此,相关法律和行政法规已经明确了省以下税务局所属稽查局的法律地位,省级以下税务局的稽查局具有行政主体资格。因此,广州税稽一局作为广州市地方税务局所属的稽查局,具有独立的执法主体资格。虽然 1999 年 10 月 21 日的《最高人民法院对福建省高级人民法院〈关于福建省地方税务局稽查分局是否具有行政主体资格的请示报告〉的答复意见》(行他[1999]25号)明确"地方税务局稽查分局以自己的名义对外作出行政处理决定缺乏法律依据",但该答复是对 2001 年修订前的《税收征收管理法》的理解和适用,2001 年《税收征收管理法》修订后,该答复因解释的对象发生变化,因而对审判实践不再具有指导性。甲公司以该答复意见主张广州税稽一局不具有独立执法资格,无权作出被诉税务处理决定的理由不能成立。

2. 关于广州税稽一局行使《税收征收管理法》第 35 条规定的应纳税额核定权是否超越职权的问题。此问题涉及《税收征收管理法实施细则》第 9 条关于税务局和所属稽查局的职权范围划分原则的理解和适用。《税收征收管理法实施细则》第 9 条除明确税务局所属稽查局的法律地位外,还对税务稽查局的职权范围作出了原则规定,即专司偷税、逃避追缴欠税、骗税、抗税案件的查处,同时授权国家税务总局明确划分税务局和稽查局的职责,避免职责交叉。国家税务总局据此于 2003 年 2 月 28 日作出的《国家税务总局关于稽查局职责问题的通知》(国税函[2003]140 号)进一步规定:"《税收征收管理法实施细则》第 9 条第 2 款规定'国家税务总局应当明确划分税务局和稽查局的职责,避免职责交叉。'为了切实贯彻这一规定,保证税收征管改革的深化与推进,科学合理地确定稽查局和其它税务机构的职责,国家税务总局正在调查论证具体方案。在国家税务总局统一明确之前,各级稽查局现行职责不变。稽查局的现行职责是指:稽查业务管理、税务检查和税收违法案件查处;凡需要对纳税人、扣缴义务人进行账证检查或者调查取证,并对其税收违法行为进行税务行政处理(处罚)的执法活动,仍由各级稽查局负责。"从上述规定可知,税务稽查局的职权范围不仅包括偷税、逃避追缴欠税、骗税、抗税案件的查处,还包括与查处税务违法行为密切关联的稽查管理、税务检查、调查和处理等延伸性职权。虽然国家税务总局没有明确各级稽查局是否具有《税收征收管理法》第 35 条规定的核定应纳税额的具体职权,但稽查局查处涉嫌违法行为不可避免地需要对纳税行为进行检查和调查。特别是出现《税收征收管理法》第 35 条规定的计税依据明显偏低的情形时,如果稽查局不能行使应纳税款核定权,必然会影响稽查工作的效率和效果,甚至对税收征管形成障碍。因此，稽查局在查处涉嫌税务违法行为时，依据《税收征收管理法》第35条的规定核定应纳税额是其职权的内在要求和必要延伸，符合税务稽查的业务特点和执法规律，符合《国家税务总局关于稽查局职责问题的通知》关于税务局和稽查局的职权范围划分的精神。在国家税务总局对税务局和稽查局职权范围未另行作出划分前，各地税务机关根据通知确立的职权划分原则，以及在执法实践中形成的符合税务执法规律的惯例，人民法院应予尊重。本案中，广州税稽一局根据《税收征收管理法》第35条的规定核定应纳税额的行为是在广州税稽一局对甲公司销售涉案房产涉嫌偷税进行税务检查的过程中作出的，不违反《税收征收管理法实施细则》第9条的规定。甲公司以《税收征收管理法实施细则》第9条规定"稽查局专司偷税、逃避追缴欠税、骗税、抗税案件的查处"，本案不属于"偷税、逃避追缴欠税、骗税、抗税"的情形为由，认为广州税稽一局无权依据《税收征收管理法》第35条的规定对甲公司拍卖涉案不动产的收入重新核定应纳税额，被诉税务处理决定超出广州税稽一局的职权范围，应属无效决定的理由不能成立。

3. 关于甲公司以涉案房产的拍卖成交价格作为计税依据申报纳税是否存在"计税依据明显偏低，又无正当理由"情形的问题。根据《税收征收管理法》第35条第1款第6项的规定，税务机关不认可纳税义务人自行申报的纳税额，重新核定应纳税额的条件有两个：一是计税依据价格明显偏低，二是无正当理由。甲公司委托拍卖的涉案房产包括写字楼、商铺和车位面积共计63 243㎡，成交面积为59 907㎡，拍卖实际成交价格1.3亿港元，明显低于甲公司委托拍卖时的5.3亿港元估值；涉案房产2300元/㎡的平均成交单价，也明显低于广州税稽一局对涉案房产周边的写字楼、商铺和车库等与涉案房产相同或类似房产抽样后确定的最低交易价格标准，即写字楼5000元/㎡、商铺10 500元/㎡、停车场车位85 000元/个；更低于甲公司委托的广州市丙会计师事务所有限公司对涉案房产项目审计后确认的7123.95元/㎡的成本价。因此，广州税稽一局认定涉案房产的拍卖价格明显偏低并无不当。

《营业税暂行条例》第4条和《广州市市区防洪工程维护费征收、使用和管理试行办法》第3条第1款规定销售不动产的营业额是营业税的计税依据。拍卖是销售不动产的方式之一，不动产的公开拍卖价格就是销售不动产的营业额，应当作为营业税等税费的计税依据。就本案而言，广东省和广州市的地方税务局有更为明确的规范性文件可以参考，《广东省地方税务局关于拍卖行拍卖房地产征税问题的批复》（粤地税函〔1996〕215号）和《广州市地方税务局关于明确拍卖房地产税收征收问题的通知》（穗地税发〔2003〕34号）明确规定拍卖房地产的拍卖成交额可以作为征收营业税的计税价格；《广东省财政厅、广东省地方税务局关于规范我省二手房屋交易最低计税价格管理的指导性意见》（粤财法〔2008〕93号）规定，通过法定程序公开拍卖的房屋，以拍卖价格为最低计税价格标准。

拍卖价格的形成机制较为复杂，因受到诸多不确定因素的影响，相同商品的拍卖价格可能会出现较大差异。影响房地产价格的因素更多，拍卖价格差异可能会更大。依照法定程序进行的拍卖活动，由于经过公开、公平的竞价，不论拍卖成交价格的高低，都是充分竞争的结果，较之一般的销售方式更能客观地反映商品价格，可以视为市场的公允价格。如果没有法定机构依法认定拍卖行为无效或者违反拍卖法的禁止性规定，原则上税务机关应当尊重作为计税依据的拍卖成交价格，不能以拍卖价格明显偏低为由行使核定征收权。广州市地方税务局2013年修订后的《存量房交易计税价格异议处理办法》就明确规定，通过具有合法资质的拍卖机构依法公开拍卖的房屋权属转移，以拍卖对价为计税价格的，可以作为税务机关认定的正当理由。该规范性文件虽然在本案税收征管行为发生后施行，但文件中对拍卖价格本身即构成正当理由的精神，本案可以参考。因此，对于一个明显偏低的计税依据，并不必然需要税务机关重新核定；尤其是该计税依据是通过拍卖方式形成时，税务机关一般应予认可和尊重，不宜轻易启动核定程序，以行政认定取代市场竞争形成的计税依据。

但应当明确，拍卖行为的效力与应纳税额核定权，分别受民事法律规范和行政法律规范调整，拍卖行为有效并不意味税务机关不能行使应纳税额核定权，另行核定应纳税额也并非否定拍卖行为的有效性。保障国家税收的足额征收是税务机关的基本职责，税务机关对作为计税依据的交易价格采取严格的判断标准符合《税收征收管理法》的目的。如果不考虑案件实际，一律要求税务机关必须以拍卖成交价格作为计税依据，则既可能造成以当事人意思自治为名排除税务机关的核定权，还可能因市场竞价不充分导致拍卖价格明显偏低而造成国家税收流失。因此，有效的拍卖行为并不能绝对地排除税务机关的应纳税额核定权，但税务机关行使核定权时仍应有严格限定。

具体到本案，广州税稽一局在被诉税务处理决定中认定拍卖价格明显偏低且无正当理由的主要依据是：涉案房产以底价拍卖给唯一参加竞买的盛丰实业有限公司，而一人竞买不符合拍卖法关于公开竞价的规定，扭曲拍卖的正常价格形成机制，导致实际成交价格明显偏低。此问题的关键在于，在没有法定机构认定涉案拍卖行为无效，也没有充分证据证明涉案拍卖行为违反拍卖法的禁止性规定，涉案拍卖行为仍然有效的情况下，税务机关能否以涉案拍卖行为只有一个竞买人参加竞买（即一人竞拍）为由，不认可拍卖形成的价格作为计税依据，直接核定应纳税额。一人竞拍的法律问题较为特殊和复杂，拍卖法虽然强调拍卖的公开竞价原则，但并未明确禁止一人竞拍行为，在法律或委托拍卖合同对竞买人数量没有作出限制性规定的情况下，否定一人竞买的效力尚无明确法律依据。但对于拍卖活动中未实现充分竞价的一人竞拍，在拍卖成交价格明显偏低的情况下，即使拍卖当事人对拍卖效力不持异议，因涉及国家税收利益，该拍卖成交价格作为计税依据并非绝对不能质疑。本案中，虽然履行拍卖公告的一人竞拍行为满足了基本的竞价条件，但一人竞拍因仅有一人参与拍卖竞价，可能会出现竞价程度不充分的情况，特别是本案以预留底价成交，而拍卖底价又明显低于涉案房产估值的情形，即便甲公司对拍卖成交价格无异议，税务机关基于国家税收利益的考虑，也可以不以拍卖价格作为计税依据，另行核定应纳税额。同时，"计税依据明显偏低，又无正当理由"的判断，具有较强的裁量性，人民法院一般应尊重税务机关基于法定调查程序作出的专业认定，除非这种认定明显不合理或者滥用职权。广州税稽一局在被诉税务处理决定中认定涉案拍卖行为存在一人竞拍、保留底价偏低的情形，广州市地方税务局经复议补充认为，涉案拍卖行为保证金设置过高、一人竞拍导致拍卖活动缺乏竞争，以较低的保留底价成交，综合判定该次拍卖成交价格不能反映正常的市场价格，且甲公司未能合理说明上述情形并未对拍卖活动的竞价产生影响的情况下，广州税稽一局行使核定权，依法核定甲公司的应纳税款，并未违反法律规定。

4. 关于广州税稽一局核定应纳税款后追征税款和加征滞纳金是否合法的问题。《税收征收管理法》对税务机关在纳税人已经缴纳税款后重新核定应纳税款并追征税款的期限虽然没有明确规定，但并不意味税务机关的核定权和追征权没有期限限制。税务机关应当在统筹兼顾保障国家税收、纳税人的信赖利益和税收征收管理法律关系的稳定等因素的基础上，在合理期限内核定和追征应纳税款。在纳税义务人不存在违反税法和税收征管过错的情况下，税务机关可以参照《税收征收管理法》第 52 条第 1 款规定确定的税款追征期限，原则上在 3 年内追征税款。本案核定应纳税款之前的纳税义务发生在 2005 年 1 月，广州税稽一局自 2006 年对涉案纳税行为进行检查，虽经 3 年多调查后，未查出甲公司存在偷税、骗税、抗税等违法行为，但依法启动的调查程序期间应当予以扣除，因而广州税稽一局 2009 年 9 月重新核定应纳税款并作出被诉税务处理决定，并不违反上述有关追征期限的规定。甲公司关于追征税款决定必须在 2008 年 1 月 15 日以前作出的主张不能成立。

根据依法行政的基本要求，没有法律、法规和规章的规定，行政机关不得作出影响行政相对人合法权益或者增加行政相对人义务的决定；在法律规定存在多种解释时，应当首先考虑选择适用有利于行政相对人的解释。有权核定并追缴税款，与加收滞纳金属于两个不同问题。根据《税收征收管理法》第 32 条及第 52

条第 2 款、第 3 款的规定，加收税收滞纳金应当符合以下条件之一：纳税人未按规定期限缴纳税款；自身存在计算错误等失误；或者故意偷税、抗税、骗税的。本案中甲公司在拍卖成交后依法缴纳了税款，不存在计算错误等失误，税务机关经过长期调查也未发现甲公司存在偷税、抗税、骗税情形，因此甲公司不存在缴纳滞纳金的法定情形。被诉税务处理决定认定的拍卖底价成交和一人竞买拍卖行为虽然能证明税务机关对成交价格未形成充分竞价的合理怀疑具有正当理由，但拍卖活动和拍卖价格并非甲公司所能控制和决定，广州税稽一局在依法进行的调查程序中也未能证明甲公司在拍卖活动中存在恶意串通等违法行为。同时本案还应考虑甲公司基于对拍卖行为以及地方税务局完税凭证的信赖而形成的信赖利益保护问题。在税务机关无法证明纳税人存在责任的情况下，可以参考《税收征收管理法》第 52 条第 1 款关于"因税务机关的责任，致使纳税人、扣缴义务人未缴或者少缴税款的，税务机关在 3 年内可以要求纳税人、扣缴义务人补缴税款，但是不得加收滞纳金"的规定，作出对行政相对人有利的处理方式。因此，广州税稽一局重新核定甲公司拍卖涉案房产的计税价格后新确定的应纳税额，纳税义务应当自核定之日发生，其对甲公司征收该税款确定之前的滞纳金，没有法律依据。此外，被诉税务处理决定没有明确具体的滞纳金起算时间和截止时间，也属认定事实不清。

综上，广州税稽一局核定甲公司应纳税额，追缴 867 万元税款，符合《税收征收管理法》第 35 条、《税收征收管理法实施细则》第 47 条的规定；追缴 16 万元堤围防护费，符合《广州市市区防洪工程维护费征收、使用和管理试行办法》的规定；广州税稽一局认定甲公司存在违法违章行为没有事实和法律依据；责令甲公司补缴因上述税费产生的滞纳金属于认定事实不清且无法律依据。

2017 年 4 月 7 日，最高人民法院依照《行政诉讼法》第 70 条第 1 项、第 2 项和第 89 条第 1 款第 2 项的规定，《国家赔偿法》第 36 条第 1 项、第 7 项的规定，参照《最高人民法院关于审理民事、行政诉讼中司法赔偿案件适用法律若干问题的解释》第 15 条第 1 款的规定，判决：第一，撤销广州市中级人民法院（2010）穗中法行终字第 564 号行政判决和广州市天河区人民法院（2010）天法行初字第 26 号行政判决；第二，撤销广州市地方税务局第一稽查局穗地税稽一处［2009］66 号税务处理决定中对广州甲房产建设有限公司征收营业税滞纳金 281 万元和堤围防护费滞纳金 5 万元的决定；第三，责令广州市地方税务局第一稽查局在本判决生效之日起 30 日内返还已经征收的营业税滞纳金 281 万元和堤围防护费滞纳金 5 万元，并按照同期中国人民银行公布的一年期人民币整存整取定期存款基准利率支付相应利息；第四，驳回广州甲房产建设有限公司其他诉讼请求。一、二审案件受理费 100 元，由广州甲房产建设有限公司和广州市地方税务局第一稽查局各负担 50 元。

【争议焦点】

1. 依据现有证据能否证明甲公司拍卖房地产计税依据明显偏低？

2. 税务机关是否有权调整甲公司的计税依据？

【案例点评】

1. 判断计税依据是否明显偏低的参照标准是市场价格，但市场价格的形成机制非常复杂。大规模批量生产的商品往往都有公开的市场价格，对于比较独特的商品，其市场价格则很难确定。对于通过公开拍卖以及招投标程序确定的价格，除非其相关程序违法，税务机关均应承认其为市场价格。本案中甲公司的房地产是非常独特的多种房产的混合体，税务机关通过单类单个不动产的价格区间来判断本案房地产的价格是否偏低，参照标准不科学，无法得出令人信服的结论。本案中房地产的成交价格是通过拍卖的方式产生的，在拍卖本身合法有效的情况下，税务机关也很难再找出一个更加接近客观实际的市场价。由此可见，根据现有的证据，无法证明本案中甲公司拍卖房地产的计税依据明显偏低。税务机关也并非价格专家，因此，如果本案中的税务机关能请专业机构对该拍卖房地产进行价格评估可能更具有说服力。

2. 税务机关调整甲公司拍卖房地产的计税依据应具备两个条件：第一，证明甲公司拍卖房地产的价格明显偏低；第二，证明甲公司没有正当理由。本案中，由于税务机关没有选取令人信服的参照标准，导致无法判断甲公司拍卖房地产的价格是否偏低。其次，税务机关也没有论证甲公司提出的偿还银行贷款以及拍卖形成的价格自己也无法控制等理由是否属于正当理由。因此，本案中税务机关无权调整甲公司的计税依据。

第三节　税务代理制度

相关法律制度

一、合同相关法律制度

根据《合同法》第 399 条的规定，受托人应当按照委托人的指示处理委托事务。需要变更委托人指示的，应当经委托人同意；因情况紧急，难以和委托人取得联系的，受托人应当妥善处理委托事务，但事后应当将该情况及时报告委托人。

根据《合同法》第 405 条的规定，受托人完成委托事务的，委托人应当向其支付报酬。因不可归责于受托人的事由，委托合同解除或者委托事务不能完成的，委托人应当向受托人支付相应的报酬。当事人另有约定的，按照其约定。

二、税收征收管理相关法律制度

根据《税收征收管理法》第1条的规定，为了加强税收征收管理，规范税收征收和缴纳行为，保障国家税收收入，保护纳税人的合法权益，促进经济和社会发展，制定该法。

根据《税收征收管理法》第3条的规定，税收的开征、停征以及减税、免税、退税、补税，依照法律的规定执行；法律授权国务院规定的，依照国务院制定的行政法规的规定执行。任何机关、单位和个人不得违反法律、行政法规的规定，擅自作出税收开征、停征以及减税、免税、退税、补税和其他同税收法律、行政法规相抵触的决定。

根据《税务登记管理办法》（2014年修正）第40条、《税务登记管理办法》（2019年修正）第38条的规定，已办理税务登记的纳税人未按照规定的期限申报纳税，在税务机关责令其限期改正后，逾期不改正的，税务机关应当派员实地检查，查无下落并且无法强制其履行纳税义务的，由检查人员制作非正常户认定书，存入纳税人档案，税务机关暂停其税务登记证件、发票领购簿和发票的使用。

根据《税务登记管理办法》（2014年修正）第41条、《税务登记管理办法》（2019年修正）第39条的规定，纳税人被列入非正常户超过3个月的，税务机关可以宣布其税务登记证件失效，其应纳税款的追征仍按《税收征收管理法》及其实施细则的规定执行。

三、民事诉讼相关法律制度

根据《民事诉讼法》第200条的规定，当事人的申请符合下列情形之一的，人民法院应当再审：①有新的证据，足以推翻原判决、裁定的；②原判决、裁定认定的基本事实缺乏证据证明的；③原判决、裁定认定事实的主要证据是伪造的；④原判决、裁定认定事实的主要证据未经质证的；⑤对审理案件需要的主要证据，当事人因客观原因不能自行收集，书面申请人民法院调查收集，人民法院未调查收集的；⑥原判决、裁定适用法律确有错误的；⑦审判组织的组成不合法或者依法应当回避的审判人员没有回避的；⑧无诉讼行为能力人未经法定代理人代为诉讼或者应当参加诉讼的当事人，因不能归责于本人或者其诉讼代理人的事由，未参加诉讼的；⑨违反法律规定，剥夺当事人辩论权利的；⑩未经传票传唤，缺席判决的；⑪原判决、裁定遗漏或者超出诉讼请求的；⑫据以作出原判决、裁定的法律文书被撤销或者变更的；⑬审判人员审理该案件时有贪污受贿，徇私舞弊，枉法裁判行为的。

根据《民事诉讼法》第 204 条的规定，人民法院应当自收到再审申请书之日起 3 个月内审查，符合该法规定的，裁定再审；不符合该法规定的，裁定驳回申请。有特殊情况需要延长的，由本院院长批准。因当事人申请裁定再审的案件由中级人民法院以上的人民法院审理，但当事人依照《民事诉讼法》第 199 条的规定选择向基层人民法院申请再审的除外。最高人民法院、高级人民法院裁定再审的案件，由本院再审或者交其他人民法院再审，也可以交原审人民法院再审。

根据《最高人民法院关于适用〈中华人民共和国民事诉讼法〉的解释》第 395 条的规定，当事人主张的再审事由成立，且符合民事诉讼法和该解释规定的申请再审条件的，人民法院应当裁定再审。当事人主张的再审事由不成立，或者当事人申请再审超过法定申请再审期限、超出法定再审事由范围等不符合民事诉讼法和该解释规定的申请再审条件的，人民法院应当裁定驳回再审申请。

相关经典案例

【案例名称】 税务代理纠纷案

案例来源：最高人民法院（2017）最高法民申 4580 号民事裁定书。

【基本事实与各方观点】

再审申请人刘某某因与被申请人郑州甲实业有限公司（以下简称甲公司）委托合同纠纷一案，不服河南省高级人民法院（2015）豫法民二终字第 173 号民事判决，向最高人民法院申请再审。

刘某某申请再审称，二审判决认定的基本事实缺乏证据，根据《民事诉讼法》第 200 条第 2 项之规定，请求撤销二审判决，维持一审判决，全部诉讼费用由甲公司承担。事实与理由如下：

1. 双方签订《委托合同》的初衷是因为甲公司竞买河南乙娱乐有限公司的房产土地要办理过户手续，依照税法的规定，甲公司需缴纳营业税、企业所得税、土地增值税、契税等约数千万元。因此，甲公司看中了刘某某在这方面的能力和办法，可以让甲公司在办理房产过户中少缴税。《委托合同》第 3 条虽然约定了甲公司给付的款项用来支付有关部门的税费，但真实意图是甲公司支付 1050 万元让刘某某解决所有过户所需缴纳的税费。二审判决将第 3 条的约定解读为让刘某某替甲公司去税务部门缴税是错误的。即使如二审判决所言，刘某某也完成了委托事务。刘某某办理了《非正常户认定登记表》，并将该《非正常户认定登记表》交予甲公司，甲公司于 2012 年 11 月 22 日在该《非正常户认定登记表》的两份复印件上加盖甲公司公章并注明"仅限于办理河南乙娱乐有限公司房产过户事宜，他用无效"。涉案房产的房产档案材料里有一份《非正常户认定登记表》，即 2013 年 10 月 23 日甲公司在刘某某处取得的该表复印件上加盖了郑州市地方税务局国际税收管理税务分局公章，还有一份交纳契税的完税证，无其他缴纳税费的凭证，且甲公司已于 2013 年 10 月 25 日取得了涉案房产的房产证。综上看来，该《非正常户认定登记表》相当于免税凭证，亦相当于税票。刘某某办理了《非正常户认定登记表》，使甲公司达到了免交税费的目的，合同目的已经实现。甲公司解除了《委托合同》，以达到拒绝支付合同约定的费用甚至要回已经支付的费用的目的。二审判决却认定刘某某没有向税务部门缴税而判令刘某某返还甲公司已支付的 550 万元，确系错误。

2. 二审判决自相矛盾。该判决既然认为刘某某未按照《委托合同》的约定时间向有关机关缴纳任何费用，又认为刘某某已经完成部分工作，并酌定判令甲公司支付给刘某某 15 万元，自相矛盾。

最高人民法院经审查认为，本案需要审查的主要问题是二审法院判决刘某某返还甲公司 550 万元，并酌定由甲公司支付刘某某报酬 15 万元是否正确。

1. 关于刘某某是否按《委托合同》的约定履行了义务问题。根据《合同法》第 399 条的规定，受托人应当按照委托人的指示处理委托事务。需要变更委托人指示的，应当经委托人同意。本案中双方《委托合同》第 3 条第 1 项约定，甲公司首批支付给刘某某的 550 万元是作为甲公司支付给有关部门的税费，并且余下款项的支付也是以税费办理完（税票出来后）为条件。据此，双方对 550 万元的用途的约定是明确的，刘某某应该按照该约定处理委托事务。但是刘某某收到该 550 万元后，并未向有关机关缴纳税费，亦不能提供缴款的税票和发票。二审庭审时刘某某对于 550 万元的性质陈述称"包括委托费活动费，当时刘某某有把握不用交纳其他费了，并不存在其他费用。没有代甲公司交付其他费用"。刘某某该主张与双方《委托合同》的约定明显不符，其变更 550 万元款项用途亦未经甲公司同意，因此，刘某某主张按《委托合同》的约定履行了义务证据不足。

2. 关于刘某某所称其办理了相当于免税凭证的《非正常户认定登记表》，即视为履行合同义务，甲公司已达到了免交税费的合同目的的问题。第一，根据《税务登记管理办法》第 40 条、第 41 条的规定，非正常户是税务机关对于未按规定期限进行纳税申报，责令其限期改正后逾期不改正的，并经派员实地检查，查无下落并且无法强制履行纳税义务的纳税人的一种认定。纳税人被列入非正常户超过 3 个月的，税务机关可以宣布其税务登记证件失效，其应纳税款的追征仍按《税收征收管理法》及其实施细则的规定执行。另根据郑地税发〔2011〕135 号文件第 3 条的规定，非正常户的证明只用于办理所涉及的房产、土地过户手续，不能凭此办理其他涉税事宜。因此，刘某某主张《非正常户认定登记表》系免税凭证没有提供相关法律依据。第二，该表载明的时间是 2009 年 2 月 17 日，形成于《委托合同》签订之前，即便刘某某将该表复印件交予甲公司，甲公司于 2012 年 11 月 22 日在该表的复印件上加盖了公司公章，也只能证明刘某某是将已经存在的《非正常户认定登记表》交给了甲公司，无法证明系刘某某办理了该登记表。第三，从甲公司自行办理房产证的相关手续来看，甲公司自行缴纳了契税以及相关费用，房产登记部门为其办理了产权证。刘某某称"甲公司需缴纳营业税、企业所得税、土地增值税、契税等约数千万元"亦没有相关依据。第四，根据《税收征收管理法》第 1 条、第 3 条的规定，为保障国家税收收入，保护纳税人的合法权益，税收的开征、停征以及减税、免税、退税、补税，依照法律的规定执行。因此，甲公司取得房产应缴纳的税费种类及数额均应依据相关法律规定进行，行政机关也应依据法律规定征收税款并办理登记过户手续。刘某某通过收取委托活动费的方式欲帮助甲公司达到免交税费的目的，在没有证据证明双方的行为是合理避税的情况下，该行为会妨碍国家税收及房产登记过户制度的正常运行，导致权力寻租腐败行为的发生，该行为不能得到法律的保护。

综上，二审法院判决刘某某向甲公司返还 550 万元款项并无不当。《合同法》第 405 条规定："受托人完成委托事务的，委托人应当向其支付报酬。因不可归责于受托人的事由，委托合同解除或者委托事务不能完成的，委托人应当向受托人支付相应的报酬。当事人另有约定的，按照其约定。"考虑到刘某某前期有一定的付出，二审法院酌定甲公司适当支付刘某某 15 万元报酬亦无不当。刘某某的再审申请不符合《民事诉讼法》第 200 条第 2 项的规定。

2018 年 2 月 26 日，最高人民法院依照《民事诉讼法》第 204 条第 1 款、《最高人民法院关于适用〈中华人民共和国民事诉讼法〉的解释》第 395 条第 2 款的规定，裁定驳回刘某某的再审申请。

【争议焦点】

1. 本案刘某某是否依约完成了委托任务？

2. 税收策划委托合同是否受法律保护？

【案例点评】

1. 本案中甲公司委托刘某某办理纳税相关事宜，其中包括税款缴纳以及合法节税等，但最终的结果应该是依法完成纳税义务。至于实际缴纳多少税款，则要看刘某某合法节税的能力以及相关税法的规定。从本案反映出的事实来看，刘某某并未依法完成纳税义务。因此，本案刘某某并未依约完成委托任务。

2. 税收策划，也被称为税收筹划、纳税筹划、税务筹划等，是在法律允许的范围内，通过对纳税人生产经营以及其他涉税因素的提前安排与规划，导致纳税人依法不产生纳税义务或者产生较少纳税义务或者延迟产生纳税义务结果的行为。税收策划是法律允许的合法行为，在发达国家是非常兴旺的产业。本案判决实际上也肯定了税收策划行为的合法性。

第四节 税务文书的送达

相关法律制度

一、税收征收管理相关法律制度

根据《税收征收管理法实施细则》第 101 条的规定，税务机关送达税务文书，应当直接送交受送达人。受送达人是公民的，应当由本人直接签收；本人不在的，交其同住成年家属签收。受送达人是法人或者其他组织的，应当由法人的法定代表人、其他组织的主要负责人或者该法人、组织的财务负责人、负责收件的人签收。受送达人有代理人的，可以送交其代理人签收。

根据《税收征收管理法实施细则》第 104 条的规定，直接送达税务文书有困难的，可以委托其他有关机关或者其他单位代为送达，或者邮寄送达。

根据《税收征收管理法实施细则》第 106 条的规定，有下列情形之一的，税务机关可以公告送达税务文书，自公告之日起满 30 日，即视为送达：①同一送达事项的受送达人众多；②采用该章规定的其他送达方式无法送达。

二、行政复议相关法律制度

根据《行政复议法》第 9 条的规定，公民、法人或者其他组织认为具体行政行为侵犯其合法权益的，可以自知道该具体行政行为之日起 60 日内提出行政复议申请；但是法律规定的申请期限超过 60 日的除外。因不可抗力或者其他正当理由耽误法定申请期限的，申请期限自障碍消除之日起继续计算。

根据《行政复议法》第 12 条的规定，对县级以上地方各级人民政府工作部门的具体行政行为不服的，由申请人选择，可以向该部门的本级人民政府申请行政复议，也可以向上一级主管部门申请行政复议。对海关、金融、国税、外汇管理等实行垂直领导的行政机关和国家安全机关的具体行政行为不服的，向上一级主管部门申请行政复议。

根据《行政复议法》第 17 条的规定，行政复议机关收到行政复议申请后，应当在 5 日内进行审查，对不符合该法规定的行政复议申请，决定不予受理，并书面告知申请人；对符合该法规定，但是不属于本机关受理的行政复议申请，应当告知申请人向有关行政复议机关提出。除上述规定外，行政复议申请自行政复议机关负责法制工作的机构收到之日起即为受理。

根据《行政复议法实施条例》第 15 条的规定，《行政复议法》第 9 条第 1 款规定的行政复议申请期限的计算，依照下列规定办理：①当场作出具体行政行为的，自具体行政行为作出之日起计算。②载明具体行政行为的法律文书直接送达的，自受送达人签收之日起计算。③载明具体行政行为的法律文书邮寄送达的，自受送达人在邮件签收单上签收之日起计算；没有邮件签收单的，自受送达人在送达回执上签名之日起计算。④具体行政行为依法通过公告形式告知受送达人的，自公告规定的期限届满之日起计算。⑤行政机关作出具体行政行为时未告知公民、法人或者其他组织，事后补充告知的，自该公民、法人或者其他组织收到行政机关补充告知的通知之日起计算。⑥被申请人能够证明公民、法人或者其他组织知道具体行政行为的，自证据材料证明其知道具体行政行为之日起计算。行政机关作出具体行政行为，依法应当向有关公民、法人或者其他组织送达法律文书而未送达的，视为该公民、法人或者其他组织不知道该具体行政行为。

三、行政诉讼相关法律制度

根据《行政诉讼法》第 69 条的规定，行政行为证据确凿，适用法律、法规正确，符合法定程序的，或者原告申请被告履行法定职责或者给付义务理由不成立的，人民法院判决驳回原告的诉讼请求。

根据《行政诉讼法》第 86 条的规定，人民法院对上诉案件，应当组成合议庭，开庭审理。经过阅卷、调查和询问当事人，对没有提出新的事实、证据或者理由，合议庭认为不需要开庭审理的，也可以不开庭审理。

相关经典案例

【案例名称】   税务文书送达纠纷案

案例来源：江苏省高级人民法院（2017）苏行终 1315 号行政判决书。

【基本事实与各方观点】

上诉人沭阳甲国际贸易有限公司（以下简称沭阳甲公司）因诉江苏省国家税务局（以下简称省国税局）行政复议一案，不服江苏省南京市中级人民法院（2017）苏 01 行初 74 号行政判决，向江苏省高级人民法院提起上诉。该院立案受理后依法组成合议庭，依照《行政诉讼法》第 86 条的规定决定不开庭审理。

原审法院认定，沭阳甲公司于 2016 年 12 月 27 日以江苏省宿迁市国家税务局（以下简称宿迁市国税局）为被申请人向省国税局申请行政复议，要求撤销宿迁市国税局作出的宿国税退通［2014］001 号《税务事项通知书》（以下简称 1 号《税务事项通知书》）并退还 2009 年 12 月追缴的已退出口退税款。省国税局收到沭阳甲公司申请后，于 2017 年 1 月 3 日作出苏国税复不受字［2017］1 号《不予受理行政复议申请决定书》（以下简称 1 号《不予受理复议申请决定》），并于同日向沭阳甲公司邮寄送达，认为：沭阳甲公司于 2016 年 12 月 27 日提出的行政复议申请，已经超过行政复议申请期限，决定不予受理复议申请。

沭阳甲公司于 2017 年 1 月 4 日收到该决定书。

另查明，2014 年 4 月 9 日，宿迁市国税局作出 1 号《税务事项通知书》，并于次日前往沭阳甲公司位于沭城镇人民中路 27 号的住所地直接送达，因工作人员在该地址未发现沭阳甲公司办公场所，联系电话亦无法接通，未能送达。2014 年 4 月 11 日，宿迁市国税局采用邮寄方式向沭阳甲公司送达，其中收件地址为"沭阳县沭城镇人民中路 27 号""备用：沭阳县沭城镇工业园区纬二路中段（十字社区）"，并注明"如未妥投请将邮件退回宿迁同城部，请按两地址投递"。2014 年 4 月 16 日，该邮件因"原址查无此人"被退回，未能妥投。2014 年 4 月 25 日，宿迁市国税局通过《宿迁日报》刊登税务文书送达公告，载明：宿迁市国税局经调查，决定对沭阳甲公司申报的出口退税款不予办理退税。1 号《税务事项通知书》的具体内容，请在宿迁市国税局网站查阅，也可到宿迁市国税局领取书面文本。公告自刊登之日起满 30 日，即视为送达。该公告中同时注明了宿迁市国税局的地址、联系人及联系方式，后宿迁市国税局在其网站发布《关于沭阳甲国际贸易有限公司税务文书公告送达有关事项的说明》，并将 1 号《税务事项通知书》作为该说明的附件予以发布。原审再查明，沭阳甲公司的法定代表人李某某，曾因涉嫌非法吸收公众存款罪，于 2014 年 5 月 23 日被刑事拘留，同年 6 月 28 日被逮捕。

原审法院认为，根据《行政复议法》第 12 条第 2 款的规定，省国税局作为宿迁市国税局的上一级主管部门，具有受理该行政复议申请的法定职权。本案中，宿迁市国税局在作出 1 号《税务事项通知书》后，在通过直接送达与邮寄送达的方式均无法送达沭阳甲公司的情况下，采用公告方式送达该税务文书，符合《税收征收管理法实施细则》第 101 条第 1 款、第 104 条、第 106 条第 2 项等规定。沭阳甲公司提出，其法定代表人李某某于 2014 年 5 月 23 日被刑事拘留，故沭阳甲公司在公告期内无法知道宿迁市国税局作出的行政行为。根据《税收征收管理法实施细则》第 106 条的规定，本案中宿迁市国税局于 2014 年 4 月 25 日对 1 号《税务事项通知书》进行公告送达，自公告之日起满 30 日，即视为沭阳甲公司已经知道该行政行为。沭阳甲公司的法定代表人因涉嫌非法吸收公众存款罪被刑事拘留，并非能够阻却将该通知书视为向沭阳甲公司送达的法定事由。沭阳甲公司认为其属于"因正当理由耽误法定申请期限"的情形，亦不具有法律依据。

本案中，沭阳甲公司于 2016 年 12 月 27 日向省国税局申请行政复议，已经超过《行政复议法》第 9 条第 1 款、《行政复议法实施条例》第 15 条第 4 项等规定的法定申请期限。沭阳甲公司依照《行政复议法》第 17 条第 1 款的规定，在 5 日内作出不予受理的决定，并书面告知沭阳甲公司合法。原审法院依照《行政诉讼法》第 69 条之规定，判决驳回沭阳甲公司的诉讼请求。

　　上诉人沭阳甲公司上诉称，宿迁市国税局无法证实采用直接和邮寄送达方式已合法、有效送达了 1 号《税务事项通知书》，在尚未穷尽其他合理送达方式的情况下，采用公告送达方式不符合法律规定，故 1 号《税务事项通知书》不能被视为有效送达。且公告送达亦没有告知上诉人行政复议权利等事项，不符合公告送达的要求。因上诉人于 2016 年 11 月 22 日才知道宿迁市国税局对其出口退税申请作出不予退税的处理决定，故对于上诉人 2016 年 12 月 27 日的行政复议申请，被上诉人应予受理。原审判决认定事实不清。请求法院撤销原审判决，依法改判被上诉人受理上诉人的行政复议申请。

　　被上诉人省国税局答辩称，上诉人的涉案行政复议申请已超过行政复议申请期限。被上诉人作出的不予受理决定认定事实清楚，证据充分，适用法律正确。被上诉人依法履行了行政复议法定职责，经审查后作出不予受理决定，程序合法。请求法院驳回上诉，维持原审判决。

　　二审法院认为，《税收征收管理法实施细则》第 101 条第 1 款、第 104 条、第 106 条第 2 项规定，税务机关送达税务文书，应当直接送交受送达人；直接送达税务文书有困难的，可以委托其他有关机关或者其他单位代为送达，或者邮寄送达；采用第八章规定的其他送达方式无法送达的，税务机关可以公告送达税务文书，自公告之日起满 30 日，即视为送达。本案中宿迁市国税局于 2014 年 4 月 9 日作出 1 号《税务事项通知书》后，因其工作人员于次日前往沭阳甲公司位于沭城镇人民中路 27 号的住所地直接送达未果，故于 2014 年 4 月 11 日又采用邮寄方式向沭阳甲公司送达，因邮局以"原址查无此人"为据将该邮件退回宿迁市国税局，未能妥投。在此情况下，宿迁市国税局于 2014 年 4 月 25 日采用在《宿迁日报》刊登税务文书的方式进行公告送达，符合前述法律规范规定。原审法院关于沭阳甲公司法定代表人李某某虽于 2014 年 5 月 23 日被刑事拘留，但该事由并非法定的能够阻却 1 号《税务事项通知书》已向沭阳甲公司公告送达的事由的认定并无不当。

　　《行政复议法》第 9 条第 1 款规定，公民、法人或者其他组织认为具体行政行为侵犯其合法权益的，可以自知道该具体行政行为之日起 60 日内提出行政复议申请；但是法律规定的申请期限超过 60 日的除外。《行政复议法实施条例》第 15 条第 1 款第 4 项规定，具体行政行为依法通过公告形式告知受送达人的，自公告规定的期限届满之日起计算。本案中，宿迁市国税局于 2014 年 4 月 25 日即采用公告方式向沭阳甲公司送达 1 号《税务事项通知书》，沭阳甲公司于 2016 年 12 月 27 日向省国税局申请行政复议，已经超过法定复议申请期限。省国税局作出不予受理沭阳甲公司复议申请的决定并在法定期限内向沭阳甲公司送达并无不当。原审法院判决驳回沭阳甲公司的诉讼请求正确。

综上，上诉人沭阳甲公司的上诉理由不能成立，法院不予支持。原审判决认定事实清楚，适用法律正确。

2018年3月26日，江苏省高级人民法院依照《行政诉讼法》第89条第1款第1项的规定，判决驳回上诉，维持原判。二审案件受理费人民币50元，由上诉人沭阳甲公司负担。

【争议焦点】

1. 本案税务机关的送达方式是否适当？

2. 本案纳税人耽误复议申请期限是否具有正当理由？

【案例点评】

1. 税务文书送达制度的设立宗旨是以尽可能丰富的方式让纳税人便利获悉税务文书的内容，从而方便纳税人及时履行义务或者行使权利。为此，《税收征收管理法实施细则》确立了直接送达、留置送达、委托送达、邮寄送达以及公告送达等多种方式。由于实践证明公告送达基本无法实现送达的目的，所以，税务机关必须在穷尽其他可能的送达方式以后才能采取公告送达这一最后的方式。本案中税务机关在直接送达未成功的情况下采取了邮寄送达方式，并不十分妥当。因为税务机关直接送达并未找到纳税人，也未联系上纳税人，邮寄送达同样是由邮递员送到相同的地址，怎么可能送达成功？因此，本案中税务机关实际上仅仅采取了一种送达方式，而在未成功时直接选择了公告送达，的确有未穷尽所有送达方式的嫌疑。当然，税务机关可能并不知晓纳税人的法定代表人被刑事羁押的客观情况，即便如此，税务机关也应尝试采取委托送达或多方联系纳税人的其他负责人、财务人员，实在无法送达的，才能采取公告送达的方式。

2. 《行政复议法》设置行政复议申请期限的目的是督促纳税人及时行使权利，如因纳税人自身以外的原因导致其客观无法行使权利，则应允许其在该客观原因消除以后在法定期限内行使权利。《行政复议法》第9条第2款虽然并未明确规定法定代表人被羁押属于正当理由，但也并未排除其为正当理由。复议机关和法院应综合考虑《行政复议法》的立法目的以及纳税人的客观情况，凡不是纳税人怠于行使权利而错过行政复议申请期限的，原则上都应认定为正当理由，都应当给予纳税人行使行政复议权的机会，以便相关税务纠纷能够得到及时彻底的解决。

第七章

税务处罚法经典案例

第一节　偷税的构成要件

相关法律制度

一、税收征收管理相关法律制度

根据《税收征收管理法》第 63 条的规定，纳税人伪造、变造、隐匿、擅自销毁账簿、记账凭证，或者在账簿上多列支出或者不列、少列收入，或者经税务机关通知申报而拒不申报或者进行虚假的纳税申报，不缴或者少缴应纳税款的，是偷税。对纳税人偷税的，由税务机关追缴其不缴或者少缴的税款、滞纳金，并处不缴或者少缴的税款 50% 以上 5 倍以下的罚款；构成犯罪的，依法追究刑事责任。扣缴义务人采取上述所列手段，不缴或者少缴已扣、已收税款，由税务机关追缴其不缴或者少缴的税款、滞纳金，并处不缴或者少缴的税款 50% 以上 5 倍以下的罚款；构成犯罪的，依法追究刑事责任。

根据《国家税务总局关于纳税人取得虚开的增值税专用发票处理问题的通知》（国税发〔1997〕134 号）第 1 条的规定，受票方利用他人虚开的专用发票，向税务机关申报抵扣税款进行偷税的，应当依照《税收征收管理法》及有关规定追缴税款，处以偷税数额 5 倍以下的罚款；进项税金大于销项税金的，还应当调减其留抵的进项税额。利用虚开的专用发票进行骗取出口退税的，应当依法追缴税款，处以骗税数额 5 倍以下的罚款。

根据《国家税务总局关于纳税人取得虚开的增值税专用发票处理问题的通知》第 2 条的规定，在货物交易中，购货方从销售方取得第三方开具的专用发票，或者从销货地以外的地区取得专用发票，向税务机关申报抵押税款或者申请出口退税的，应当按偷税、骗取出口退税处理，依照《税收征收管理法》及有关规定追缴税款，处以偷税、骗取数额 5 倍以下的罚款。

根据《国家税务总局关于纳税人取得虚开的增值税专用发票处理问题的通知》第 3 条的规定，纳税人以上述第 1 条、第 2 条所列的方式取得专用发票未申报抵扣税款，或者未申请出口退税的，应当依照《发票管理办法》及有关规定，按所取得专用发票的份数，分别处以 1 万元以下的罚款；但知道或者应当知道取得的是虚开的专用发票，或者让他人为自己提供虚开的专用发票的，应当从重处罚。

根据《国家税务总局关于纳税人取得虚开的增值税专用发票处理问题的通知》第 4 条的规定，利用虚开的专用发票进行偷税、骗税，构成犯罪的，税务机关依法进行追缴税款等行政处理，并移送司法机关追究刑事责任。

根据《国家税务总局关于北京聚菱燕塑料有限公司偷税案件复核意见的批复》（税总函〔2016〕274 号）的规定，根据《企业所得税法实施条例》第 36 条，该企业为部分管理人员购买的商业保险支出不得在企业所得税税前扣除。但是，该企业税前扣除的上述支出，是企业真实发生的支出。根据你局提供的材料：①除本案所涉及稽查外，未对该企业进行过其他稽查立案处理；②除本案所涉违规列支行为外，未发现该企业成立以来存在其他违规列支行为；③本案所涉该企业为部分管理人员购买的商业保险已在当期代扣代缴了个人所得税。据此，从证据角度不能认定该企业存在偷税的主观故意。综上，我局同意你局的第二种复核意见，即不认定为偷税。

根据《发票管理办法》第 22 条的规定，开具发票应当按照规定的时限、顺序、栏目，全部联次一次性如实开具，并加盖发票专用章。任何单位和个人不得有下列虚开发票行为：①为他人、为自己开具与实际经营业务情况不符的发票；②让他人为自己开具与实际经营业务情况不符的发票；③介绍他人开具与实际经营业务情况不符的发票。

根据《税务稽查工作规程》第 50 条的规定，审理部门接到检查部门移交的《税务稽查报告》及有关资料后，应当在 15 日内提出审理意见。但下列时间不计算在内：①检查人员补充调查的时间；②向上级机关请示或者向相关部门征询政策问题的时间。案情复杂确需延长审理时限的，经稽查局局长批准，可以适当延长。

根据《税务稽查工作规程》第 60 条的规定，税收违法行为涉嫌犯罪的，填制《涉嫌犯罪案件移送书》，经所属税务局局长批准后，依法移送公安机关，并附送以下资料：①《涉嫌犯罪案件情况的调查报告》；②《税务处理决定书》、《税务行政处罚决定书》的复制件；③涉嫌犯罪的主要证据材料复制件；④补缴应纳税款、缴纳滞纳金、已受行政处罚情况明细表及凭据复制件。

二、行政诉讼相关法律制度

根据《行政诉讼法》第 69 条的规定，行政行为证据确凿，适用法律、法规正确，符合法定程序的，或者原告申请被告履行法定职责或者给付义务理由不成立的，人民法院判决驳回原告的诉讼请求。

根据《行政诉讼法》第 91 条的规定，当事人的申请符合下列情形之一的，人民法院应当再审：①不予立案或者驳回起诉确有错误的；②有新的证据，足以推翻原判决、裁定的；③原判决、裁定认定事实的主要证据不足、未经质证或者系伪造的；④原判决、裁定适用法律、法规确有错误的；⑤违反法律规定的诉讼程序，可能影响公正审判的；⑥原判决、裁定遗漏诉讼请求的；⑦据以作出原判决、裁定的法律文书被撤销或者变更的；⑧审判人员在审理该案件时有贪污受贿、徇私舞弊、枉法裁判行为的。

根据《行政诉讼法》第 92 条的规定，各级人民法院院长对本院已经发生法律效力的判决、裁定，发现有该法第 91 条规定情形之一，或者发现调解违反自愿原则或者调解书内容违法，认为需要再审的，应当提交审判委员会讨论决定。最高人民法院对地方各级人民法院已经发生法律效力的判决、裁定，上级人民法院对下级人民法院已经发生法律效力的判决、裁定，发现有该法第 91 条规定情形之一，或者发现调解违反自愿原则或者调解书内容违法的，有权提审或者指令下级人民法院再审。

根据《最高人民法院关于适用〈中华人民共和国行政诉讼法〉的解释》第 116 条的规定，当事人主张的再审事由成立，且符合《行政诉讼法》和该解释规定的申请再审条件的，人民法院应当裁定再审。当事人主张的再审事由不成立，或者当事人申请再审超过法定申请再审期限、超出法定再审事由范围等不符合《行政诉讼法》和该解释规定的申请再审条件的，人民法院应当裁定驳回再审申请。

相关经典案例

【案例名称】　　偷税构成要件及其举证责任案

案例来源：北京市高级人民法院（2017）京行申 1402 号行政裁定书。

【基本事实与各方观点】

再审申请人北京甲油料销售有限公司（以下简称甲公司）因税务行政处罚一案，不服北京市第三中级人民法院（以下简称二审法院）（2017）京 03 行终 164 号行政判决，向北京市高级人民法院申请再审。

2013 年 7 月 15 日，北京市顺义区国家税务局（以下简称顺义国税局）对甲公司作出顺国罚〔2013〕212 号《税务行政处罚决定书》（以下简称被诉处罚决定），决定对甲公司的偷税行为处以罚款 31 209 130.26 元，对甲公司的虚开增值税专用发票行为没收违法所得 601 100 元并处 50 万元罚款，以上应缴款项共计

32 310 230.26元。甲公司不服被诉处罚决定，向北京市顺义区人民法院（以下简称一审法院）提起行政诉讼，请求撤销被诉处罚决定。

一审法院经审理认为，本案中甲公司、顺义国税局双方争议的主要焦点问题如下：

1. 被诉处罚决定认定的事实是否清楚，即甲公司是否存在偷税和虚开增值税专用发票的违法行为。第一，甲公司是否存在偷税行为。《税收征收管理法》第63条第1款规定：纳税人伪造、变造、隐匿、擅自销毁账簿、记账凭证，或者在账簿上多列支出或者不列、少列收入，或者经税务机关通知申报而拒不申报或者进行虚假的纳税申报，不缴或者少缴应纳税款的，是偷税。对纳税人偷税的，由税务机关追缴其不缴或者少缴的税款、滞纳金，并处不缴或者少缴的税款50%以上5倍以下的罚款；构成犯罪的，依法追究刑事责任。《国家税务总局关于纳税人取得虚开的增值税专用发票处理问题的通知》（国税发〔1997〕134号，以下简称134号文）第1条规定：受票方利用他人虚开的专用发票，向税务机关申报抵扣税款进行偷税的，应当依照《税收征收管理法》及有关规定追缴税款，处以偷税数额5倍以下的罚款；进项税金大于销项税金的，还应当调减其留抵的进项税额。利用虚开的专用发票进行骗取出口退税的，应当依法追缴税款，处以骗税数额5倍以下的罚款。本案中，根据山东省东营市中级人民法院（2013）东刑二初字第3号刑事判决书和北京市人民检察院第三分院的京三分检公诉刑不诉（2015）17号不起诉决定书，能够认定济宁市乙化工经贸有限公司（以下简称乙公司）与甲公司之间没有实际货物购销的情况，乙公司向甲公司开具的186份增值税专用发票确属虚开，而甲公司在此情形下将该186份发票抵扣了进项税款。《增值税暂行条例》第9条规定：纳税人购进货物或者应税劳务，取得的增值税扣税凭证不符合法律、行政法规或者国务院主管部门有关规定的，其进项税额不得从销项税额中抵扣。根据上述规定，本案在没有真实货物交易的情况下，甲公司从乙公司取得了虚开的增值税发票，本身不符合法律、行政法规等有关规定，其进项税额依法不应从销项税额中抵扣。现甲公司用没有真实交易虚开的增值税发票抵扣税款，即实际上少缴了税款，造成了国家税收损失，且甲公司提交的证据不能证明其不明知三方没有真实的货物交易。综上，甲公司的行为符合《税收征收管理法》及134号文规定的偷税情形，顺义国税局依据上述规定认定甲公司存在偷税行为并无不当。甲公司关于其不具有偷税的主观故意，因而不构成偷税行为的意见，不予支持。第二，甲公司是否存在虚开增值税专用发票行为。《发票管理办法》（2010年修订）第22条第2款第1项规定，任何单位和个人不得有下列虚开发票行为：为他人、为自己开具与实际经营业务情况不符的发票。本案中，相关生效法律文书和证据能够证明甲公司与乙公司和其他三家公司之间均不存在真实的货物交易，甲公司为该三家公司开具的 193 份增值税专用发票与实际经营业务情况并不相符，其行为符合上述法规规定的情形，故顺义国税局认定甲公司存在虚开增值税专用发票的行为是正确的。甲公司关于其与上述三家公司之间具有真实的货物交易且其向三家公司销售的石油中有自己库销的石油 721.184 吨的意见，缺少充分的证据予以证明，不予支持。

2. 顺义国税局作出被诉处罚决定的执法程序是否违法。第一，被诉处罚决定在司法机关没有作出结论之前作出是否违反法定程序。根据《税务稽查工作规程》第 60 条的规定，税收违法行为涉嫌犯罪的，填制《涉嫌犯罪案件移送书》，经所属税务局局长批准后，依法移送公安机关，并附送以下资料：《涉嫌犯罪案件情况的调查报告》；《税务处理决定书》（在本案为顺国处〔2013〕7 号，以下简称 7 号税务处理决定书）、《税务行政处罚决定书》的复制件；涉嫌犯罪的主要证据材料复制件；补缴应纳税款、缴纳滞纳金、已受行政处罚情况明细表及凭据复制件。134 号文第 4 条规定：利用虚开的专用发票进行偷税、骗税，构成犯罪的，税务机关依法进行追缴税款等行政处理，并移送司法机关追究刑事责任。从上述规定可以看出，行政处罚并非必须等待司法机关追究刑事犯罪的结论作出之后才能进行。故甲公司认为顺义国税局在司法机关对本案作出结论前就作出被诉处罚决定属于程序违法的意见，缺少法律依据，不予支持。第二，顺义国税局是否存在违法超期审理案件的行为。《税务稽查工作规程》第 50 条规定：审理部门接到检查部门移交的《税务稽查报告》及有关资料后，应当在 15 日内提出审理意见。但下列时间不计算在内：检查人员补充调查的时间；向上级机关请示或者向相关部门征询政策问题的时间。案情复杂确需延长审理时限的，经稽查局局长批准，可以适当延长。通过顺义国税局提交的证据可以证实，在行政执法程序中，本案因案情复杂多次补充调查、延期审理，并就相关政策问题向上级机关请示，符合上述规章规定，故顺义国税局不存在违法超期审理案件的情形，甲公司的意见不能成立。第三，顺义国税局是否存在未向甲公司出具《税务检查签证》，没有告知甲公司相关权利、义务，没有听取甲公司意见的行为。从顺义国税局提交的证据可以看出，顺义国税局向甲公司送达了《税务检查签证》，而甲公司拒绝签收。但顺义国税局并没有剥夺甲公司的陈述、申辩等权利，因为在此之后，顺义国税局又向甲公司送达了《税务行政处罚事项告知书》，该告知书中再次告知了甲公司享有上述权利以及听证权利。对于该告知书，甲公司已依法签收，且在之后的听证会中进行了陈述和申辩。因此，顺义国税局并未剥夺甲公司依法享有的相关权利。第四，顺义国税局是否依法向甲公司送达了被诉处罚决定书。尽管庭审中甲公司否认收到被诉处罚决定书，但该处罚决定书和 7 号税务处理决定书均于 2013 年 7 月 15 日作出，通过顺义国税局提交的挂号信回执和投递邮件清单可以看出，2013 年 7 月 15 日顺义国税局向甲公司邮寄了材料，该材料于 2013 年 7 月 19 日被甲公司的门卫魏某签收。现甲公司没有提交证据证明其于 2013 年 7 月 19 日收到的是顺义国税局邮寄的其他材料，故一审法院可以认定甲公司收到的材料就是顺义国税局作出的 7 号税务处理决定书和被诉处罚决定书。第五，甲公司关于顺义国税局没有立案就进行调查、案件没有进行集体审理以及在《税务行政处罚事项告知书》和被诉处罚决定书中未告知甲公司已经查明的证据的意见，缺少事实依据，不予支持。综上，一审法院依照《行政诉讼法》第 69 条的规定，判决驳回甲公司的诉讼请求。

甲公司不服一审判决，向二审法院提起上诉。二审法院经审理判决驳回上诉，维持一审判决。

甲公司向北京市高级人民法院申请再审，请求撤销一、二审判决，并撤销被诉处罚决定。其主要理由为：第一，关于主观故意的认定问题。一、二审判决未对申请人偷税的主观故意作出充分认定，申请人并未授权呼某某以申请人名义从事业务，不具有对中间人呼某某业务行为进行审查的义务和责任。在检察机关经过刑事诉讼程序认定申请人相关负责人"不具有主观故意"的情况下，一、二审判决认为申请人举证不力，就认定申请人具备偷税的主观故意，举证责任分配错误。第二，关于是否造成少缴、不缴税款的问题。增值税是一种过程税种，不能将一个交易分割为两段。只要存在买入与卖出，其应缴税额与是否存在实物交付形式无关。本案属于大宗原料交易中常见的"直销交易模式"，属于正常交易方式。第三，申请人与上述三家公司之间具有 721.184 吨石油的真实货物交易，一、二审判决未经认真查证就否定申请人的主张，认证结论错误。

顺义国税局答辩认为，被诉处罚决定认定事实清楚，适用法律正确，程序合法，一、二审判决正确，请求驳回申请人的再审申请。

经审查，北京市高级人民法院认为，根据《税收征收管理法》第 63 条第 1 款的规定，纳税人伪造、变造、隐匿、擅自销毁账簿、记账凭证，或者在账簿上多列支出或者不列、少列收入，或者经税务机关通知申报而拒不申报或者进行虚假的纳税申报，不缴或者少缴应纳税款的，是偷税。从该规定所列举的情形看，当事人的主观方面系认定偷税行为的必要构成要件。行政机关以构成偷税行为为由对当事人作出行政处罚，应当对当事人不缴或者少缴应纳税款的主观方面进行调查认定，并在当事人提起行政诉讼后就此承担举证责任。本案中，顺义国税局没有就甲公司少缴应纳税款的主观方面进行调查和认定，在诉讼过程中也没有就此提交相应证据。一审判决认为甲公司"提交的证据不能证明其不明知三方没有真实货物交易"，在行政诉讼举证责任分配上存有错误；二审判决的认定建立在"对甲公司所持其不具有主观过错的主张不予支持"的基础上，存在混淆民事法律关系中"主观过错"与行政法律关系中主观故意的问题。在事实认定方面，甲公司在一、二审诉讼程序中一直主张存在与上述三家公司之间关于 721.184 吨石油的真实货物交易，并经一审法院准许提交了销售通知单和甲公司 218 油库付油交运单等直接证据，而一审法院在对该证据予以认证的基础上没有分析是否能够支持甲公司所主张的事实，径行认定甲公司的该项主张"缺少充分的证据予以证明"，理由不足；在甲公司提起上诉再次就此提出主张的情况下，二审判决对此没有予以回应和查证，存有漏审和事实不清的地方。此外，涉案交易模式是否符合市场交易习惯以及被诉处罚决定将涉案交易分割为两个环节分别独立判断是否符合增值税的法律本质的问题，一、二审判决在没有进行相应理由说明的情况下直接对甲公司的相关主张不予支持，亦存有不当。综上，甲公司的再审申请符合《行政诉讼法》第 91 条第 2 项、第 3 项规定的情形，对其再审请求应予支持。甲公司请求撤销一、二审判决和被诉行政处罚决定的主张，应由再审程序依法处理。

2018 年 5 月 28 日，北京市高级人民法院根据《行政诉讼法》第 92 条、《最高人民法院关于适用〈中华人民共和国行政诉讼法〉的解释》第 116 条第 1 款的规定，裁定本案指令北京市第三中级人民法院再审；再审期间，中止原判决的执行。

【争议焦点】

1. 偷税行为的构成要件中是否包括主观故意？

2. 纳税人是否具有偷税的主观故意应由谁承担举证责任？

【案例点评】

1. 《税收征收管理法》第 63 条关于偷税的定义中虽然并未明确规定主观故意要件，但从《税收征收管理法》第 63 条关于偷税具体行为的列举中可以看出，偷税的行为只能由故意行为构成，过失行为不能构成偷税。偷税行为严重的，就构成了刑事违法行为，应按逃税罪（原偷税罪）追究刑事责任。逃税罪的构成要件中包括主观故意，作为情节较轻不追究刑事责任的偷税行为，其构成要件中理应包括主观故意。

2. 税务机关对纳税人的偷税行为作出行政处罚决定，应具有法律依据和事实依据，并依法承担举证责任。因此，纳税人是否具有偷税的主观故意应由税务机关承担举证责任。纳税人没有义务证明自己主观上没有故意。根据举证责任分配的原则，如果税务机关不能证明纳税人主观上具有偷税的故意，则不能认定纳税人的行为构成偷税，不能对纳税人作出行政处罚决定。

第二节　税务行政处罚与追究刑事责任的关系

相关法律制度

一、发票管理相关法律制度

根据《发票管理办法》第 37 条的规定，违反该办法第 22 条第 2 款的规定虚开发票的，由税务机关没收违法所得；虚开金额在 1 万元以下的，可以并处 5 万元以下的罚款；虚开金额超过 1 万元的，并处 5 万元以上 50 万元以下的罚款；构成犯罪的，依法追究刑事责任。非法代开发票的，依照上述规定处罚。

二、行政执法移送相关法律制度

根据《行政执法机关移送涉嫌犯罪案件的规定》（国务院令第 310 号）第 3 条的规定，行政执法机关在依法查处违法行为过程中，发现违法事实涉及的金额、违法事实的情节、违法事实造成的后果等，根据《刑法》关于破坏社会主义市场经济秩序罪、妨害社会管理秩序罪等罪的规定和最高人民法院、最高人民检察院关于破坏社会主义市场经济秩序罪、妨害社会管理秩序罪等罪的司法解释以及最高人民检察院、公安部关于经济犯罪案件的追诉标准等规定，涉嫌构成犯罪，依法需要追究刑事责任的，必须依照该规定向公安机关移送。

根据《行政执法机关移送涉嫌犯罪案件的规定》第 5 条的规定，行政执法机关对应当向公安机关移送的涉嫌犯罪案件，应当立即指定 2 名或者 2 名以上行政执法人员组成专案组专门负责，核实情况后提出移送涉嫌犯罪案件的书面报告，报经本机关正职负责人或者主持工作的负责人审批。行政执法机关正职负责人或者主持工作的负责人应当自接到报告之日起 3 日内作出批准移送或者不批准移送的决定。决定批准的，应当在 24 小时内向同级公安机关移送；决定不批准的，应当将不予批准的理由记录在案。

根据《行政执法机关移送涉嫌犯罪案件的规定》第 8 条的规定，公安机关应当自接受行政执法机关移送的涉嫌犯罪案件之日起 3 日内，依照《刑法》《刑事诉讼法》以及最高人民法院、最高人民检察院关于立案标准和公安部关于公安机关办理刑事案件程序的规定，对所移送的案件进行审查。认为有犯罪事实，需要追究刑事责任，依法决定立案的，应当书面通知移送案件的行政执法机关；认为没有犯罪事实，或者犯罪事实显著轻微，不需要追究刑事责任，依法不予立案的，应当说明理由，并书面通知移送案件的行政执法机关，相应退回案卷材料。

根据《行政执法机关移送涉嫌犯罪案件的规定》第 11 条的规定，行政执法机关对应当向公安机关移送的涉嫌犯罪案件，不得以行政处罚代替移送。行政执法机关向公安机关移送涉嫌犯罪案件前已经作出的警告，责令停产停业，暂扣或者吊销许可证、暂扣或者吊销执照的行政处罚决定，不停止执行。依照《行政处罚法》的规定，行政执法机关向公安机关移送涉嫌犯罪案件前，已经依法给予当事人罚款的，人民法院判处罚金时，依法折抵相应罚金。

三、行政处罚相关法律制度

根据《行政处罚法》第 7 条的规定，公民、法人或者其他组织因违法受到行政处罚，其违法行为对他人造成损害的，应当依法承担民事责任。违法行为构成犯罪，应当依法追究刑事责任，不得以行政处罚代替刑事处罚。

根据《行政处罚法》第 28 条的规定，违法行为构成犯罪，人民法院判处拘役或者有期徒刑时，行政机关已经给予当事人行政拘留的，应当依法折抵相应刑期。违法行为构成犯罪，人民法院判处罚金时，行政机关已经给予当事人罚款的，应当折抵相应罚金。

相关经典案例

【案例名称】   税务行政处罚与追究刑事责任关系案

案例来源：甘肃省高级人民法院（2018）甘行终 305 号行政判决书。

【基本事实与各方观点】

上诉人甘肃省定西市国家税务局稽查局因陇西县甲药业有限公司诉其税务行政处罚一案，不服甘肃省天水市中级人民法院（2016）甘 05 行初 31 号行政判决，向甘肃省高级人民法院提起上诉。

甘肃省天水市中级人民法院作为一审法院，经审理查明，陇西县甲药业有限公司涉嫌虚开增值税专用发票一案，定西市国家税务局稽查局、定西市公安局于 2015 年 12 月 24 日同日分别立案检查、侦查。2015 年 11 月 24 日，定西市公安局书面向定西市国家税务局告知该案符合刑事立案条件，决定立案。被告定西市国家税务局稽查局对该案调查后，认为涉嫌犯罪，于 2016 年 4 月 25 日将案件材料向定西市公安局进行了移送。在定西市公安局对该案刑事侦查阶段，2016 年 4 月 29 日，被告定西市国家税务局稽查局对陇西县甲药业有限公司作出定国税稽罚〔2016〕16 号税务行政处罚决定，根据《发票管理办法》第 37 条的规定，对陇西县甲药业有限公司虚开发票的行为，处以 50 万元的罚款。原告陇西县甲药业有限公司于 2016 年 6 月 20 日向该院提起行政诉讼。

一审法院认为，本案中，定西市公安局对陇西县甲药业有限公司涉嫌虚开增值税专用发票一案，于 2015 年 11 月 24 日立案侦查，并于当日书面向被告进行了告知。《行政执法机关移送涉嫌犯罪案件的规定》第 3 条规定："行政执法机关在依法查处违法行为过程中，发现违法事实涉及的金额、违法事实的情节、违法事实造成的后果等，根据刑法关于破坏社会主义市场经济秩序罪、妨害社会管理秩序罪等罪的规定和最高人民法院、最高人民检察院关于破坏社会主义市场经济秩序罪、妨害社会管理秩序罪等罪的司法解释以及最高人民检察院、公安部关于经济犯罪案件的追诉标准等规定，涉嫌构成犯罪，依法需要追究刑事责任的，必须依照本规定向公安机关移送。"第 8 条规定："公安机关应当自接受行政执法机关移送的涉嫌犯罪案件之日起 3 日内，依照刑法、刑事诉讼法以及最高人民法院、最高人民检察院关于立案标准和公安部关于公安机关办理刑事案件程序的规定，对所移送的案件进行审查。认为有犯罪事实，需要追究刑事责任，依法决定立案的，应当书面通知移送案件的行政执法机关；认为没有犯罪事实，或者犯罪事实显著轻微，不需要追究刑事责任，依法不予立案的，应当说明理由，并书面通知移送案件的行政执法机关，相应退回案卷材料。"第 10 条规定："行政执法机关对公安机关决定不予立案的案件，应当依法作出处理；其中，依照有关法律、法规或者规章的规定应当给予行政处罚的，应当依法实施行政处罚。"第 11条第 3 款规定："依照行政处罚法的规定，行政执法机关向公安机关移送涉嫌犯罪案件前，已经依法给予当事人罚款的，人民法院判处罚金时，依法折抵相应罚金。"第 13 条规定："公安机关对发现的违法行为，经审查，没有犯罪事实，或者立案侦查后认为犯罪事实显著轻微，不需要追究刑事责任，但依法应当追究行政责任的，应当及时将案件移送同级行政执法机关，有关行政执法机关应当依法作出处理。"《行政处罚法》第 7 条第 2 款规定："违法行为构成犯罪，应当依法追究刑事责任，不得以行政处罚代替刑事处罚。"第 28 条第 2 款规定："违法行为构成犯罪，人民法院判处罚金时，行政机关已经给予当事人罚款的，应当折抵相应罚金。"根据以上规定，对涉嫌犯罪的行为，公安机关立案后，依法应由司法机关作出处理；如公安机关认为犯罪事实显著轻微，不需要追究刑事责任不予立案的，或行政执法机关先予立案调查后在向公安机关移送案件之前，行政执法机关可依法对违法行为作出行政处罚。故本案被告在已知公安机关对陇西县甲药业有限公司涉嫌虚开增值税专用发票一案进行了立案侦查的情况下，依法定程序应等待司法机关对本案的处理结果，再决定是否对该公司作出行政处罚。而本案被告在司法机关对该涉嫌犯罪行为未作出最后处理之前，就对原告陇西县甲药业有限公司作出定国税稽罚〔2016〕16 号税务行政处罚决定，违反了以上法律、法规规定，其处罚程序违法，依法应予以撤销。据此，依照《行政诉讼法》第 70 条第 3 项、第 102 条之规定，判决撤销被告定西市国家税务局稽查局对原告陇西县甲药业有限公司作出的定国税稽罚〔2016〕16 号税务行政处罚决定。

上诉人甘肃省定西市国税局稽查局上诉称，一审判决认定事实不清，适用法律错误，没有综合考虑本案的特殊性。定西市国家税务局与定西市国家税务局稽查局分属不同的执法主体；定西市公安局告知对本案立案的对象是定西市国家税务局，并非上诉人；将本案全案移送定西市公安局的主体是定西市国家税务局，并非上诉人；一审判决认定上诉人已知公安机关对被上诉人涉嫌虚开增值税专用发票一案进行了立案侦查的情况，缺乏书证；上诉人对被上诉人进行税务行政处罚执行的是定西市国家税务局重大税务案件审理委员会的决定，该决定依法应当执行，并且作出予以税务行政处罚决定的时间是在定西市国家税务局移送定西市公安局之前。综上，请求二审予以纠正。

被上诉人陇西县甲药业有限公司未提交书面答辩意见。

甘肃省高级人民法院作为二审法院，经审理查明的事实与一审判决认定的事实基本一致，法院予以确认。但一审判决认定被诉行政处罚决定作出的时间为"2016年4月29日"有误，应更正为"2016年5月10日"。

二审法院认为，本案的主要争议焦点是一审法院判决认定上诉人在公安机关立案后对被上诉人作出行政处罚属于程序违法是否正确。《行政处罚法》第28条规定："违法行为构成犯罪，人民法院判处拘役或者有期徒刑时，行政机关已经给予当事人行政拘留的，应当依法折抵相应刑期。违法行为构成犯罪，人民法院判处罚金时，行政机关已经给予当事人罚款的，应当折抵相应罚金。"根据上述规定，对同一违法犯罪行为，原则上只能给予一次人身罚或者财产罚，不能重复适用。根据国务院《行政执法机关移送涉嫌犯罪案件的规定》第3条、第5条、第8条、第11条的规定，如果违法行为已构成犯罪，行政机关不得以行政处罚代替刑事处罚。对当事人的违法行为如何处理，首先应确定其行为的法律性质。如其行为构成犯罪，应由司法机关追究其刑事责任，税务机关作为行政机关对该案不具有管辖权；如其行为系一般行政违法，则应由税务机关依法处理，追究其行政违法责任，予以行政处罚。因此，上诉人在定西市公安局立案后，应等待司法机关作出处理，如司法机关认定被上诉人的行为构成犯罪并对其处以刑罚，上诉人就不应再作行政处罚。税务行政处罚措施被刑罚规定的刑罚措施所吸收，行政处罚与刑罚不应并列适用。如被上诉人的行为不构成犯罪，依照国务院《行政执法机关移送涉嫌犯罪案件的规定》，则公安机关应将案件移交税务机关，此时税务机关才可追究被上诉人的行政责任，给予行政处罚。本案中上诉人在公安机关立案后尚未作出最后处理的情况下对被上诉人作出行政处罚，违反上述规定。一审判决以其程序违法为由予以撤销，并无不当。上诉人的上诉理由不能成立。

2018年5月24日，甘肃省高级人民法院依照《行政诉讼法》第89条第1款第1项之规定，判决驳回上诉，维持原判。二审案件受理费50元，由上诉人甘肃省定西市国家税务局稽查局负担。

【争议焦点】

1. 本案税务机关是否可以在刑事调查过程中作出行政处罚决定？

2. 税务机关是否可以先进行行政处罚再移送公安机关？

【案例点评】

1. 根据国务院《行政执法机关移送涉嫌犯罪案件的规定》，行政机关不可以在刑事调查过程中作出行政处罚决定。但问题的关键是，作出行政处罚决定的税务机关是定西市国家税务局稽查局，而公安机关告知立案的税务机关是定西市国家税务局。定西市国家税务局知道公安机关立案是否能代表定西市国家税务局稽查局也知道公安机关立案？本案税务机关在上诉理由中称，该行政处罚决定是经过定西市国家税务局重大税务案件审理委员会讨论决定的，因此，应当认为定西市国家税务局有违法嫌疑。但根据已知事实，尚难以认定定西市国家税务局稽查局的行政处罚决定违法。

2. 根据国务院《行政执法机关移送涉嫌犯罪案件的规定》第11条的规定似乎可以得出这种结论，即税务机关可以先进行行政处罚再移送公安机关，但简单得出这种结论是不符合《行政执法机关移送涉嫌犯罪案件的规定》的立法精神的。如税务机关在准备作出行政处罚决定时，已经认为纳税人的行为涉嫌犯罪，就只能依法移送公安机关处理，而无权先进行行政处罚，再移送公安机关。只有当税务机关在准备作出行政处罚决定时，根据已经掌握的事实，尚无法认定纳税人的行为涉嫌犯罪，才能作出行政处罚决定。但在作出行政处罚决定后，又发现了一些违法事实，或者税务机关又重新对纳税人的违法行为进行审查，发现其涉嫌犯罪，才能移送公安机关。

第八章

税务行政复议法经典案例

第一节　税务行政复议的范围

相关法律制度

一、行政复议相关法律制度

根据《行政复议法》第 17 条的规定，行政复议机关收到行政复议申请后，应当在 5 日内进行审查，对不符合该法规定的行政复议申请，决定不予受理，并书面告知申请人；对符合该法规定，但是不属于本机关受理的行政复议申请，应当告知申请人向有关行政复议机关提出。除上述规定外，行政复议申请自行政复议机关负责法制工作的机构收到之日起即为受理。

根据《税务行政复议规则》第 14 条的规定，行政复议机关受理申请人对税务机关下列具体行政行为不服提出的行政复议申请：

（1）征税行为，包括确认纳税主体、征税对象、征税范围、减税、免税、退税、抵扣税款、适用税率、计税依据、纳税环节、纳税期限、纳税地点和税款征收方式等具体行政行为，征收税款、加收滞纳金，扣缴义务人、受税务机关委托的单位和个人作出的代扣代缴、代收代缴、代征行为等。

（2）行政许可、行政审批行为。

（3）发票管理行为，包括发售、收缴、代开发票等。

（4）税收保全措施、强制执行措施。

（5）行政处罚行为：①罚款；②没收财物和违法所得；③停止出口退税权。

（6）不依法履行下列职责的行为：①颁发税务登记；②开具、出具完税凭证、外出经营活动税收管理证明；③行政赔偿；④行政奖励；⑤其他不依法履行职责的行为。

（7）资格认定行为。

（8）不依法确认纳税担保行为。

（9）政府信息公开工作中的具体行政行为。

（10）纳税信用等级评定行为。

（11）通知出入境管理机关阻止出境行为。

（12）其他具体行政行为。

根据《税务行政复议规则》第44条的规定，行政复议申请符合下列规定的，行政复议机关应当受理：属于该规则规定的行政复议范围；在法定申请期限内提出；有明确的申请人和符合规定的被申请人；申请人与具体行政行为有利害关系；有具体的行政复议请求和理由；符合该规则第33条和第34条规定的条件；属于收到行政复议申请的行政复议机关的职责范围；其他行政复议机关尚未受理同一行政复议申请，人民法院尚未受理同一主体就同一事实提起的行政诉讼。

根据《税务行政复议规则》第45条的规定，行政复议机关收到行政复议申请以后，应当在5日内审查，决定是否受理。对不符合该规则规定的行政复议申请，决定不予受理，并书面告知申请人。对不属于本机关受理的行政复议申请，应当告知申请人向有关行政复议机关提出。行政复议机关收到行政复议申请以后未按照上述规定期限审查并作出不予受理决定的，视为受理。

二、行政诉讼相关法律制度

根据《行政诉讼法》第89条的规定，人民法院审理上诉案件，按照下列情形，分别处理：①原判决、裁定认定事实清楚，适用法律、法规正确的，判决或者裁定驳回上诉，维持原判决、裁定；②原判决、裁定认定事实错误或者适用法律、法规错误的，依法改判、撤销或者变更；③原判决认定基本事实不清、证据不足的，发回原审人民法院重审，或者查清事实后改判；④原判决遗漏当事人或者违法缺席判决等严重违反法定程序的，裁定撤销原判决，发回原审人民法院重审。原审人民法院对发回重审的案件作出判决后，当事人提起上诉的，第二审人民法院不得再次发回重审。人民法院审理上诉案件，需要改变原审判决的，应当同时对被诉行政行为作出判决。

根据《最高人民法院关于执行〈中华人民共和国行政诉讼法〉若干问题的解释》第56条的规定，有下列情形之一的，人民法院应当判决驳回原告的诉讼请求：①起诉被告不作为理由不能成立的；②被诉具体行政行为合法但存在合理性问题的；③被诉具体行政行为合法，但因法律、政策变化需要变更或者废止的；④其他应当判决驳回诉讼请求的情形。

相关经典案例

【案例名称】　向公安机关移送涉税违法线索行为是否可以复议

案例来源：北京市第二中级人民法院（2016）京02行终1293号行政判决书。

【基本事实与各方观点】

丁某某因诉北京市国家税务局（以下简称市国税局）税务行政复议一案，不服北京市西城区人民法院（2016）京0102行初96号行政判决，向北京市第二中级人民法院提起上诉。

2015年12月28日，市国税局作出京国税复不受字［2015］5号《不予受理行政复议申请决定书》（以下简称5号《决定书》），内容为："申请人：丁某某……被申请人：北京市国家税务局稽查局……申请人认为被申请人对甲顾问咨询（北京）有限公司移送公安机关的行政行为不合法，于2015年12月21日向本机关提出了行政复议申请。经审查，本机关认为：对于税务机关向公安机关移送涉税违法线索的行为属于行政机关之间依法履行职责的内部行为，不属于行政复议范围。故申请人提起的复议申请不符合《税务行政复议规则》第14条、第44条第1项所规定应当受理的条件。根据《行政复议法》第17条、《税务行政复议规则》第45条第1款的规定，决定不予受理。如申请人不服本决定，可以根据《行政复议法》第19条的规定，在收到本决定书之日起15日内向北京市西城区人民法院提起行政诉讼。"

丁某某向一审法院诉称，其对北京市国家税务局稽查局将其移送至公安机关的行政行为提出行政复议申请，属于《税务行政复议规则》规定的行政复议范围，5号《决定书》无法律法规依据，应予撤销。综上，丁某某请求确认5号《决定书》违法并撤销。

市国税局辩称，5号《决定书》认定事实清楚，适用法律正确，程序合法，丁某某的诉讼请求及事实和理由没有事实和法律依据，不能成立，请求依法驳回丁某某的诉讼请求。

2016年7月4日，一审法院作出（2016）京0102行初96号行政判决，认为依照《行政复议法》，市国税局具有接收、审查行政复议申请和作出行政复议决定的法定职责。《税务行政复议规则》第44条规定，行政复议申请符合下列规定的，行政复议机关应当受理：……④申请人与具体行政行为有利害关系。本案中，北京市国家税务局稽查局在对甲顾问咨询（北京）有限公司（以下简称甲公司）执法检查中发现涉嫌违法犯罪线索并将材料移送公安机关的行为，属于行政机关履行的法定义务，该行为对丁某某的合法权益明显不产生实际影响，与丁某某没有法律上的利害关系。5 号《决定书》认定事实清楚，适用法律正确。丁某某请求确认 5 号《决定书》违法并撤销的诉讼请求缺乏事实和法律依据。《税务行政复议规则》第 45 条规定，行政复议机关收到行政复议申请以后，应当在 5 日内审查，决定是否受理。对不符合该规则规定的行政复议申请，决定不予受理，并书面告知申请人。本案中，丁某某于 2015 年 12 月 2 日向市国税局提出行政复议申请，但市国税局在 2015 年 12 月 28 日才作出 5 号《决定书》，超过了《税务行政复议规则》规定的期限，在此予以指明纠正。综上，一审法院依照《最高人民法院关于执行〈中华人民共和国行政诉讼法〉若干问题的解释》第 56 条第 4 项的规定，判决驳回了丁某某的诉讼请求。

丁某某不服一审判决提出上诉，请求撤销一审判决、改判撤销市国税局所作 5 号《决定书》、判令市国税局受理其行政复议申请并进行审查、判令市国税局承担诉讼费及诉讼合理支出。丁某某的上诉理由如下：行政机关移送违法线索的行为是该机关法定职责，而非行政机关内部之间的沟通往来，5 号《决定书》认定税务机关向公安机关移送涉税违法线索的行为属于行政机关之间的内部行政行为，是对行政行为性质的认定错误；北京市国家税务局稽查局的移送行为对丁某某的合法权益产生了实际影响，已导致丁某某被北京市公安局传唤并刑事拘留，一审判决认定该移送行为对丁某某的合法权益不产生实际影响是错误的；5 号《决定书》没有援引法律依据，属于适用法律错误；一审判决未依照《税务行政复议规则》第 45 条、第 47 条的有关规定作出判定，适用法律法规错误。

市国税局同意一审判决，请求予以维持。

在一审诉讼期间，市国税局在法定举证期限内提交了如下证据材料，并经庭审质证：京国税稽罚〔2015〕JW2 号《税务行政处罚决定书》，证明北京市国家税务局稽查局对甲公司作出税务处罚决定；税务行政复议申请书、行政复议申请回执，证明 2015 年 12 月 2 日市国税局收到丁某某的税务行政复议申请书；《补正行政复议申请通知书》、寄件客户存根，证明 2015 年 12 月 9 日市国税局向丁某某送达《补正行政复议申请通知书》，要求丁某某进行补正；税务行政复议申请书补正书，证明 2015 年 12 月 15 日丁某某对行政复议申请书进行补正；税务行政复议申请书补正书之二、顺丰速运第三联—收件公司存根，证明 2015 年 12 月 21 日市国税局收到丁某某对行政复议申请作出的第二次补正书；EMS 寄件人存根，证明 2015 年 12 月 28 日市国税局向丁某某邮寄送达 5 号《决定书》。

经庭审质证，一审法院对上述证据材料作如下认定：市国税局提交的证据材料符合《最高人民法院关于行政诉讼证据若干问题的规定》中关于证据形式的要求，予以确认。

一审法院已将上述证据材料全部移送二审法院。二审法院审查后认定：一审法院对市国税局一审诉讼期间提交的上述证据材料所作认证符合《最高人民法院关于行政诉讼证据若干问题的规定》的有关规定，是正确的，法院作同样认定。

二审法院根据上述被认定合法有效的证据认定如下案件事实：2015 年 12 月 2 日，丁某某向市国税局提交《税务行政复议申请书》，请求：确认北京市国家税务局稽查局将本案移交公安机关之行政行为不合法；撤销北京市国家税务局稽查局作出的京国税稽罚［2015］JW2 号税务行政处罚决定书；撤销北京市国家税务局稽查局作出的京国税稽处［2015］JW3 号税务处理决定书。2015 年 12 月 28 日，市国税局针对上述三项请求分别作出 5 号《决定书》、《不予受理行政复议申请决定书》（京国税复不受字［2015］4 号）、《不予受理行政复议申请决定书》（京国税复不受字［2015］3 号）。

二审法院认为，行政复议申请人申请行政复议的事项应属于行政复议范围。本案中，丁某某向市国税局申请行政复议的事项是北京市国家税务局稽查局向公安机关移送甲公司税收违法线索的行为。该移送行为并未对甲公司或者丁某某设定权利义务，对甲公司或者丁某某的权益不产生直接影响，不属于《行政复议法》规定的行政复议范围。据此，市国税局作出 5 号《决定书》，认定丁某某提起的复议申请不符合《税务行政复议规则》第 14 条、第 44 条第 1 项所规定的受理条件，并根据《行政复议法》第 17 条、《税务行政复议规则》第 45 条第 1 款的规定，决定不予受理是正确的。综上，一审法院依照《最高人民法院关于执行〈中华人民共和国行政诉讼法〉若干问题的解释》第 56 条第 4 项的规定，判决驳回丁某某的诉讼请求是正确的，应予维持。

2016 年 10 月 28 日，北京市第二中级人民法院依照《行政诉讼法》第 89 条第 1 款第 1 项的规定，判决如下：驳回上诉，维持一审判决。一、二审案件受理费各 50 元，均由丁某某负担（均已交纳）。

【争议焦点】

1. 税务机关移送涉税违法线索是否属于税务行政复议的范围？

2. 税务行政复议机关延期作出不予受理决定会导致什么法律后果？

【案例点评】

1. 税务机关发现税收违法线索理应将该线索移送相关机关予以调查处理，这是税务机关的法定职责。该移送行为不会对纳税人的权利义务产生任何影响，不属于税务行政复议的范围。除税务机关以外，其他任何单位和个人，发现税收违法线索，也有权利和义务向有关机关进行举报。举报违法行为是受《宪法》保护的合法行为，目前，尚不属于行政复议和行政诉讼的受案范围。

2. 税务行政复议机关收到复议申请后，应当在 5 日内进行审查，决定不予受理的，应在 5 日内书面告知申请人。本案中税务机关在收到申请后第 26 日才作出不予受理的决定，违反了《行政复议法》第 17 条的规定。此时，应视为税务复议机关已经受理复议申请。

第二节　税务行政复议的主体

相关法律制度

一、税收征收管理相关法律制度

根据《税收征收管理法》第 4 条的规定，法律、行政法规规定负有纳税义务的单位和个人为纳税人。法律、行政法规规定负有代扣代缴、代收代缴税款义务的单位和个人为扣缴义务人。纳税人、扣缴义务人必须依照法律、行政法规的规定缴纳税款、代扣代缴、代收代缴税款。

根据《税收征收管理法》第 57 条的规定，税务机关依法进行税务检查时，有权向有关单位和个人调查纳税人、扣缴义务人和其他当事人与纳税或者代扣代缴、代收代缴税款有关的情况，有关单位和个人有义务向税务机关如实提供有关资料及证明材料。

二、行政复议相关法律制度

根据《行政复议法》第 17 条的规定，行政复议机关收到行政复议申请后，应当在 5 日内进行审查，对不符合该法规定的行政复议申请，决定不予受理，并书面告知申请人；对符合该法规定，但是不属于本机关受理的行政复议申请，应当告知申请人向有关行政复议机关提出。除上述规定外，行政复议申请自行政复议机关负责法制工作的机构收到之日起即为受理。

根据《行政复议法实施条例》第 28 条的规定，行政复议申请符合下列规定的，应当予以受理：①有明确的申请人和符合规定的被申请人；②申请人与具体行政行为有利害关系；③有具体的行政复议请求和理由；④在法定申请期限内提出；⑤属于《行政复议法》规定的行政复议范围；⑥属于收到行政复议申请的行政复议机构的职责范围；⑦其他行政复议机关尚未受理同一行政复议申请，人民法院尚未受理同一主体就同一事实提起的行政诉讼。

根据《税务行政复议规则》第 45 条的规定，行政复议机关收到行政复议申请以后，应当在 5 日内审查，决定是否受理。对不符合该规则规定的行政复议申请，决定不予受理，并书面告知申请人。对不属于本机关受理的行政复议申请，应当告知申请人向有关行政复议机关提出。行政复议机关收到行政复议申请以后未按照上述规定期限审查并作出不予受理决定的，视为受理。

三、行政诉讼相关法律制度

根据《行政诉讼法》第 25 条的规定，行政行为的相对人以及其他与行政行为有利害关系的公民、法人或者其他组织，有权提起诉讼。有权提起诉讼的公民死亡，其近亲属可以提起诉讼。有权提起诉讼的法人或者其他组织终止，承受其权利的法人或者其他组织可以提起诉讼。人民检察院在履行职责中发现生态环境和资源保护、食品药品安全、国有财产保护、国有土地使用权出让等领域负有监督管理职责的行政机关违法行使职权或者不作为，致使国家利益或者社会公共利益受到侵害的，应当向行政机关提出检察建议，督促其依法履行职责。行政机关不依法履行职责的，人民检察院依法向人民法院提起诉讼。

根据《行政诉讼法》第 49 条的规定，提起诉讼应当符合下列条件：①原告是符合《行政诉讼法》第 25 条规定的公民、法人或者其他组织；②有明确的被告；③有具体的诉讼请求和事实根据；④属于人民法院受案范围和受诉人民法院管辖。

根据《最高人民法院关于适用〈中华人民共和国行政诉讼法〉的解释》第 119 条的规定，人民法院按照审判监督程序再审的案件，发生法律效力的判决、裁定是由第一审法院作出的，按照第一审程序审理，所作的判决、裁定，当事人可以上诉；发生法律效力的判决、裁定是由第二审法院作出的，按照第二审程序审理，所作的判决、裁定，是发生法律效力的判决、裁定；上级人民法院按照审判监督程序提审的，按照第二审程序审理，所作的判决、裁定是发生法律效力的判决、裁定。人民法院审理再审案件，应当另行组成合议庭。

根据《最高人民法院关于适用〈中华人民共和国行政诉讼法〉的解释》第 122 条的规定，人民法院审理再审案件，认为原生效判决、裁定确有错误，在撤销原生效判决或者裁定的同时，可以对生效判决、裁定的内容作出相应裁判，也可以裁定撤销生效判决或者裁定，发回作出生效判决、裁定的人民法院重新审理。

相关经典案例

【案例名称】　　企业注销以后税务处罚责任的承担

案例来源：北京市第二中级人民法院（2018）京 02 行再 2 号行政裁定书。

【基本事实与各方观点】

再审申请人丁某某与被申请人国家税务总局北京市税务局（以下简称市国税局）税务行政复议一案，不服北京市第二中级人民法院（2016）京 02 行终 1291 号行政判决书，向北京市高级人民法院申请再审。北京市高级人民法院于 2017 年 11 月 24 日以（2017）京行申 973 号行政裁定，指令北京市第二中级人民法院再审本案。

丁某某申请再审称，请求撤销北京市西城区人民法院（2016）京 0102 行初 98 号行政判决书和北京市第二中级人民法院（2016）京 02 行终 1291 号行政判决，重新审理本案。其事实和理由如下：

1. 国家税务总局北京市税务局稽查局（以下简称市国税局稽查局）作出京国税稽处［2015］JW3 号《税务处理决定书》（以下简称 JW3 号《税务处理决定书》）系对"死去"的甲顾问咨询（北京）有限公司（以下简称甲公司）作出，该具体行政行为自始无效。2007 年 11 月 9 日，丁某某出资设立甲公司，该公司类型为自然人独资有限责任公司，丁某某为法定代表人。2012 年 5 月 16 日，甲公司注销。2015 年 11 月 27 日，市国税局稽查局作出 JW3 号《税务处理决定书》，决定对该公司 2009 年 1 月 1 日至 2011 年 12 月 31 日之间的违法行为作出处罚，追缴 2009 年企业所得税 496 125 元，2010 年企业所得税 59 062.5 元，2011 年企业所得税 1 308 451.48 元，合计追缴税款 1 863 638.98 元，并加收滞纳金。市国税局稽查局作出该具体行政行为时，甲公司主体已经"死亡"3 年多，在主体已经灭失的情况下，市国税局稽查局作出的处理决定书自始无效。

2. 丁某某是与本案具体行政行为有利害关系的公民，其有权提起本案诉讼。市国税局稽查局送达 JW3 号《税务处理决定书》时，甲公司主体已经灭失，市国税局稽查局并未写明受送达人是谁。丁某某作为受送达人在《税务文书送达回证》上注明"我是该公司原法人，该公司已注销，我是以个人名义签，然后以个人名义给付钱款并进行复议和诉讼"。可见丁某某是 JW3 号《税务处理决定书》的实际签收人。同时，丁某某是 JW3 号《税务处理决定书》项下罚款的实际缴款人。2015 年 12 月 1 日，丁某某在中国工商银行北京朝阳支行通过其个人账户×××向账号×××缴纳税款 1 863 638.98 元，滞纳金、罚款 1 383 939.16 元，总计 3 247 578.14 元。丁某某是 JW3 号《税务处理决定书》的签收人，又是罚款的实际缴纳人，该行政行为对其合法权益已经产生重大影响，甲公司是一人有限公司，丁某某是这家公司唯一的股东，在公司注销的情况下，只能由唯一的股东行使相应的权利。根据《行政诉讼法》第 25 条"行政行为的相对人以及其他与行政行为有利害关系的公民、法人或者其他组织，有权提起诉讼"之规定，丁某某作为本案利害关系人，有权提起本案诉讼。其提起本案诉讼亦符合《行政诉讼法》第 49 条之规定。

3. 依据《税务行政复议规则》第 44 条，丁某某是利害关系人，有权提起行政复议。丁某某是 JW3 号《税务处理决定书》的签收人，税款、滞纳金的实际缴纳人，其与该具体行政行为有利害关系，其有权依据《税务行政复议规则》第 44 条之规定提起复议。2015 年 12 月 28 日，市国税局作出京国税复不受字

[2015] 3 号《不予受理行政复议申请决定书》（以下简称 3 号《决定书》）有误。

市国税局答辩如下：

1. 市国税局作出的 3 号《决定书》认定事实清楚，适用法律正确，程序合法，并无不当。2015 年 12 月 2 日，丁某某向市国税局提交《税务行政复议申请书》，请求：确认市国税局稽查局将本案移交公安机关之行政行为不合法；撤销市国税局稽查局作出的京国税稽罚 [2015] JW2 号税务行政处罚决定书；撤销市国税局稽查局作出的 JW3 号《税务处理决定书》。经审查，市国税局认为：该行政复议的申请主体资格存疑，需要补正相关材料。市国税局于 2015 年 12 月 9 日向丁某某作出《补正行政复议申请通知书》，要求丁某某就申请人主体问题进行明确。丁某某先后向市国税局提交了《税务行政复议申请书补正书》和《税务行政复议申请书补正书之二》，明确"以个人名义向贵机关提出《税务行政复议申请书》"。经查，丁某某据以提出行政复议申请的 JW3 号《税务处理决定书》，是市国税局稽查局对甲公司作出的具体行政行为，该具体行政行为并未对丁某某设定任何义务，不存在市国税局稽查局对丁某某作出任何具体行政行为的事实，其复议申请不符合税务行政复议的受理条件。根据《行政复议法》第 17 条、《税务行政复议规则》第 45 条第 1 款的规定，决定不予受理丁某某请求撤销 JW3 号《税务处理决定书》的申请，于 2015 年 12 月 28 日作出 3 号《决定书》并邮寄送达丁某某。

2. 丁某某的诉讼请求及理由没有事实和法律依据，不能成立。第一，丁某某据以提起行政复议申请的事实及理由，是市国税局稽查局对甲公司作出了税务处理决定，这一事实本身已经证明了市国税局稽查局未对丁某某作出任何具体行政行为，未赋予丁某某任何义务。税务机关都是针对处理决定书的处理对象实施的行为，不导致市国税局稽查局作出的税务处理决定对丁某某产生缴纳税款的法律后果，丁某某诉称的其实际缴纳税款的情况，无论是否属实，出于何种动机，与市国税局稽查局作出的税务处理决定都不存在法律上的因果关系。第二，《税收征收管理法》第 4 条规定：法律、行政法规规定负有纳税义务的单位和个人为纳税人。据此，只要发生了税法规定的纳税义务，就构成税法意义上的纳税人，税务机关就有权对其进行征收管理。本案中，市国税局稽查局查处的纳税人是甲公司，丁某某仅是作为该公司的原法定代表人履行配合税务机关对该公司查处的义务，《税收征收管理法》第 57 条规定：税务机关依法进行税务检查时，有权向有关单位和个人调查纳税人、扣缴义务人和其他当事人与纳税或者代扣代缴、代收代缴税款有关的情况，有关单位和个人有义务向税务机关如实提供有关资料及证明材料。第三，根据依法行政的原则，行政复议的参加人是由法律、行政法规规定的，对此，复议机关及有关单位和个人均不得改变行政复议的参加人。至于丁某某诉称的"可能减损甲的合法权益也可能减损乙的合法权益"的说法，不具有法律上的意义，市国税局稽查局对甲公司作出税务处理后，由谁实际承担税款，这属于行为人之间的民事法律关系范畴，与税务机关的行政行为无法律上的关系。综上所述，请求法院依法驳回丁某某的再审请求。

北京市第二中级人民法院认为，根据本案查明的事实，甲公司已经于2012年注销，其作为责任主体的法律地位已不存在，丁某某作为原公司唯一的股东是该行政行为的利害关系人，具有对相关处理决定提起行政复议的权利。原一、二审法院以市国税局稽查局作出的JW3号《税务处理决定书》的直接相对人系甲公司而非丁某某，该处理决定亦非直接剥夺、限制丁某某的权利或直接赋予丁某某义务为由，认定丁某某提起的本案行政复议不符合《行政复议法实施条例》第28条第2项、《税务行政复议规则》第44条第4项的规定，属于适用法律错误，应予纠正。

2018年8月22日，北京市第二中级人民法院依照《最高人民法院关于适用〈中华人民共和国行政诉讼法〉的解释》第119条、第122条之规定，裁定撤销北京市第二中级人民法院（2016）京02行终1291号行政判决及北京市西城区人民法院（2016）京0102行初98号行政判决；该案发回北京市西城区人民法院重审。

【争议焦点】

1. 企业注销以后，税务机关是否还能对其进行调查和处罚？
2. 企业注销以后，股东是否可以代表企业进行复议和诉讼？

【案例点评】

1. 企业注销以后，其主体资格消灭，但并不意味着其本应承担的责任也一并消灭。税收违法行为往往是多年以后才能被发现，从发现税收违法行为，到税务机关开展调查并作出处罚决定还有较长一段时间。如一概认为企业注销以后，所有法律责任一概不需承担，一方面使得相关政府机关会在企业注销环节设置障碍，影响企业顺利及时注销，另一方面也不符合保护国家利益以及其他主体合法利益的原则。因此，企业注销以后，税务机关仍可以对其存续期间的违法行为进行调查和处罚。相关责任可以由企业的股东承担。

2. 企业注销以后，其主体资格消灭。但如此时，税务机关对企业展开调查并进行处罚，股东可以代表企业履行纳税义务并依法代表企业进行复议和诉讼。在允许税务机关对已经注销的企业进行调查和处罚的同时，当然应赋予其相应的救济权，此时，由于企业已经被注销，相应救济权应由实际承担责任的股东来行使。

第三节　税务行政复议的申请期限

相关法律制度

一、税收征收管理相关法律制度

根据《税收征收管理法实施细则》第 101 条的规定，税务机关送达税务文书，应当直接送交受送达人。受送达人是公民的，应当由本人直接签收；本人不在的，交其同住成年家属签收。受送达人是法人或者其他组织的，应当由法人的法定代表人、其他组织的主要负责人或者该法人、组织的财务负责人、负责收件的人签收。受送达人有代理人的，可以送交其代理人签收。

二、行政复议相关法律制度

根据《行政复议法》第 9 条的规定，公民、法人或者其他组织认为具体行政行为侵犯其合法权益的，可以自知道该具体行政行为之日起 60 日内提出行政复议申请；但是法律规定的申请期限超过 60 日的除外。因不可抗力或者其他正当理由耽误法定申请期限的，申请期限自障碍消除之日起继续计算。

根据《行政复议法》第 12 条的规定，对县级以上地方各级人民政府工作部门的具体行政行为不服的，由申请人选择，可以向该部门的本级人民政府申请行政复议，也可以向上一级主管部门申请行政复议。对海关、金融、国税、外汇管理等实行垂直领导的行政机关和国家安全机关的具体行政行为不服的，向上一级主管部门申请行政复议。

根据《税务行政复议规则》第 32 条的规定，申请人可以在知道税务机关作出具体行政行为之日起 60 日内提出行政复议申请。因不可抗力或者被申请人设置障碍等原因耽误法定申请期限的，申请期限的计算应当扣除被耽误时间。

根据《税务行政复议规则》第 45 条的规定，行政复议机关收到行政复议申请以后，应当在 5 日内审查，决定是否受理。对不符合该规则规定的行政复议申请，决定不予受理，并书面告知申请人。对不属于本机关受理的行政复议申请，应当告知申请人向有关行政复议机关提出。行政复议机关收到行政复议申请以后未按照上述规定期限审查并作出不予受理决定的，视为受理。

三、行政诉讼相关法律制度

根据《行政诉讼法》第 26 条的规定，公民、法人或者其他组织直接向人民法院提起诉讼的，作出行政行为的行政机关是被告。经复议的案件，复议机关决定维持原行政行为的，作出原行政行为的行政机关和复议机关是共同被告；复议机关改变原行政行为的，复议机关是被告。复议机关在法定期限内未作出复议决定，公民、法人或者其他组织起诉原行政行为的，作出原行政行为的行政机关是被告；起诉复议机关不作为的，复议机关是被告。两个以上行政机关作出同一行政行为的，共同作出行政行为的行政机关是共同被告。行政机关委托的组织所作的行政行为，委托的行政机关是被告。行政机关被撤销或者职权变更的，继续行使其职权的行政机关是被告。

根据《行政诉讼法》第 69 条的规定，行政行为证据确凿，适用法律、法规正确，符合法定程序的，或者原告申请被告履行法定职责或者给付义务理由不成立的，人民法院判决驳回原告的诉讼请求。

根据《行政诉讼法》第 86 条的规定，人民法院对上诉案件，应当组成合议庭，开庭审理。经过阅卷、调查和询问当事人，对没有提出新的事实、证据或者理由，合议庭认为不需要开庭审理的，也可以不开庭审理。

相关经典案例

【案例名称】　　　　　**税务行政复议的申请期限案**

案例来源：江苏省高级人民法院（2017）苏行终 1227 号行政判决书。

【基本事实与各方观点】

上诉人江苏甲工贸有限公司（以下简称甲公司）因诉国家税务总局江苏省税务局行政复议一案，不服江苏省南京市中级人民法院（2016）苏 01 行初 643 号行政判决，向江苏省高级人民法院提起上诉。该院受理后依法组成合议庭，经阅卷、调查和询问当事人，依照《行政诉讼法》第 86 条的规定决定不开庭审理。

原审法院认定，张某某系甲公司执行董事兼总经理，王某某系甲公司股东兼监事。2015 年 8 月 4 日，甲公司在税务机关登记的财务负责人由李某变更为潘某某。2016 年 9 月 13 日，原淮安市国家税务局稽查局淮安国税稽处［2016］171 号《税务处理决定书》（以下简称 171 号《决定书》），于 2016 年 9 月 14 日在网上公告送达。2016 年 9 月 18 日，原盱眙县国家税务局稽查局工作人员陈某、朱某某将该决定书直接送达给潘某某。甲公司不服该决定书，于 2016 年 11 月 25 日向原江苏省国家税务局提出行政复议申请，原江苏省国家税务局于当日签收，经审查，认为甲公司提出的行政复议申请超出了法定的申请期限，于 2016 年 12 月 1 日作出苏国税复受字（2016）2 号《不予受理行政复议申请决定书》（以下简称 2 号《不予受理复议决定书》），并于当日邮寄送达。甲公司不服，提起行政诉讼。

原审法院认为，《行政复议法》第 12 条第 2 款规定，对海关、金融、国税、外汇管理等实行垂直领导的行政机关和国家安全机关的具体行政行为不服的，向上一级主管部门申请行政复议。原江苏省国家税务局作为原淮安市国家税务局稽查局的上一级主管部门，具有受理该行政复议申请的法定职权。

《税收征收管理法实施细则》第 101 条第 3 款规定，税务文书的送达，受送达人是法人或者其他组织的，应当由法人的法定代表人、其他组织的主要负责人或者该法人、组织的财务负责人、负责收件的人签收。受送达人有代理人的，可以送交其代理人签收。本案中，潘某某系甲公司在税务机关登记的财务负责人，原淮安市国家税务局稽查局于 2016 年 9 月 18 日将税务文书 171 号《决定书》送达给潘某某本人签收，符合上述规定。潘某某签收该决定书，视为甲公司已经知道该具体行政行为，甲公司应当按照《行政复议法》第 9 条、《税务行政复议规则》第 32 条的规定，自知道该具体行政行为之日起 60 日内提出行政复议申请，故甲公司于 2016 年 11 月 25 日提出行政复议申请，已经超过法定的申请期限，原江苏省国家税务局依照《行政复议法》第 17 条、《税务行政复议规则》第 45 条的规定，在 5 日内作出不予受理的决定，并书面告知，认定事实清楚，适用法律法规正确，程序合法。原审法院依照《行政诉讼法》第 69 条之规定，判决驳回甲公司的诉讼请求。

上诉人甲公司上诉称，上诉人不知道潘某某签收的事实，其申请行政复议未超过法定期限。请求法院撤销原审判决，依法改判支持其诉讼请求或者发回重审。

被上诉人国家税务总局江苏省税务局答辩称，上诉人超过法定期限申请行政复议，2 号《不予受理复议决定书》驳回上诉人的申请正确，复议程序合法；原审判决认定事实清楚，适用法律正确，程序合法。请求法院驳回上诉，维持原判。

江苏省高级人民法院经审理查明的事实与一审判决认定的事实一致。另查明，原江苏省国家税务局和江苏省地方税务局于 2018 年 6 月 15 日正式合并成立国家税务总局江苏省税务局。

江苏省高级人民法院认为，《行政诉讼法》第 26 条第 6 款规定，行政机关被撤销或者职权变更的，继续行使其职权的行政机关是被告。据此，国家税务总局江苏省税务局是本案的适格被告。

《行政复议法》第 12 条第 2 款规定，对海关、金融、国税、外汇管理等实行垂直领导的行政机关和国家安全机关的具体行政行为不服的，向上一级主管部门申请行政复议。据此，原江苏省国家税务局作为原淮安市国家税务局稽查局的上一级主管部门，具有受理涉案行政复议申请的法定职权。

《税收征收管理法实施细则》第 101 条第 1 款规定，税务机关送达税务文书，应当直接送交受送达人。第 3 款规定，受送达人是法人或者其他组织的，应当由法人的法定代表人、其他组织的主要负责人或者该法人、组织的财务负责人、负责收件的人签收。受送达人有代理人的，可以送交其代理人签收。本案中，潘某某系甲公司在税务机关登记的财务负责人，原淮安市国家税务局稽查局于 2016 年 9 月 18 日将 171 号《决定书》送达给潘某某本人签收，符合上述规定。潘某某签收该决定书，应当认定为 171 号《决定书》已经送达给甲公司。《行政复议法》第 9 条第 1 款规定，公民、法人或者其他组织认为具体行政行为侵犯其合法权益的，可以自知道该具体行政行为之日起 60 日内提出行政复议申请；但是法律规定的申请期限超过 60 日的除外。《税务行政复议规则》第 32 条第 1 款规定，申请人可以在知道税务机关作出具体行政行为之日起 60 日内提出行政复议申请。根据上述规定，甲公司应当自 2016 年 9 月 18 日起 60 日内提出行政复议申请，而甲公司于 2016 年 11 月 25 日提出涉案行政复议申请，已经超过法定的申请期限，原江苏省国家税务局作出 2 号《不予受理复议决定书》并无不当。《行政复议法》第 17 条第 1 款规定，行政复议机关收到行政复议申请后，应当在 5 日内进行审查，对不符合该法规定的行政复议申请，决定不予受理并书面告知申请人；对符合该法规定，但是不属于本机关受理的行政复议申请，应当告知申请人向有关行政复议机关提出。《税务行政复议规则》第 45 条第 1 款规定，行政复议机关收到行政复议申请以后，应当在 5 日内审查，决定是否受理。对不符合该规则规定的行政复议申请，决定不予受理，并书面告知申请人。原江苏省国家税务局于 2016 年 11 月 25 日签收涉案行政复议申请，于同年 12 月 1 日作出 2 号《不予受理复议决定书》并于当日邮寄送达，行政程序合法。故原审法院判决驳回甲公司的诉讼请求正确。

综上，上诉人甲公司的上诉请求和理由不能成立，法院不予支持。原审判决认定事实清楚，适用法律正确，审判程序合法，依法应予维持。

2018 年 10 月 11 日，江苏省高级人民法院依照《行政诉讼法》第 89 条第 1 款第 1 项的规定，判决驳回上诉，维持原判。二审案件受理费人民币 50 元，由上诉人甲公司负担。

【争议焦点】

1. 税务机关将税务文书送达纳税人的财务负责人是否合法？

2. 如因纳税人收件人的原因导致纳税人不知道税务决定的存在从而错过税务行政复议申请期限，应如何救济？

【案例点评】

1. 根据《税收征收管理法实施细则》第 101 条第 3 款的规定，税务机关将税务文书送达纳税人的财务负责人是合法的。但法律规定的第一送达人是法定代表人或者主要负责人。因此，对于比较重要的税务文书，税务机关应首先考虑向法定代表人或者主要负责人送达，因为最终承担责任的是法定代表人或者主要负责人，只有当法定代表人或者主要负责人不方便接收或者无法联系时，再向财务负责人送达才比较稳妥。

2.《行政复议法》第 9 条第 1 款虽然规定提出行政复议申请的期限为纳税人知道具体行政行为之日起 60 日内，但其第 2 款还有例外规定："因不可抗力或者其他正当理由耽误法定申请期限的，申请期限自障碍消除之日起继续计算。"复议申请期限制度的存在并非为了限制申请人的权利，而是督促申请人及时行使权利。因此，如因申请人自身以外的原因导致其无法在法定期限内行使复议权，在查明确属"正当理由"后，应允许申请人继续行使复议权。本案如因纳税人的财务负责人不负责任，或者财务负责人故意报复纳税人等原因导致纳税人真的不知道该税务处理决定书的存在，复议机关在查明事实以后，理应受理行政复议申请，不应机械理解法律的规定，简单粗暴地拒绝受理纳税人的复议申请。

第四节　税务行政复议机关的职责

相关法律制度

一、税收征管相关法律制度

根据《税收征收管理法》第 14 条的规定，该法所称税务机关是指各级税务局、税务分局、税务所和按照国务院规定设立的并向社会公告的税务机构。

根据《税收征收管理法实施细则》第 9 条的规定，《税收征收管理法》第 14 条所称按照国务院规定设立的并向社会公告的税务机构，是指省以下税务局的稽查局。稽查局专司偷税、逃避追缴欠税、骗税、抗税案件的查处。国家税务总局应当明确划分税务局和稽查局的职责，避免职责交叉。

根据《税收违法行为检举管理办法》（国家税务总局令第 24 号，已经失效）第 4 条的规定，市（地）及市（地）以上税务机关稽查局设立税收违法案件举报中心（以下简称举报中心），其工作人员由所在机关根据工作需要配备；没有设立举报中心的县（区）税务机关稽查局应当指定专门部门负责税收违法行为检举管理工作，并可挂举报中心牌子。举报中心的主要职责是：受理、处理、管理检举材料；转办、交办、督办、催办检举案件；跟踪、了解、掌握检举案件的查办情况；上报、通报举报中心工作开展情况及检举事项的查办情况；统计、分析检举管理工作的数据情况；指导、监督、检查下级税务机关举报中心的工作；负责本级检举奖金的发放和对检举人的答复工作。

根据《国家赔偿法》第 2 条的规定，国家机关和国家机关工作人员行使职权，有该法规定的侵犯公民、法人和其他组织合法权益的情形，造成损害的，受害人有依照该法取得国家赔偿的权利。该法规定的赔偿义务机关，应当依照该法及时履行赔偿义务。

二、行政复议相关法律制度

根据《行政复议法》第 18 条的规定，依照该法第 15 条第 2 款的规定接受行政复议申请的县级地方人民政府，对依照《行政复议法》第 15 条第 1 款的规定属于其他行政复议机关受理的行政复议申请，应当自接到该行政复议申请之日起 7 日内，转送有关行政复议机关，并告知申请人。接受转送的行政复议机关应当依照《行政复议法》第 17 条的规定办理。

根据《行政复议法实施条例》第 3 条的规定，行政复议机构除应当依照《行政复议法》第 3 条的规定履行职责外，还应当履行下列职责：①依照《行政复议法》第 18 条的规定转送有关行政复议申请；②办理《行政复议法》第 29 条规定的行政赔偿等事项；③按照职责权限，督促行政复议申请的受理和行政复议决定的履行；④办理行政复议、行政应诉案件统计和重大行政复议决定备案事项；⑤办理或者组织办理未经行政复议直接提起行政诉讼的行政应诉事项；⑥研究行政复议工作中发现的问题，及时向有关机关提出改进建议，重大问题及时向行政复议机关报告。

根据《税务行政复议规则》第 19 条的规定，对下列税务机关的具体行政行为不服的，按照下列规定申请行政复议：①对两个以上税务机关以共同的名义作出的具体行政行为不服的，向共同上一级税务机关申请行政复议；对税务机关与其他行政机关以共同的名义作出的具体行政行为不服的，向其共同上一级行政机关申请行政复议。②对被撤销的税务机关在撤销以前所作出的具体行政行为不服的，向继续行使其职权的税务机关的上一级税务机关申请行政复议。③对税务机关作出逾期不缴纳罚款加处罚款的决定不服的，向作出行政处罚决定的税务机关申请行政复议。但是对已处罚款和加处罚款都不服的，一并向作出行政处罚决定的税务机关的上一级税务机关申请行政复议。申请人向具体行政行为发生地的县级地方人民政府提交行政复议申请的，由接受申请的县级地方人民政府依照《行政复议法》第 15 条、第 18 条的规定予以转送。

三、行政诉讼相关法律制度

根据《行政诉讼法》第 69 条的规定，行政行为证据确凿，适用法律、法规正确，符合法定程序的，或者原告申请被告履行法定职责或者给付义务理由不成立的，人民法院判决驳回原告的诉讼请求。

根据《行政诉讼法》第 89 条的规定，人民法院审理上诉案件，按照下列情形，分别处理：①原判决、裁定认定事实清楚，适用法律、法规正确的，判决或者裁定驳回上诉，维持原判决、裁定；②原判决、裁定认定事实错误或者适用法律、法规错误的，依法改判、撤销或者变更；③原判决认定基本事实不清、证据不足的，发回原审人民法院重审，或者查清事实后改判；④原判决遗漏当事人或者违法缺席判决等严重违反法定程序的，裁定撤销原判决，发回原审人民法院重审。原审人民法院对发回重审的案件作出判决后，当事人提起上诉的，第二审人民法院不得再次发回重审。人民法院审理上诉案件，需要改变原审判决的，应当同时对被诉行政行为作出判决。

根据《最高人民法院关于审理行政赔偿案件若干问题的规定》（法发［1997］10 号）第 33 条的规定，被告的具体行政行为违法但尚未对原告合法权益造成损害的，或者原告的请求没有事实根据或法律根据的，人民法院应当判决驳回原告的赔偿请求。

相关经典案例

【案例名称】　　　　　**税务行政复议机关的职责案**

案例来源：广东省高级人民法院（2016）粤行终 1840 号行政判决书。

【基本事实与各方观点】

上诉人张某因诉被上诉人广东省国家税务局行政复议纠纷一案，不服广州铁路运输中级法院（2016）粤 71 行初 359 号行政判决，向广东省高级人民法院提起上诉。

原审法院经审理查明：原告于 2016 年 4 月 19 日以书面形式向东莞市国家税务局提起了举报投诉材料（自编穗群申举［2016］034A 号），举报甲公司东莞南城天河城店销售耳机拒开发票的行为，请求东莞市国家税务局责令商家补开发票，对偷税商家依法予以行政处罚，并依法奖励原告。东莞市国家税务局稽查局于 2016 年 4 月 28 日决定受理原告的检举，并由该稽查局举报中心出具了［2016］015 号受理回执，并于 2016 年 4 月 30 日邮寄给原告。原告认为，东莞市国家税务局依法应当受理其诉求，但受理回执却是由该局内设机构作出，其行为显然不当，违反法定程序，遂于 2016 年 5 月 12 日以东莞市国家税务局作为被申请人向被告提起了行政复议。被告于 2016 年 5 月 13 日收到原告提出的行政复议申请后，于 2016 年 5 月 18 日作出了粤国税复告字［2016］1 号行政复议事项告知书，并于次日邮寄送达给原告，告知原告应向东莞市国家税务局提起行政复议。原告不服被告作出的该行政复议事项告知书，遂诉至法院，请求判决确认被告不予受理原告向其复议东莞市国家税务局不依法受理投诉的行为违法，判令被告承担原告因本案所产生的必然费用 123.66 元并承担本案诉讼费。

原审法院认为,《税收征收管理法》第 14 条规定:"本法所称税务机关是指各级税务局、税务分局、税务所和按照国务院规定设立的并向社会公告的税务机构。"《税收征收管理法实施细则》第 9 条规定,《税收征收管理法》第 14 条所称按照国务院规定设立的并向社会公告的税务机构,是指省以下税务局的稽查局。稽查局专司偷税、逃避追缴欠税、骗税、抗税案件的查处。根据以上法律、法规的明确规定,东莞市国家税务局稽查局是专司偷税、逃避追缴欠税、骗税、抗税案件查处的税务机构,负有对原告举报、投诉的税收违法行为进行查处的行政职责。《税收违法行为检举管理办法》第 4 条规定:市(地)及市(地)以上税务机关稽查局设立税收违法案件举报中心,……举报中心的主要职责是:①受理、处理、管理检举材料;……根据上述规定,东莞市国家税务局稽查局举报中心是东莞市国家税务局稽查局的内设机构,该举报中心对原告的检举予以受理的行为,是东莞市国家税务局稽查局的具体行政行为,而非东莞市国家税务局的具体行政行为。《税务行政复议规则》第 19 条规定:"对下列税务机关的具体行政行为不服的,按照下列规定申请行政复议:……②对税务所(分局)、各级税务局的稽查局的具体行政行为不服的,向其所属税务局申请行政复议。……"根据上述规定,对东莞市国家税务局稽查局的具体行政行为不服的,应以该稽查局为被申请人向其所属的东莞市国家税务局申请行政复议。《行政复议法》第 18 条规定:"依照本法第 15 条第 2 款的规定接受行政复议申请的县级地方人民政府,对依照本法第 15 条第 1 款的规定属于其他行政复议机关受理的行政复议申请,应当自接到该行政复议申请之日起 7 日内,转送有关行政复议机关,并告知申请人。接受转送的行政复议机关应当依照本法第 17 条的规定办理。"但本案不属于原告向县级地方人民政府申请行政复议的情形,不适用上述转送的规定。综上所述,被告作出粤国税复告字〔2016〕1 号行政复议事项告知书,事实清楚,适用法律正确,程序合法。原告请求确认被告该行政行为违法,缺乏事实和法律依据,不予支持。

《国家赔偿法》第 2 条第 1 款规定:"国家机关和国家机关工作人员行使职权,有本法规定的侵犯公民、法人和其他组织合法权益的情形,造成损害的,受害人有依照本法取得国家赔偿的权利。"按照上述法律规定,原告要求被告进行赔偿,其前提是被告存在违法行为且原告的损失是由被告的违法行为造成的。本案被告不存在违法行为,故原告要求被告赔偿本案所产生的必然费用的请求缺乏事实和法律依据,亦不予支持。

依照《行政诉讼法》第 69 条、《最高人民法院关于审理行政赔偿案件若干问题的规定》第 33 条的规定,判决驳回原告张某的诉讼请求;驳回原告张某的赔偿请求。本案案件受理费 50 元由原告张某负担。

上诉人张某不服，向广东省高级人民法院提起上诉称：原审法院认定事实不清，适用法律错误。《行政复议法实施条例》第 3 条第 1 项规定：行政复议机构应当依照《行政复议法》第 3 条的规定履行职责外，还应当履行下列职责：依照《行政复议法》第 18 条的规定转送有关行政复议申请。故上诉人认为依法移送案件是复议机关的法定职责，请求依法撤销原审判决或将案件发回原审法院重新审理；确认被上诉人不予受理上诉人行政复议申请的行为违法，依法判令被上诉人承担上诉人因本案所产生的必然费用 123.66 元。

被上诉人广东省国家税务局答辩称：被上诉人并非县级地方人民政府，况且涉案行政复议申请中的复议机关、被申请人及相关申请内容均需变更和调整，不适合转送，故《行政复议法》第 18 条以及《行政复议法实施条例》第 3 条的规定，不适用于本案。在上诉人原本应依法向东莞市国家税务局提出涉案行政复议申请，却未向被上诉人提出的情况下，被上诉人在法定期限内向上诉人作出涉案告知书，告知其应向东莞市国家税务局提出涉案行政复议申请，适用法律正确，程序合法，行为适当。一审判决驳回上诉人的诉讼请求合法合理。上诉人上诉主张"本案应适用《行政复议法》第 18 条规定，以及《行政复议法实施条例》第 3 条第 1 项规定"错误，其上诉主张依法不能成立。综上所述，请求依法驳回上诉人的上诉请求。

广东省高级人民法院认为，《税收征收管理法》第 14 条规定："本法所称税务机关是指各级税务局、税务分局、税务所和按照国务院规定设立的并向社会公告的税务机构。"《税收征收管理法实施细则》第 9 条第 1 款规定：《税收征收管理法》第 14 条所称按照国务院规定设立的并向社会公告的税务机构，是指省以下税务局的稽查局。稽查局专司偷税、逃避追缴欠税、骗税、抗税案件的查处。根据上述法律、法规的规定，东莞市国家税务局稽查局可以自己的名义对偷税、逃避追缴欠税、骗税、抗税案件行使调查处理权。《税收违法行为检举管理办法》第 4 条规定：市（地）及市（地）以上税务机关稽查局设立税收违法案件举报中心，……举报中心的主要职责是：①受理、处理、管理检举材料；……《税务行政复议规则》第 19 条规定："对下列税务机关的具体行政行为不服的，按照下列规定申请行政复议：……②对税务所（分局）、各级税务局的稽查局的具体行政行为不服的，向其所属税务局申请行政复议。……"上诉人以甲公司东莞南城天河城店销售耳机，拒开发票的行为违法为由，请求东莞市国家税务局予以查处。东莞市国家税务局稽查局举报中心于 2016 年 4 月 28 日作出涉案[2016] 015 号受理回执，决定受理上诉人的投诉。由于东莞市国家税务局稽查局举报中心是东莞市国家税务局稽查局的内设机构，该举报中心对上诉人的投诉予以受理的行为，是东莞市国家税务局稽查局的具体行政行为，而非东莞市国家税务局的具体行政行为。上诉人对东莞市国家税务局稽查局举报中心作出的〔2016〕015号受理回执不服,向被上诉人广东省国家税务局申请行政复议,不符合上述税务行政复议规则的程序规定,被上诉人作出粤国税复告字〔2016〕1号行政复议事项告知书,告知上诉人向东莞市国家税务局提出行政复议申请,并无不当。原审判决驳回上诉人请求确认被上诉人不予受理其行政复议申请违法,及赔偿其经济损失的诉讼请求正确,依法予以维持。

《行政复议法》第18条规定:"依照本法第15条第2款的规定接受行政复议申请的县级地方人民政府,对依照本法第15条第1款的规定属于其他行政复议机关受理的行政复议申请,应当自接到该行政复议申请之日起7日内,转送有关行政复议机关,并告知申请人。接受转送的行政复议机关应当依照本法第17条的规定办理。"本案中,被上诉人广东省国家税务局并非"县级人民政府",况且上诉人提交的行政复议申请书,将广东省国家税务局列为复议机关、被申请人列为东莞市国家税务局以及相关申请内容均需变更和调整。原审法院认定本案不属于上诉人向县级地方人民政府申请行政复议的情形,不适用上述转送的规定,并无不当。上诉人上诉主张,复议机关应履行移送案件的法定职责,原审法院认定事实不清,适用法律错误,请求撤销原审判决或将案件发回原审法院重新审理,支持其一审诉讼请求,因缺乏事实根据和法律依据,上诉理由不成立,不予采纳。

2017年8月28日,广东省高级人民法院依照《行政诉讼法》第89条第1款第1项之规定,判决驳回上诉,维持原判。二审案件受理费50元,由上诉人张某负担。

【争议焦点】

1. 本案是否可以东莞市国家税务局作为被申请人?

2. 本案复议机关是否可以转送复议申请?

【案例点评】

1. 由于本案当事人举报的对象是东莞市国家税务局,虽然东莞市国家税务局依法不具有受理的职权,虽然该案已经转送东莞市国家税务局稽查局受理,但如果当事人一定要以东莞市国家税务局为复议被申请人,就东莞市国家税务局是否具有受理职权进行复议,也是符合法律规定的。因此,本案可以东莞市国家税务局为被申请人。在这一前提下,广东省国家税务局的复议决定以及两级法院的判决都是错误的。当然,从实质性解决举报税收违法行为的角度来看,当事人的这种锱铢必较意义不大,广东省国家税务局的复议决定是可以接受的。

2.《行政复议法》中的制度设计以方便申请人为原则,通常情况下,只有县级以上人民政府才具有转送的职责,但在行政复议的被申请人产生争议的情况下，复议机关将相关复议申请转送有复议权的复议机关也并非不可。行政复议制度的目的是解决纠纷和争议，而非增添纠纷和争议。本案最终的结果不仅没有解决申请人最初的举报是否合法、税务机关对举报的处理是否合法的问题，还增添了若干纠纷与争议。该案暴露出的《行政复议法》中的若干缺陷应及时予以完善。